알고두로 떠나는 과학탐험

초판 발행일 | 2022년 12월 1일
지은이 | 창의콘텐츠연구소
발행인 | 최용섭
책임편집 | 이준우
기획진행 | 김미경

㈜해람북스　**주소** | 서울시 용산구 한남대로 11길 12, 6층
문의전화 | 02-6337-5419
팩스 | 02-6337-5429
홈페이지 | https://class.edupartner.co.kr

발행처 | (주)미래엔에듀파트너
출판등록번호 | 제2016-000047호

ISBN 979-11-6571-061-3 (13000)

이 책은 저작권법에 따라 보호받는 저작물이므로 무단전재와 무단복제를 금지하며,
이 책 내용의 전부 또는 일부를 이용하려면 반드시 저작권자와 (주)미래엔에듀파트너의 서면동의를 받아야 합니다.

※ 잘못된 책은 바꾸어 드립니다.
※ 책 가격은 뒷면에 있습니다.

이 책의 구성

❶ 학습내용 알아보기

단원별로 학습할 내용을 요약 정리하여 어떤 내용을 배울지 미리 확인할 수 있어요.

❷ 알고두's 쏙쏙 물리

해당 차시에서 학습하게 될 물리 이론에 대해 쉽게 설명하고 우리 주변에서 경험할 수 있는 예시를 제공하여 쉽고 친숙하게 원리를 이해할 수 있어요.

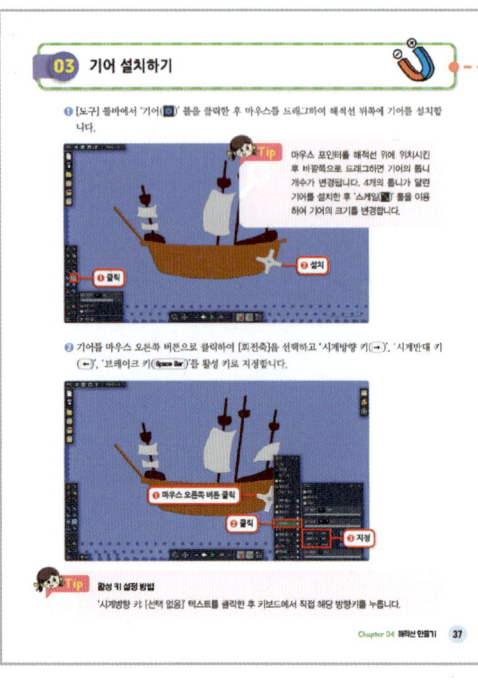

❸ 따라하며 배우기

알고두를 활용하여 작품을 만들기 위해 필요한 프로그램 기능을 학습하고, 배운 기능을 바탕으로 물리 기능을 적용한 작품을 만들 수 있어요.

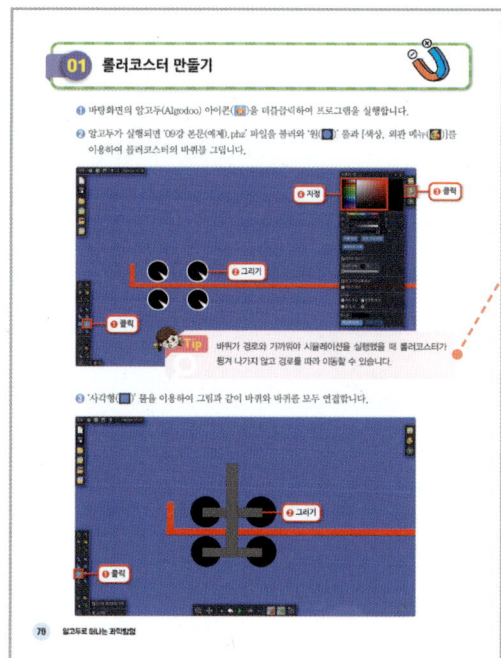

❹ Tip

단원을 학습하면서 알아두어야 하는 부연 설명이나 관련 정보, 주의할 점 등을 팁으로 설명해 놓았어요.

❺ 차근차근 실력 UP!

따라하며 배우기 과정을 통해 알게 된 기능을 활용하여 나만의 작품을 만들어 보며 학습 내용을 완벽히 습득하도록 하였어요.

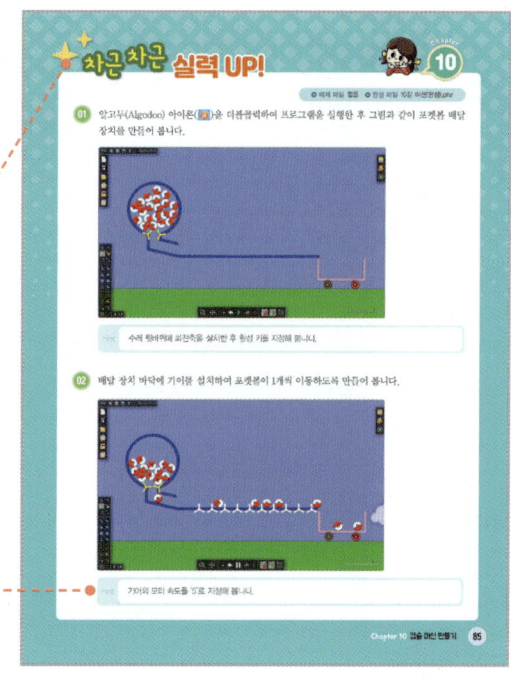

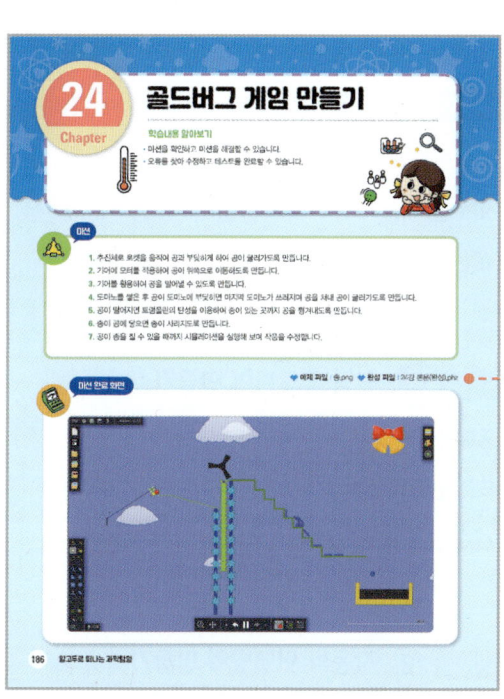

❻ hint

문제를 해결하기 위해 필요한 기능이나 방법을 힌트로 제공해 주고 있어요.

❼ 미션 해결

제시된 미션을 확인하고 앞서 학습한 기능들을 모두 활용하여 미션을 해결해 보며 자기주도적으로 문제를 해결할 수 있도록 하였어요.

차례

CHAPTER 01 알고두(Algodoo) 알아보기 ······ 6
- 알고두 화면 구성 알아보기 ················ 7
- 알고두 사용 방법 알아보기 ················ 10
- 파일 불러오기 및 저장하기 ················ 13
- 차근차근 실력 UP!

CHAPTER 02 볼링핀 쓰러뜨리기 ············ 16
- 볼링핀 만들기 ·································· 17
- 경사면 만들기 ·································· 21
- 볼링공 만들기 ·································· 22
- 차근차근 실력 UP!

CHAPTER 03 모터 달린 마차 만들기 ······ 24
- 마차 만들기 ····································· 25
- 모터가 달린 바퀴 만들기 ···················· 28
- 경사면 만들기 ·································· 30
- 차근차근 실력 UP!

CHAPTER 04 해적선 만들기 ··················· 32
- 해적선 만들기 ·································· 33
- 바다 만들기 ····································· 35
- 기어 설치하기 ·································· 37
- 차근차근 실력 UP!

CHAPTER 05 로켓 쏘아 올리기 ··············· 40
- 로켓 만들기 ····································· 41
- 추진체 설치하기 ······························· 43
- 차근차근 실력 UP!

CHAPTER 06 도미노 게임 만들기 ············ 46

CHAPTER 07 컨베이어 벨트 만들기 ········· 50
- 컨베이어 벨트 만들기 ························ 51
- 개체 재질 변경하기 ··························· 52
- 벨트 설치하기 ·································· 54
- 외부 이미지 불러오기 ························ 55
- 자동화 시스템 만들기 ························ 56
- 차근차근 실력 UP!

CHAPTER 08 우물 도르래 만들기 ············ 59
- 우물과 바구니 만들기 ························ 60
- 도르래 만들기 ·································· 62
- 도르래로 우물 퍼올리기 ····················· 66
- 차근차근 실력 UP!

CHAPTER 09 롤러코스터 만들기 ············· 69
- 롤러코스터 만들기 ···························· 70
- 롤러코스터 운행하기 ························· 75
- 차근차근 실력 UP!

CHAPTER 10 캡슐 머신 만들기 ················ 78
- 캡슐 머신 만들기 ······························ 79
- 기어 설치하기 ·································· 82
- 차근차근 실력 UP!

CHAPTER 11 산악 오토바이 만들기 ········· 86
- 오토바이 만들기 ······························· 87
- 오토바이 각 부분 고정하기 ················· 89
- 차근차근 실력 UP!

CHAPTER 12 자동화 디딜방아 만들기 ······ 94

CHAPTER 13	회전체로 물 이동시키기	98
	• 수조 만들기	99
	• 회전체 만들기	101
	• 수조에 물 채우기	104
	차근차근 실력 UP!	

CHAPTER 14	무대 조명 만들기	106
	• 무대 만들기	107
	• 무대 조명 만들기	109
	차근차근 실력 UP!	

CHAPTER 15	별 획득하기	114
	• 공 보관함 만들기	115
	• 팅김판 만들기	117
	• 하늘에 별 만들기	119
	차근차근 실력 UP!	

CHAPTER 16	우주 관광하기	122
	• 우주 공간 꾸미기	123
	• 추진체로 우주인 이동시키기	126
	차근차근 실력 UP!	

CHAPTER 17	대포 만들기	130
	• 목표물 만들기	131
	• 대포 만들기	132
	차근차근 실력 UP!	

| CHAPTER 18 | 핀볼 게임 만들기 | 140 |

CHAPTER 19	계란 이동 장치 만들기	144
	• 계란판 만들기	145
	• 계란 이동 장치 만들기	147
	• 인력 적용하기	151
	차근차근 실력 UP!	

CHAPTER 20	무한 순환 구슬 만들기	154
	• 구슬 이동 통로 만들기	155
	• 고무 받침대 만들기	158
	차근차근 실력 UP!	

CHAPTER 21	관절 인형 만들기	162
	• 관절 인형 만들기	163
	• 관절 인형 조립하기	167
	차근차근 실력 UP!	

CHAPTER 22	사탕 뽑기 기계 만들기	170
	• 사탕 뽑기 기계 만들기	171
	• 사탕 뽑기 기계 제어하기	175
	차근차근 실력 UP!	

CHAPTER 23	풍선 터뜨리기	178
	• 활 만들기	179
	차근차근 실력 UP!	

| CHAPTER 24 | 골드버그 게임 만들기 | 186 |

01 Chapter 알고두(Algodoo) 알아보기

학습내용 알아보기
- 알고두의 화면 구성을 확인합니다.
- 알고두의 메뉴 구성을 확인합니다.
- 알고두의 기본 사용 방법을 알아봅니다.
- 파일을 저장하고 외부 파일을 불러오는 방법을 알아봅니다.

◆ 예제 파일 | 01강 본문(예제).phz　◆ 완성 파일 | 없음

알고두's 쏙쏙 물리

우리가 알고 있고 즐겨하는 게임의 대부분은 물리 엔진이 적용되어 있는데, 물리 시뮬레이션 프로그램인 알고두를 이용하면 물리와 연관된 다양한 실험을 진행해 볼 수 있습니다. 그럼 지금부터 알고두의 화면 구성 및 메뉴에 대해 알아보고 기본적인 사용 방법에 대해 학습해 봅니다.

01 알고두 화면 구성 알아보기

❶ 바탕화면의 알고두(Algodoo) 아이콘()을 더블클릭하여 프로그램을 실행합니다.

❷ 알고두가 실행되면 [파일]-[새로운 장면]-[기본값]을 클릭한 후 화면 구성을 알아봅니다.

① 장면 모음 툴바

- 📄 : 새로운 장면을 만듭니다. 15가지의 팔레트 중 하나를 선택할 수 있습니다.

- 💾 : 장면을 저장합니다. 저장 및 업로드 버튼을 클릭하면 알고박스에 업로드 할 수 있습니다.

- 📁 : 저장한 장면을 불러옵니다. 미리보기 기능이 있어서 장면을 보면서 찾을 수 있습니다.

- 📂 : 알고박스에서 장면을 불러옵니다. 알고박스에 공유되어 있는 장면이나 브라우저 기능을 이용해 다른 사이트에서 장면을 다운받아 장면을 열 수 있습니다.

- 🎬 : 씬렛을 불러옵니다. 씬렛은 장면에 드래그&드롭할 수 있는 사전 제작된 장면을 말합니다. 열려 있는 장면에 저장된 장면을 불러와 한꺼번에 시뮬레이션 할 수 있습니다.

- 📘 : 레슨을 실행합니다. 웹에서 레슨을 불러오는 방식으로, 알고두의 기능보다 물리학 레슨을 위주로 합니다.

② 도구 툴바

- **스케치 툴( )** : 스케치 툴은 모든 툴에 포함됩니다. 스케치 툴을 이용하면 다른 도구의 기능들을 사용할 수 있습니다.
- **이동 툴( )** : 오브젝트와 물을 이동시킵니다.
- **회전 툴( )** : 오브젝트와 물을 회전시킵니다.
- **칼 툴( )** : 오브젝트를 자를 수 있습니다.
- **드래그 툴( )** : 시뮬레이션이 재생 중인 상태에서 오브젝트를 끌어 당길 수 있습니다. 이동 툴과 다르게 드래그 툴은 오브젝트를 움직이면 움직인 만큼의 힘이 적용됩니다.
- **스케일 툴( )** : 선택한 오브젝트의 크기를 바꿉니다. 가로, 세로의 비율을 일정하게 유지하려면 Shift 키를 누른 상태로 드래그합니다.
- **브러시 툴( )** : 붓질하듯이 다각형을 그릴 수 있습니다. 직선을 그리기 위해서는 Shift 키를 누른 상태로 드래그합니다.
- **다각형 툴( )** : 다각형을 그릴 수 있습니다. 직선을 그리기 위해서는 Shift 키를 누른 상태로 드래그합니다.
- **사각형 툴( )** : 사각형을 그릴 수 있습니다. 정사각형을 그리기 위해서는 Shift 키를 누른 상태로 드래그합니다.
- **평면 툴( )** : 끝없는 평면을 그립니다. 평면의 각도를 결정하는 링에 마우스를 대면 15도 단위로 회전시킬 수 있습니다.
- **지우개 툴( )** : 오브젝트를 지울 수 있습니다. Shift 키를 누른 상태로 드래그하면 직선으로 지울 수 있습니다.
- **기어 툴( )** : 기어를 만듭니다. [속성] 창에서 기어의 크기와 모양을 설정할 수 있습니다.
- **원 툴( )** : 원을 그릴 수 있습니다.
- **체인 툴( )** : 체인을 만듭니다. Shift 키를 누른 상태에서 드래그하면 직선으로 만들 수 있습니다.
- **용수철 툴( )** : 두 물체를 용수철로 연결시킵니다. 오브젝트와 배경이나 오브젝트끼리 연결할 수 있습니다.
- **회전축 툴( )** : 오브젝트 위를 클릭하면 축이 생겨 회전하게 되고, 배경이나 다른 오브젝트에 설치할 수 있습니다. [속성] 창에서 모터 옵션을 설정할 수 있습니다.
- **레이저 포인터 툴( )** : 레이저 포인터를 설치할 수 있습니다. 오브젝트와 배경에 설치할 수 있습니다. 레이저는 불투명한 도형에는 굴절하지 않습니다.
- **텍스처 툴( )** : 오브젝트의 텍스처를 이동·회전하거나 크기를 변경할 때 사용합니다. 텍스처 도구를 사용하기 전에 오브젝트에 텍스처를 입혀야 합니다.
- **고정 툴( )** : 오브젝트를 클릭하면 오브젝트끼리 고정이 됩니다. 배경과 고정된 오브젝트는 움직이지 않습니다.
- **추진체 툴( )** : 추진체 도구를 설치할 수 있습니다. 추진체 도구를 사용하면 오브젝트에 일정한 힘을 적용할 수 있습니다.
- **트레이서 툴( )** : 오브젝트 위에 트레이서를 설치할 수 있습니다. 트레이서 도구를 사용하면 오브젝트가 이동할 때 선이 그려집니다. 오브젝트의 이동 경로를 확인할 때 사용합니다.

③ 속성 툴바

- 메터리얼 메뉴(▨) : 오브젝트의 재질을 설정합니다.

- 색상, 외관 메뉴(▨) : 색상이나 외관을 설정하면 항상 이 색상과 외관으로 오브젝트를 만듭니다.

- 시각화 메뉴(▨) : 장면의 모든 오브젝트에 힘, 속도, 운동량 등을 화살표로 표시합니다.

④ 시뮬레이션 컨트롤 툴바

- 확대, 축소 메뉴(▨) : 드래그하거나 마우스 휠을 이용해 시점을 확대, 축소합니다.

- 이동 메뉴(▨) : 마우스 오른쪽 버튼을 클릭하거나 마우스 휠을 클릭한 후 드래그해 시점을 이동합니다.

- 되돌리기 메뉴(▨) : 바로 이전 작업으로 되돌립니다.

- 시뮬레이션 실행/정지 메뉴(▶, ▮▮) : 시뮬레이션을 실행하고 정지할 수 있습니다. 정지 버튼을 클릭하면 시뮬레이션이 일시정지 됩니다.

- 다시 실행 메뉴(▨) : 되돌리기 메뉴로 되돌렸던 작업을 다시 앞으로 되돌릴 수 있습니다.

- 중력 메뉴(▨) : 중력을 켜고 끕니다. 중력의 세부 설정을 변경할 수 있습니다.

- 공기 저항 메뉴(▨) : 공기 저항을 켜고 끕니다. 공기 저항의 세부 설정을 변경할 수 있습니다.

- 그리드 메뉴(▨) : 격자를 표시합니다. 격자에 맞춰 오브젝트를 설치합니다.

⑤ 메뉴 툴바

- 파일 : 장면 만들기, 장면 저장, 장면 열기 등 장면 모음 툴바의 기능을 가지고 있습니다. 장면에 물이 많아지면 렉이 발생하므로 모든 물 삭제 메뉴로 물을 삭제해 렉을 방지합니다.

- 옵션(▨) : 옵션 창을 엽니다. 인터페이스, 언어, 스킨, 시뮬레이션, 레이어 등의 설정을 수정할 수 있습니다.

- 토글 플레이 모드(▨) : 장면을 캡쳐하거나 동영상 촬영을 할 때 사용하면 툴바들이 정리되어 깔끔하게 캡쳐나 동영상 촬영을 할 수 있습니다.

- 툴바 정리(▨) : 툴바를 표시하거나 숨길 수 있습니다. 원하는 메뉴를 표시하거나 숨길 수 있고 모든 메뉴를 숨길 수 있습니다.

- 도움말(▨) : 도움말을 실행합니다. 모든 메뉴의 자세한 설명을 볼 수 있습니다.

 ## 알고두 사용 방법 알아보기

❶ [도구] 툴바에서 '원( )' 툴을 클릭한 후 장면에서 마우스를 드래그하여 원을 그려 봅니다.

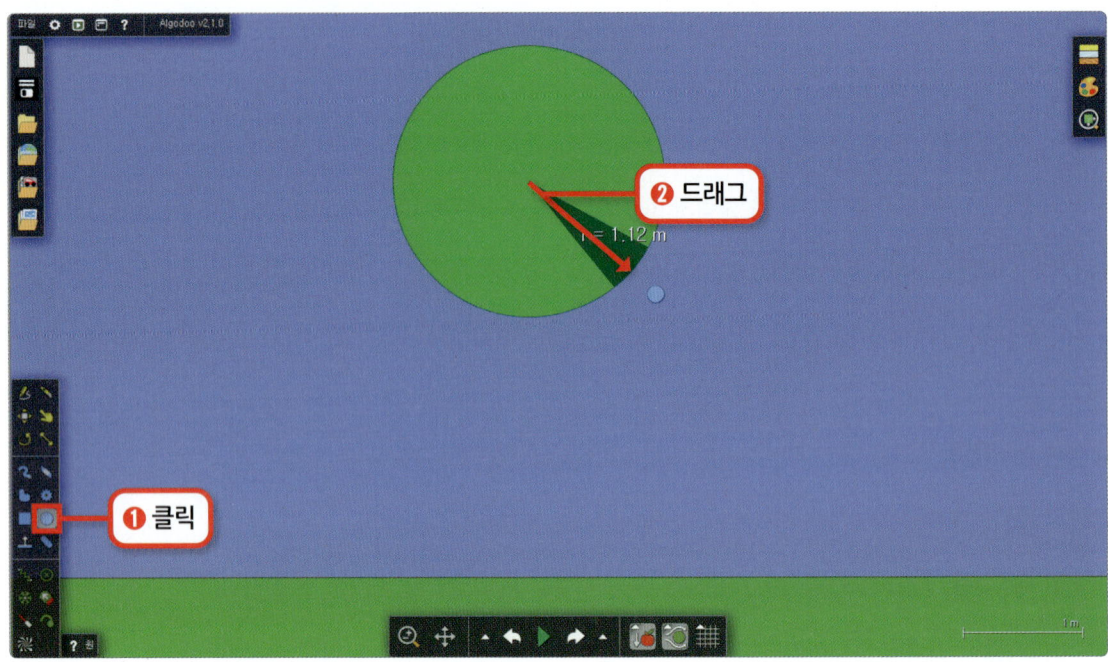

❷ 이어서 '스케일( )' 툴을 클릭한 후 '원'을 선택합니다. '원'에 크기 조절점이 나타나면 크기 조절점을 드래그하여 원의 크기를 조절해 봅니다.

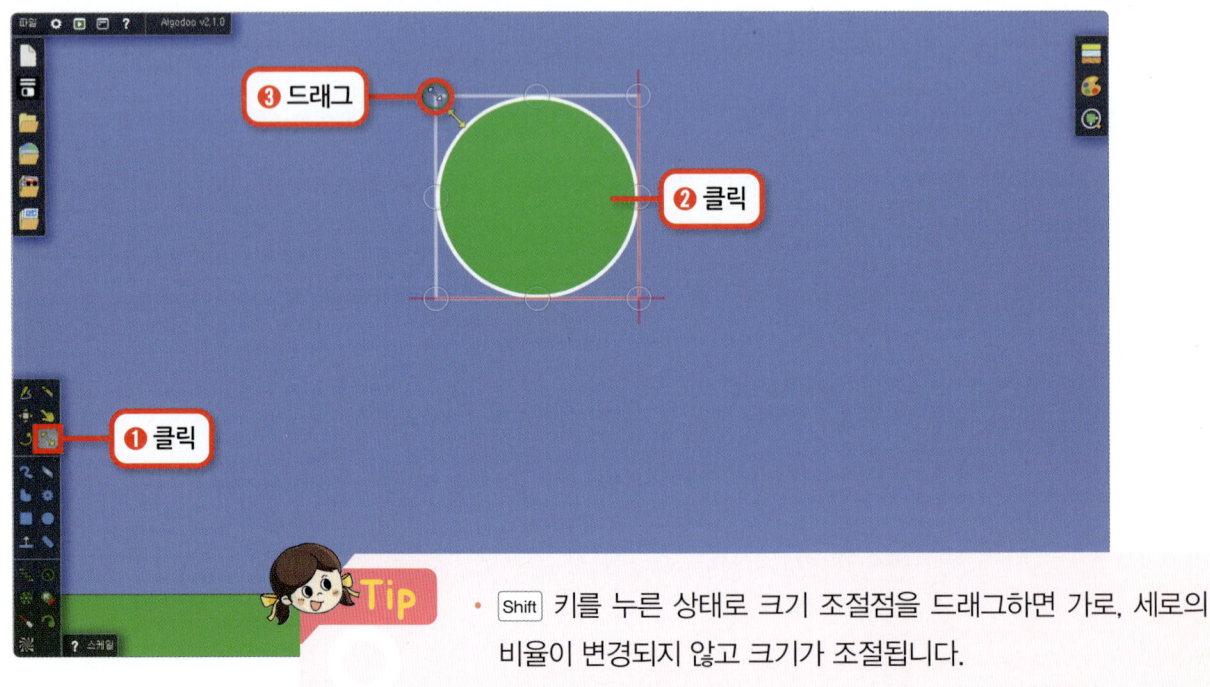

Tip
- Shift 키를 누른 상태로 크기 조절점을 드래그하면 가로, 세로의 비율이 변경되지 않고 크기가 조절됩니다.
- 크기 조절이 완료되면 장면의 아무 곳이나 클릭합니다.

❸ '이동( )' 툴을 클릭한 후 '원'을 클릭한 상태로 드래그하여 위치를 이동시켜 봅니다.

❹ 장면에서 마우스 휠을 앞으로 밀거나 뒤로 당겨 장면을 확대하거나 축소해 봅니다.

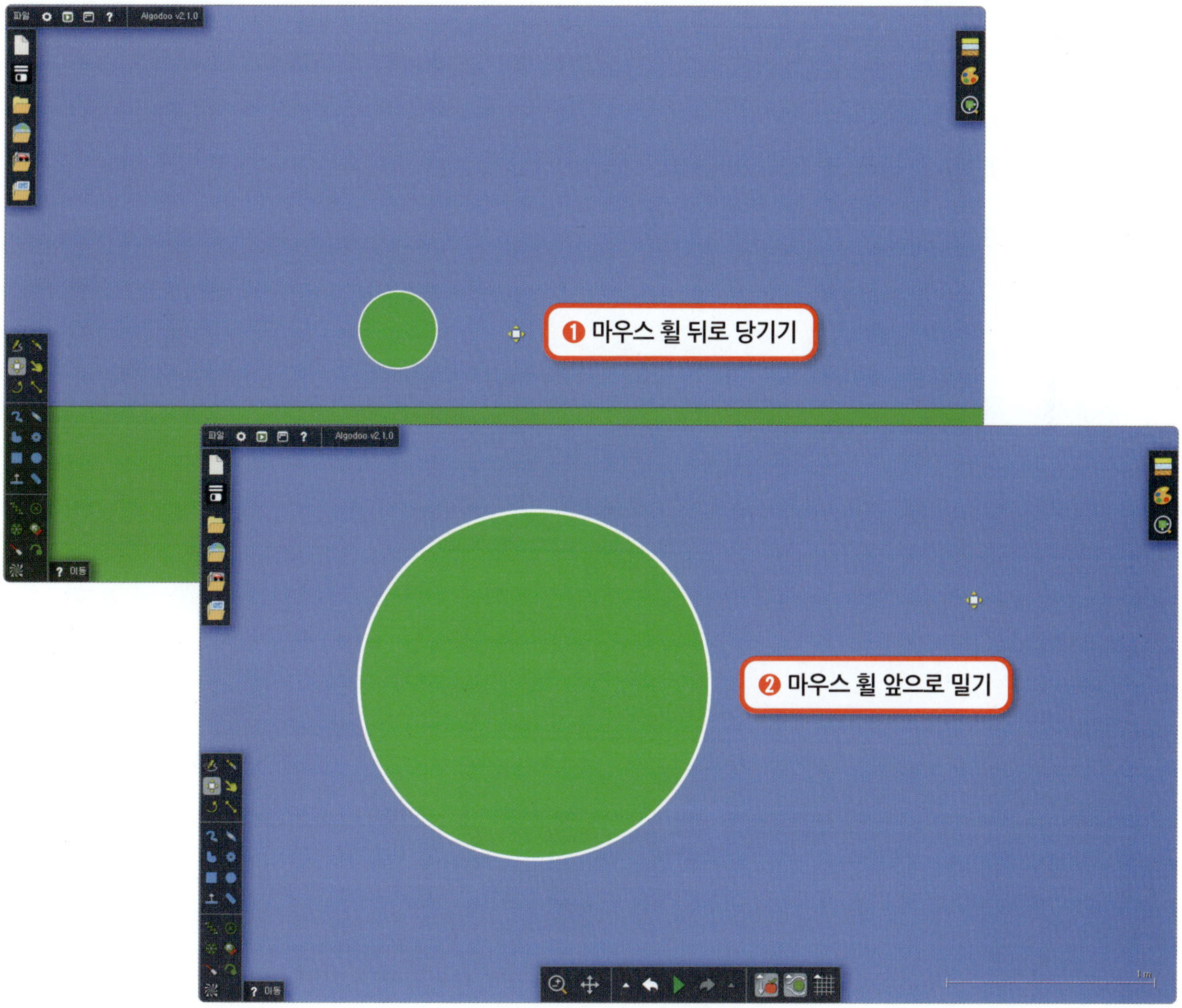

Chapter 01 알고두(Algodoo) 알아보기

❺ [시뮬레이션 컨트롤] 툴바에서 '이동 메뉴(✥)'를 클릭한 후 드래그하여 장면을 이동시켜 봅니다.

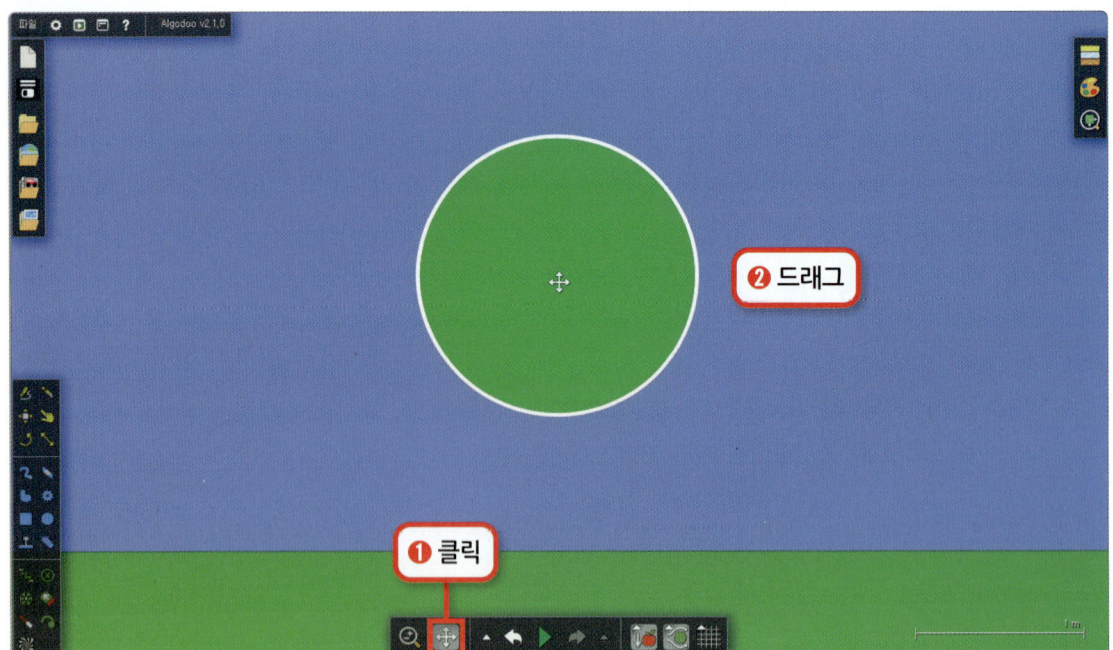

 마우스 휠을 클릭한 상태로 장면을 드래그하거나 마우스 오른쪽 버튼을 클릭한 상태로 장면을 드래그하면 장면을 이동시킬 수 있습니다.

❻ '실행(▶)'을 클릭하여 시뮬레이션을 실행해 봅니다.

'알고두'는 물리 엔진 프로그램이므로 시뮬레이션을 실행하면 공중에 떠 있던 원이 바닥으로 떨어지게 됩니다.

❼ 시뮬레이션을 다시 실행하기 위해 '정지(❚❚)'를 클릭하여 시뮬레이션을 중단시킨 후 '되돌리기(◀)'를 클릭하여 시뮬레이션이 실행되기 이전 단계로 이동합니다.

 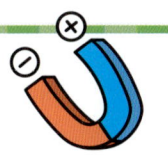

03 파일 불러오기 및 저장하기

❶ PC에 저장되어 있는 파일을 불러오기 위해 [장면 모음] 툴바에서 [내 장면(📁)]-[폴더]를 클릭한 후 [Find Directory] 대화상자가 나타나면 예제 파일이 저장되어 있는 위치로 이동하여 [Choose]를 클릭합니다.

❷ [내 장면]에 예제 파일이 표시되면 '01강 본문(예제)'를 클릭합니다.

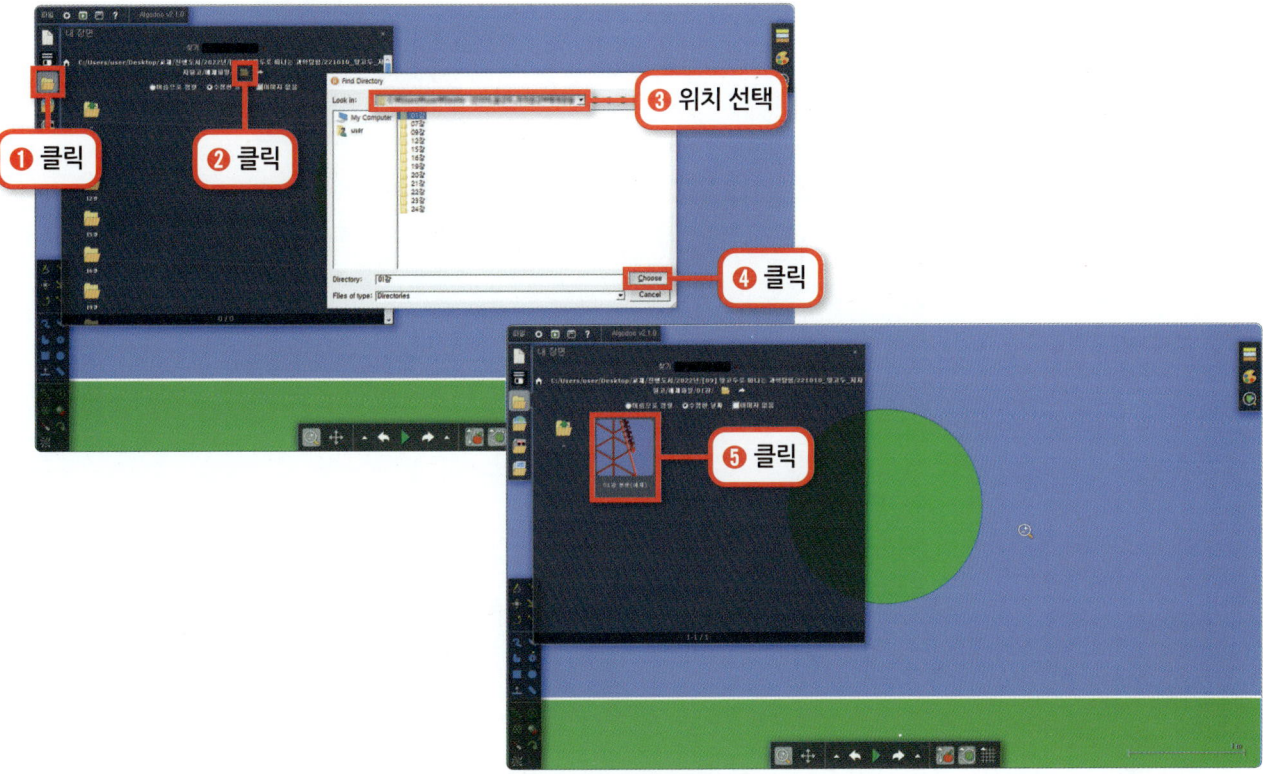

❸ '롤러코스터' 장면이 열리고 작품 설명이 나타나면 [닫기]를 클릭한 후 [시뮬레이션 컨트롤] 툴바의 '실행(▶)'을 클릭하여 시뮬레이션을 실행해 봅니다.

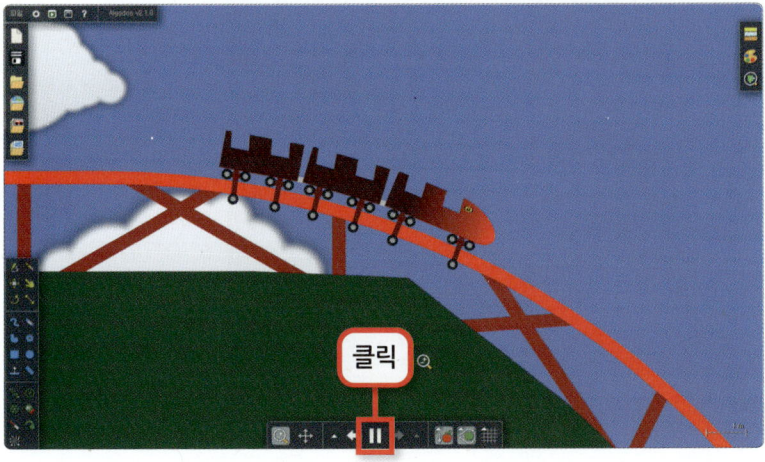

Chapter 01 알고두(Algodoo) 알아보기

❹ 장면을 저장하기 위해 [장면 모음] 툴바에서 [장면(🖬)]-[디렉토리 : 폴더]를 클릭한 후 [Find Directory] 대화상자가 나타나면 저장 위치를 지정한 후 [Choose]를 클릭합니다.

❺ 저장할 위치가 디렉토리에 설정되면 파일 이름을 입력한 후 [저장]을 클릭합니다.

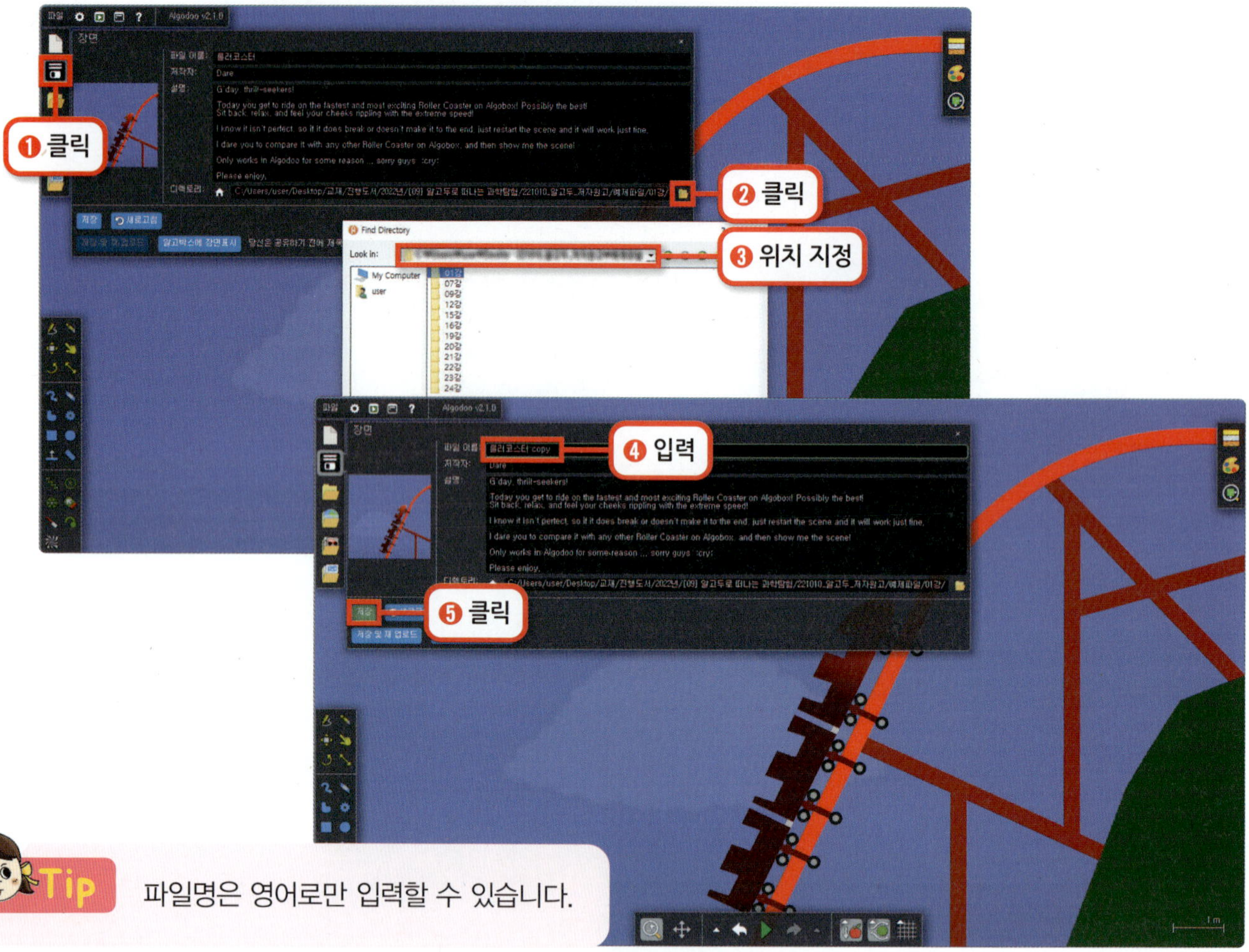

Tip 파일명은 영어로만 입력할 수 있습니다.

❻ [파일]-[종료]를 클릭하여 알고두를 종료합니다.

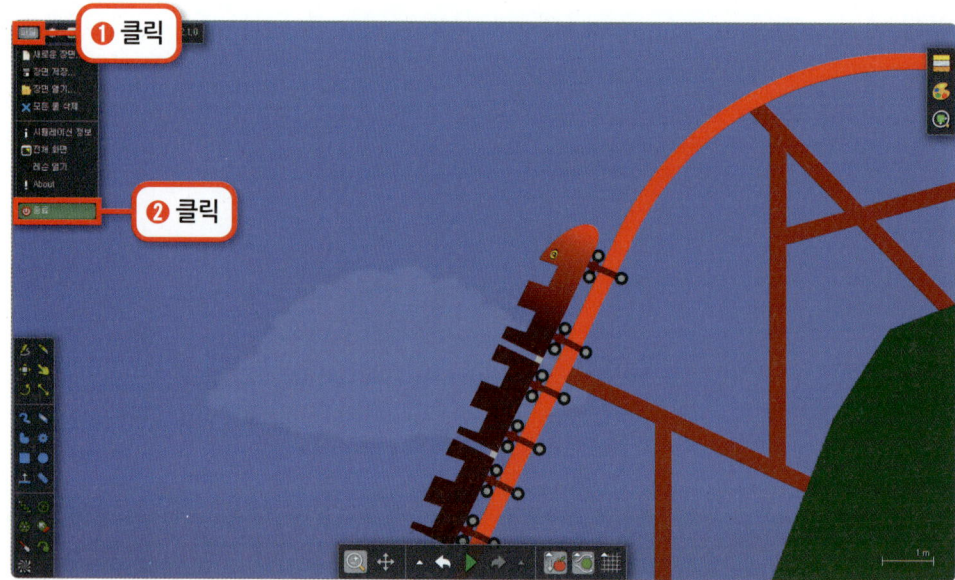

차근차근 실력 UP!

○ 예제 파일 없음   ○ 완성 파일 01강 미션(완성).phz

01 알고두(Algodoo) 아이콘( )을 더블클릭하여 프로그램을 실행한 후 브러시, 다각형, 사각형, 원 등을 장면에 그려봅니다.

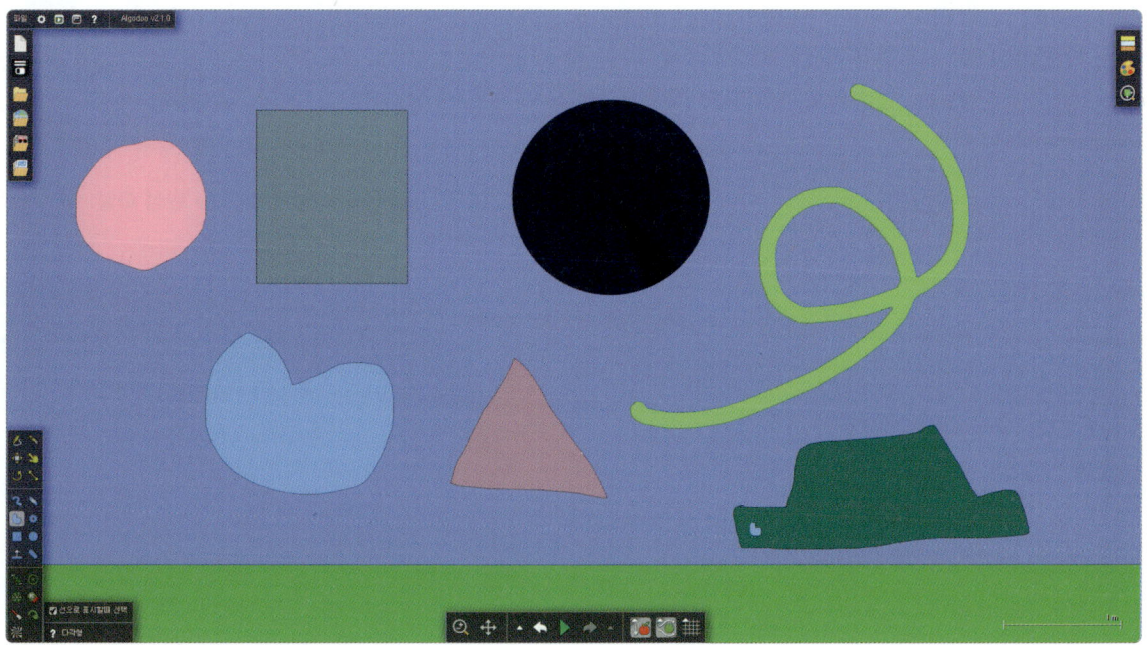

02 '스케일( )' 툴과 '이동( )' 툴을 이용하여 그려 넣은 도형의 크기와 위치를 그림과 같이 만들어 봅니다.

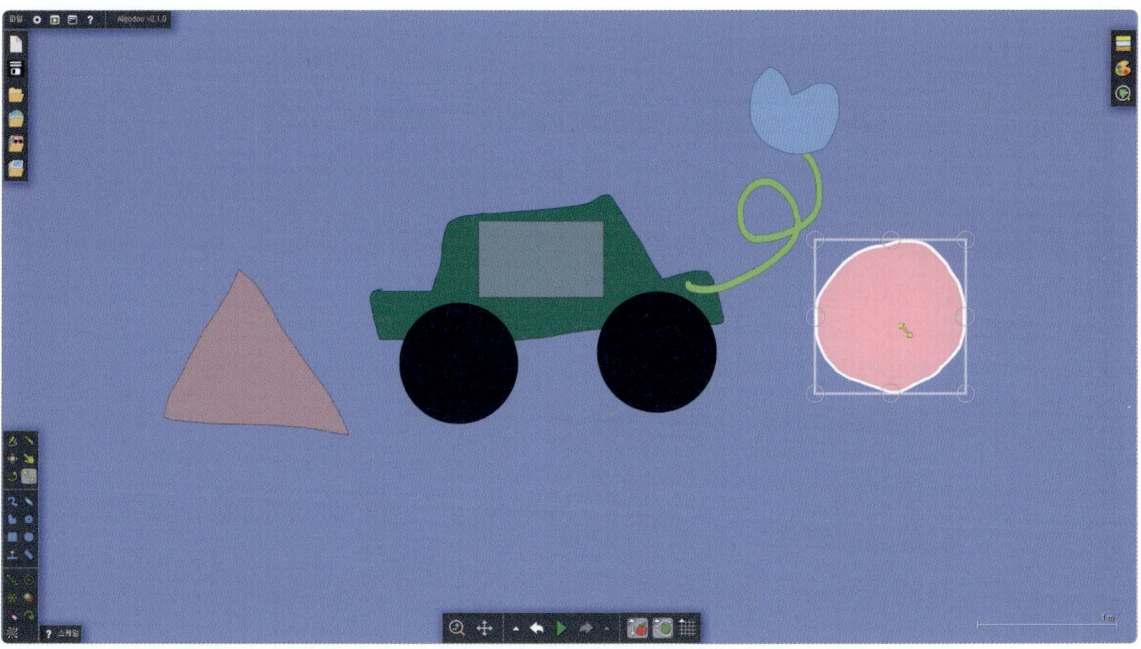

Chapter 01 알고두(Algodoo) 알아보기   **15**

02 Chapter 볼링핀 쓰러뜨리기

학습내용 알아보기

- 다각형 툴을 이용하여 볼링핀을 그릴 수 있습니다.
- 사각형 툴을 이용하여 볼링핀을 꾸밀 수 있습니다.
- CSG를 이용하여 볼링핀 바닥을 평평하게 만들 수 있습니다.
- 여러 개체를 하나의 개체로 고정할 수 있습니다.
- 평면 툴을 이용하여 바닥을 경사면으로 만들 수 있습니다.

◆ 예제 파일 | 없음　◆ 완성 파일 | 02강 본문(완성).phz

알고두's 쏙쏙 물리

중력은 지구와 물체가 서로 당기는 힘을 의미하는데, 중력이 있는 모든 물체는 경사면에서 경사면 아래쪽으로 이동하게 됩니다. 물체가 둥글수록, 그리고 경사면의 마찰이 적을수록 물체는 더 빠르게 경사면 아래쪽으로 이동합니다. 이러한 원리를 이용하여 알고두를 통해 경사면에 볼링공을 만들고 경사면 아래쪽의 볼링핀을 쓰러뜨려 봅니다.

01 볼링핀 만들기

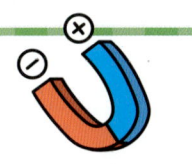

❶ 바탕화면의 알고두(Algodoo) 아이콘( )을 더블클릭하여 프로그램을 실행합니다.

❷ 알고두가 실행되면 [도구] 툴바에서 '다각형( )' 툴을 클릭한 후 마우스를 드래그하여 그림과 같이 볼링핀을 그리고 [색상, 외관 메뉴( )]를 클릭하여 색상을 지정합니다.

Tip 볼링핀을 잘못 그렸을 경우 그려 놓은 볼링핀을 선택하고 Delete 키를 눌러 삭제한 후 다시 그립니다.

❸ '사각형( )' 툴을 클릭한 후 마우스를 드래그하여 그림과 같이 볼링핀에 빨간색 띠를 그려 봅니다.

Tip 도형의 크기를 변경하고 싶다면 '스케일( )' 툴을, 도형의 위치를 변경하고 싶다면 '이동( )' 툴을 이용합니다.

❹ 모든 도형을 그룹화하기 위해 '이동( )' 툴을 클릭한 후 볼링핀을 드래그하여 전체 도형을 선택합니다.

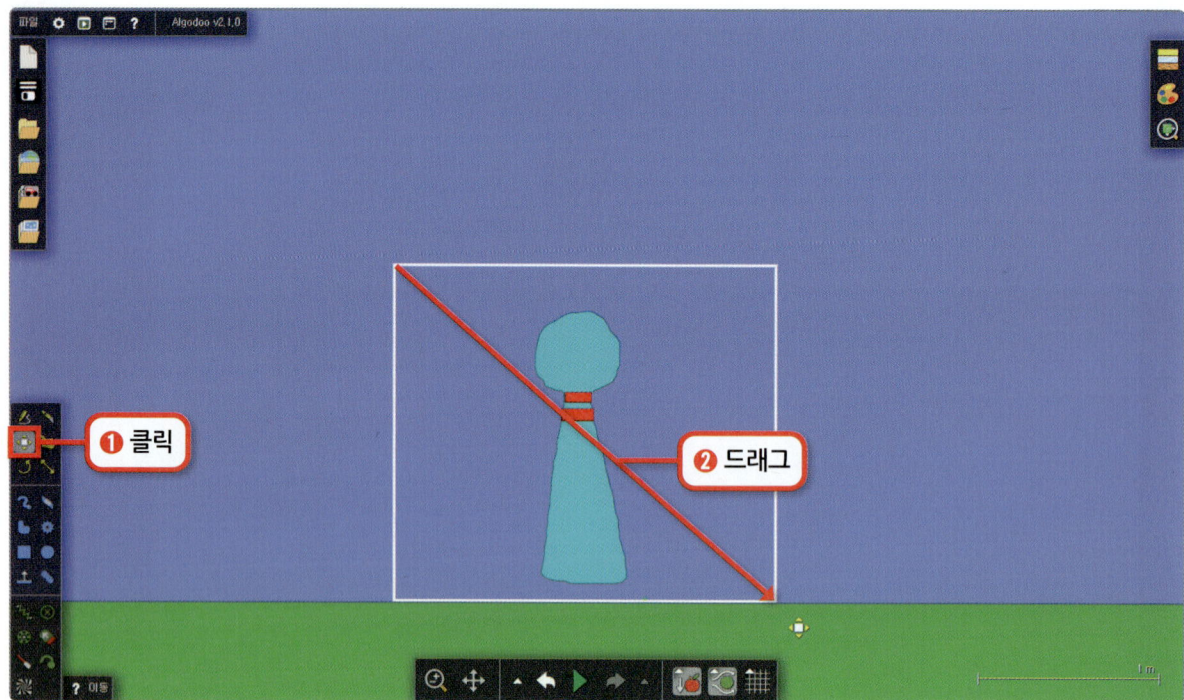

❺ 볼링핀을 마우스 오른쪽 버튼으로 클릭하여 [설정] 메뉴가 나타나면 [도형 액션]-[도형 고정]을 클릭합니다.

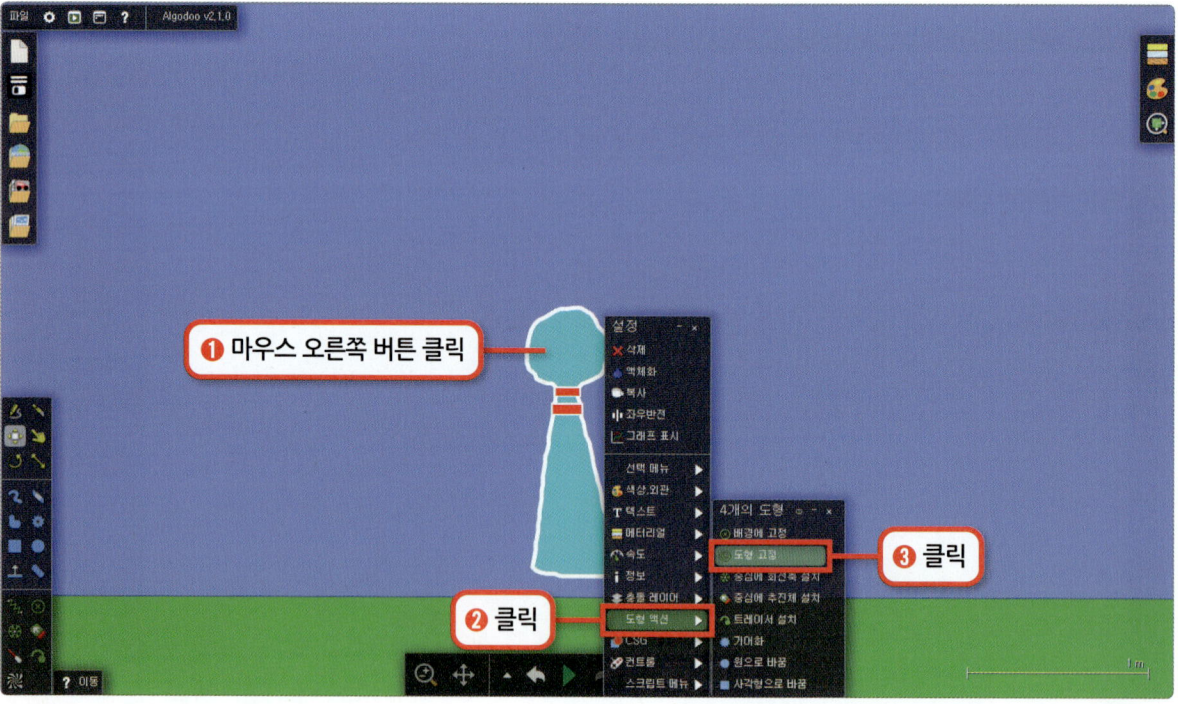

Tip 마우스 휠을 앞으로 밀면 장면이 확대되고 뒤로 당기면 장면이 축소됩니다.

❻ 볼링핀의 바닥을 평평하게 만들기 위해 '사각형(　)' 툴을 클릭한 후 볼링핀 아래쪽에 그려 넣습니다.

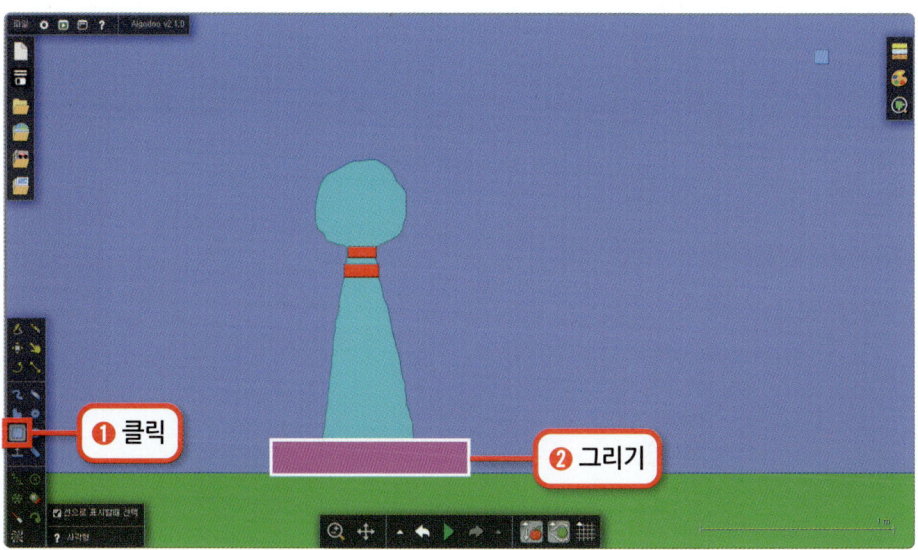

❼ '사각형'을 마우스 오른쪽 버튼으로 클릭하여 [설정] 메뉴가 나타나면 [CSG]-[차집합]을 클릭한 후 Delete 키를 눌러 사각형을 삭제합니다.

❽ 볼링핀을 선택한 후 '이동(　)' 툴을 이용하여 볼링핀을 바닥으로 이동시킵니다.

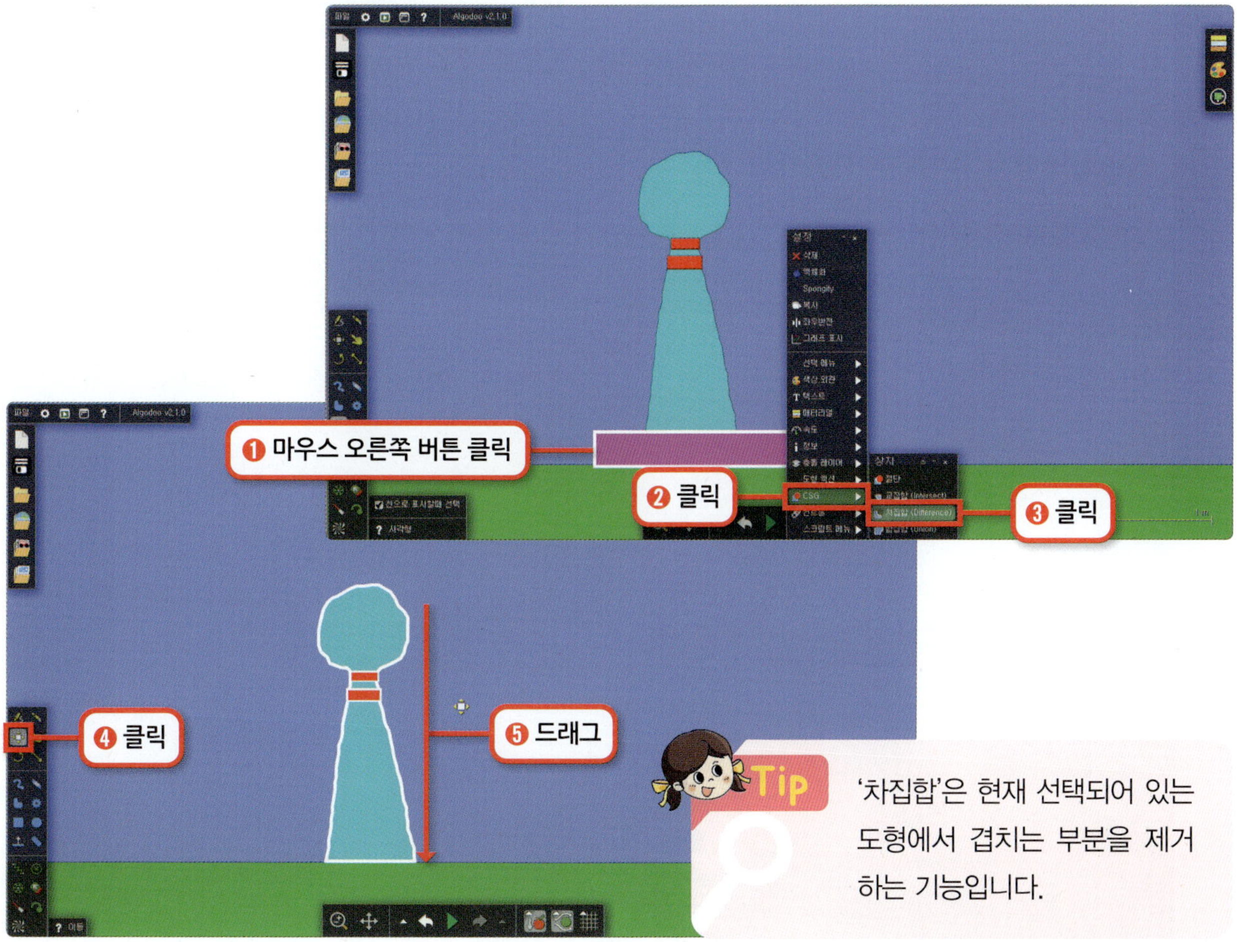

Tip '차집합'은 현재 선택되어 있는 도형에서 겹치는 부분을 제거하는 기능입니다.

Chapter 02 볼링핀 쓰러뜨리기

❾ 볼링핀을 선택한 후 마우스 오른쪽 버튼을 클릭하여 [설정] 메뉴가 나타나면 [복사]를 클릭하여 그림과 같이 4개의 볼링핀을 만듭니다.

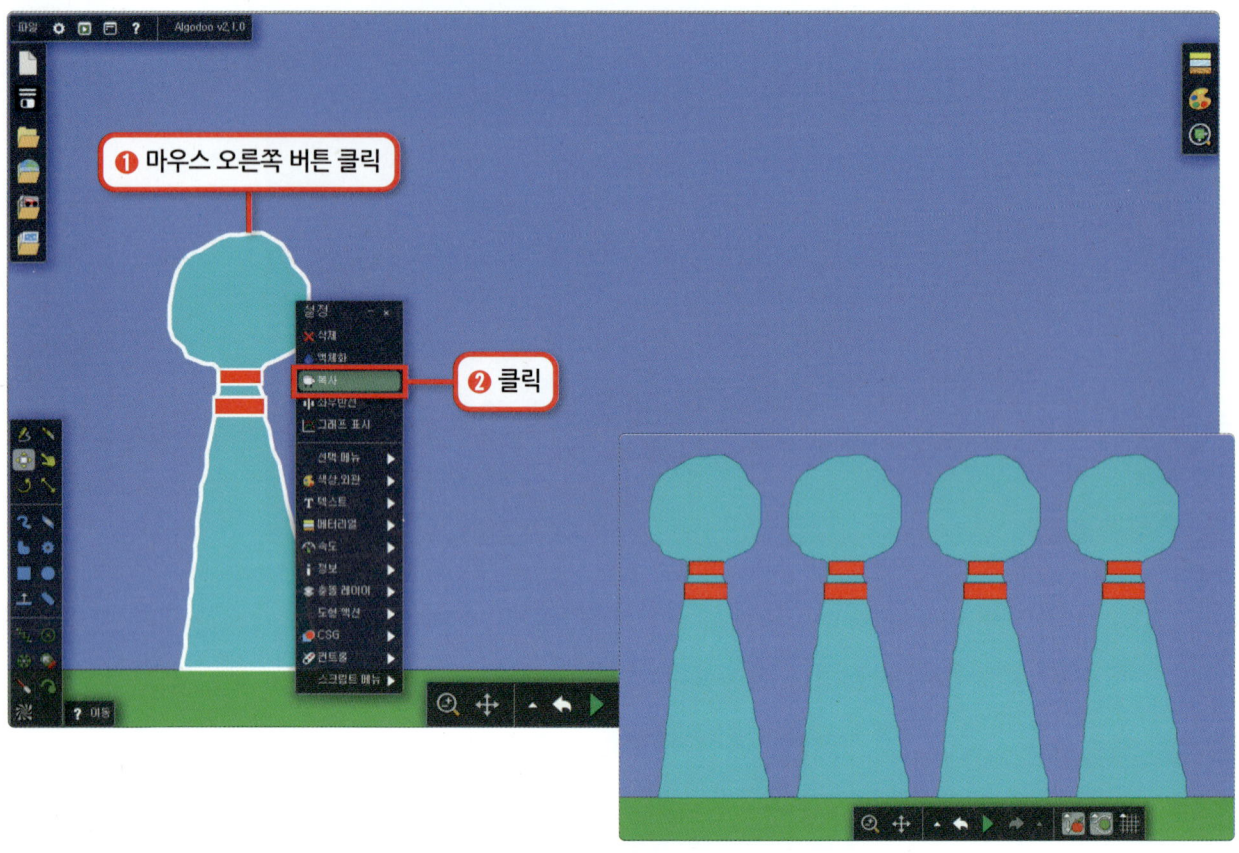

❿ 마우스 휠을 뒤로 당겨 장면을 축소한 후 [시뮬레이션 컨트롤] 툴바의 '이동 메뉴(✥)'를 클릭하여 장면을 왼쪽으로 드래그합니다.

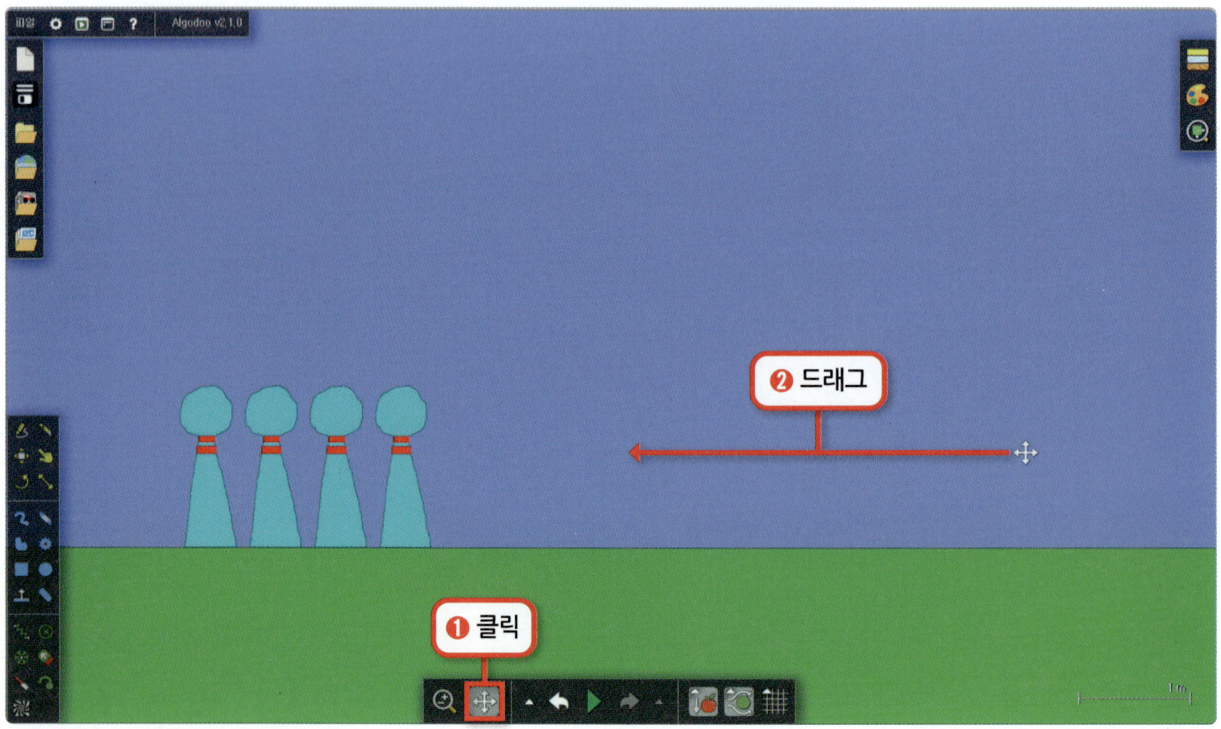

 ## 02 경사면 만들기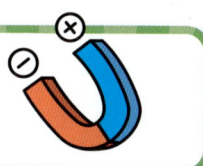

❶ [도구] 툴바에서 '평면( )' 툴을 클릭한 후 바닥 쪽에 마우스 포인터를 위치시킵니다.

❷ 마우스를 클릭한 후 왼쪽으로 약간 드래그하여 경사면의 각도를 15°로 변경합니다.

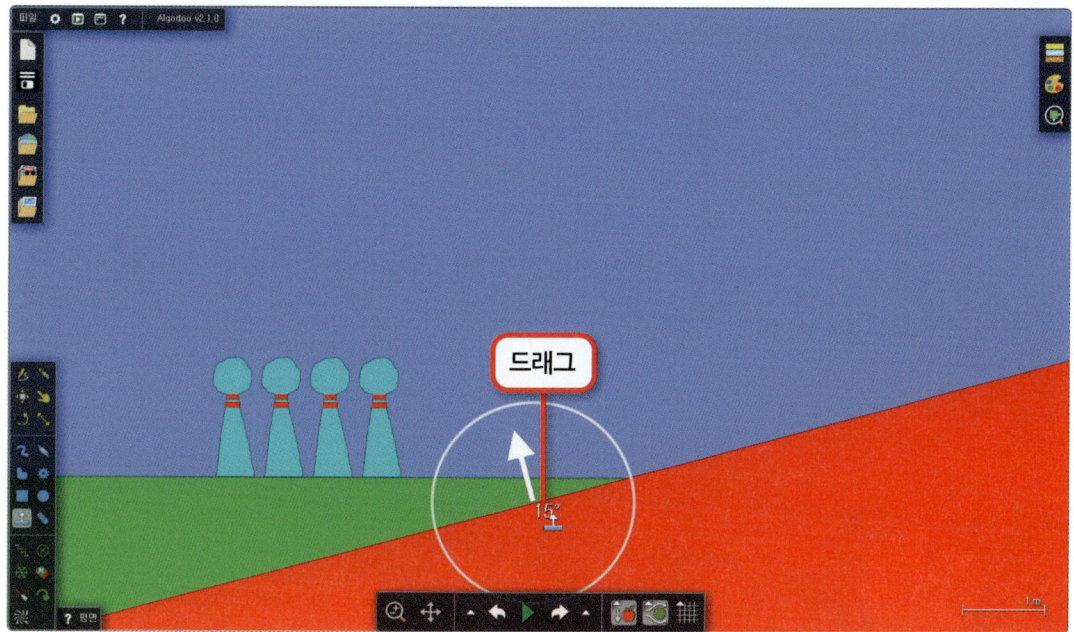

Tip 경사면의 각도를 조절할 때 원 안쪽에서 마우스를 드래그하면 15°씩 각도가 변경되고, 원 바깥쪽에서 마우스를 드래그하면 소수점 단위로 각도를 조절할 수 있습니다.

03 볼링공 만들기

❶ 마우스 휠을 뒤로 당겨 장면을 축소한 후 [시뮬레이션 컨트롤] 툴바의 '이동 메뉴(✥)'를 클릭하여 장면을 왼쪽으로 드래그합니다.

❷ 경사면 위쪽에 볼링공을 만들기 위해 [도구] 툴바의 '원(⬤)' 툴을 클릭한 후 마우스를 드래그하여 볼링공을 만듭니다.

❸ [시뮬레이션 컨트롤] 툴바의 '실행(▶)'을 클릭하여 시뮬레이션을 실행해 봅니다.

Tip 시뮬레이션을 다시 실행하려면 '정지(❚❚)'를 클릭한 후 '되돌리기(◀)'를 클릭합니다.

○ 예제 파일 없음   ○ 완성 파일 02강 미션(완성).phz

01 알고두(Algodoo) 아이콘( )을 더블클릭하여 프로그램을 실행한 후 양쪽에 경사면을 만들어 봅니다.

hint   [도구] 툴바에서 '평면( )' 툴을 이용해 봅니다.

02 크기가 다른 원을 만들어 시뮬레이션을 실행해 보고 물체의 질량에 따라 이동 속도는 어떻게 다른지 확인해 봅니다.

03 Chapter 모터 달린 마차 만들기

학습내용 알아보기
- 다각형 툴을 이용하여 마차를 그릴 수 있습니다.
- 원 툴을 이용하여 마차의 바퀴를 만들 수 있습니다.
- 바퀴에 회전축을 설치할 수 있습니다.
- 회전축에 모터를 적용할 수 있습니다.

◆ 예제 파일 | 없음   ◆ 완성 파일 | 03강 본문(완성).phz

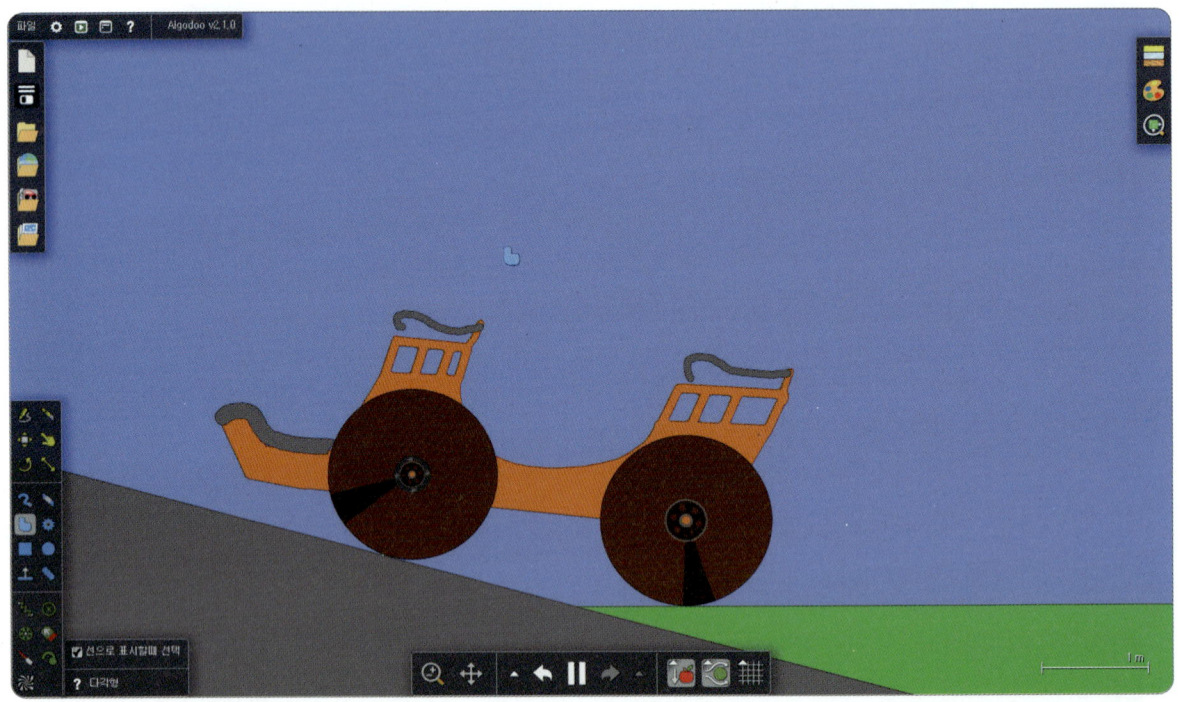

알고두's 쏙쏙 물리

모터가 달린 물체는 모터의 힘을 이용하여 오르막길을 올라가거나 내리막길에서 버틸 수 있습니다. 이번 시간에는 알고두를 통해 모터가 달린 마차를 만들고 경사면을 만들어 경사면의 각도에 따라 모터의 힘을 변경하여 마차가 경사면을 올라가도록 해봅니다.

01 마차 만들기

① 바탕화면의 알고두(Algodoo) 아이콘()을 더블클릭하여 프로그램을 실행합니다.

② 알고두가 실행되면 [도구] 툴바에서 '브러시( )' 툴을 클릭하고 [속성] 창에서 [병합]에 체크한 후 브러시의 크기를 조절합니다.

Tip [병합]에 체크하면 브러시에 닿은 개체가 하나의 개체로 합쳐지고, 체크를 해제하면 개별적인 개체를 그릴 수 있습니다.

③ 마우스를 드래그하여 그림과 마차의 테두리를 완성합니다.

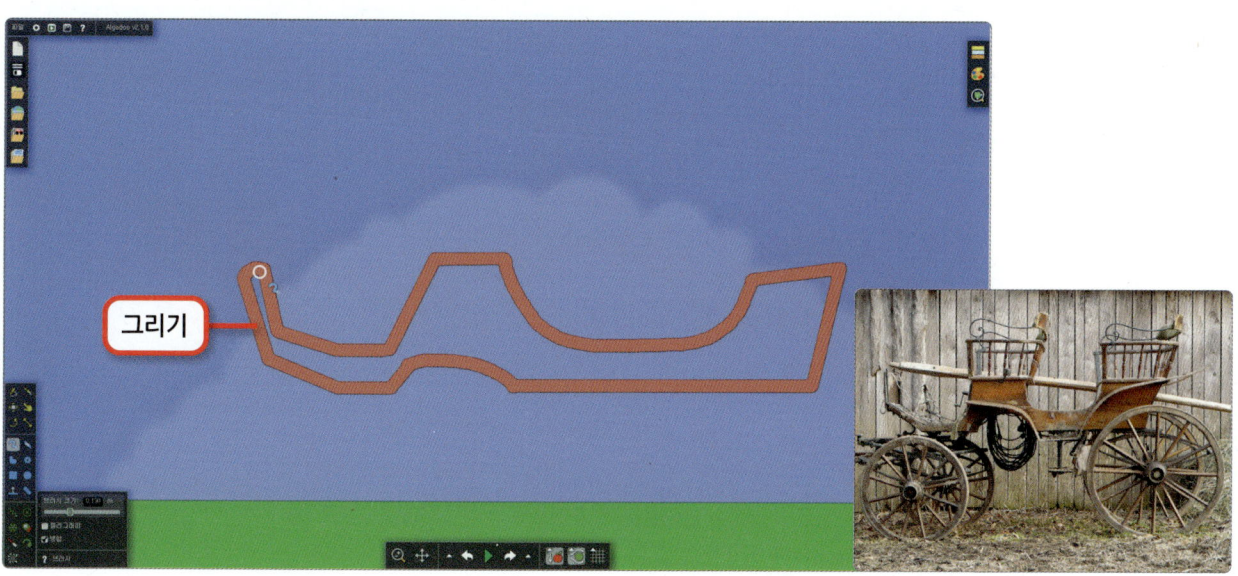

▲ 참고 이미지

 **Tip** Shift 키를 누른 상태로 마우스를 드래그했다가 Shift 키에서 손가락을 떼면 직선을 그릴 수 있습니다.

Chapter 03 모터 달린 마차 만들기

❹ 브러시 크기를 변경해 가며 마차의 면을 채웁니다.

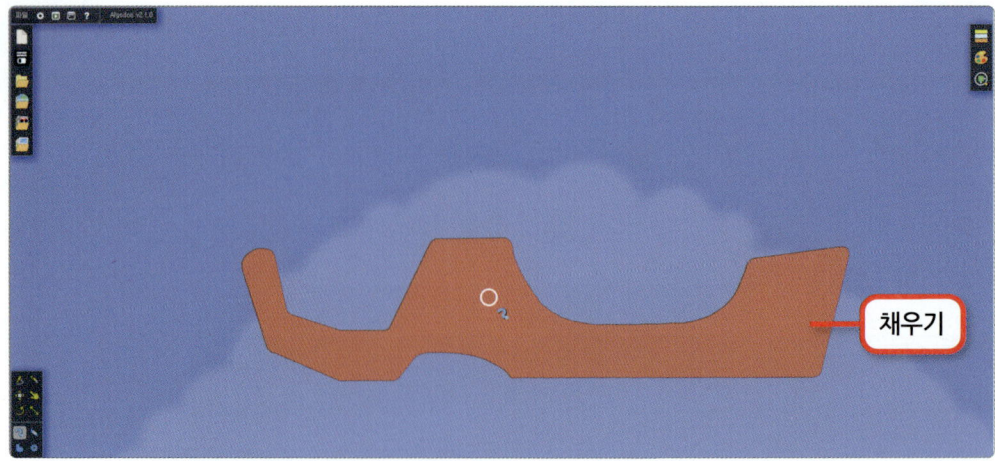

❺ 브러시의 크기와 색상을 변경해가며 그림과 같이 마차의 몸체를 완성해 봅니다.

- 색상을 변경할 때는 [속성] 창의 [병합]을 체크 해제한 후 [색상, 외관 메뉴( )]에서 색상을 변경합니다.
- 바퀴가 닿는 곳에 마차의 몸체가 아닌 다른 도형이 설치되어 있을 경우 바퀴가 제대로 작동하지 않을 수 있습니다.
- 모양을 수정하고 싶을 때는 '지우개( )' 툴을 이용하여 도형을 삭제한 후 다시 모양을 꾸밉니다.

❻ '이동( )' 툴을 클릭한 후 마우스를 드래그하여 마차를 전체 선택합니다.

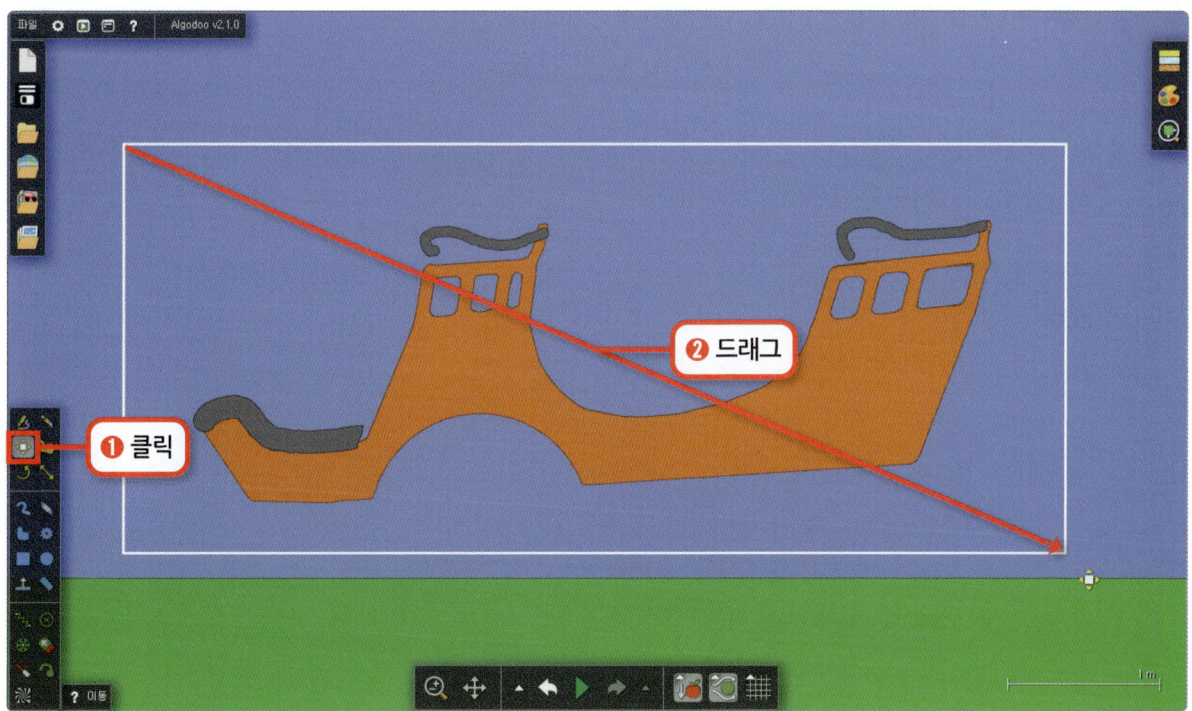

❼ 마우스 오른쪽 버튼을 클릭하여 [도형 액션]-[도형 고정]을 클릭합니다.

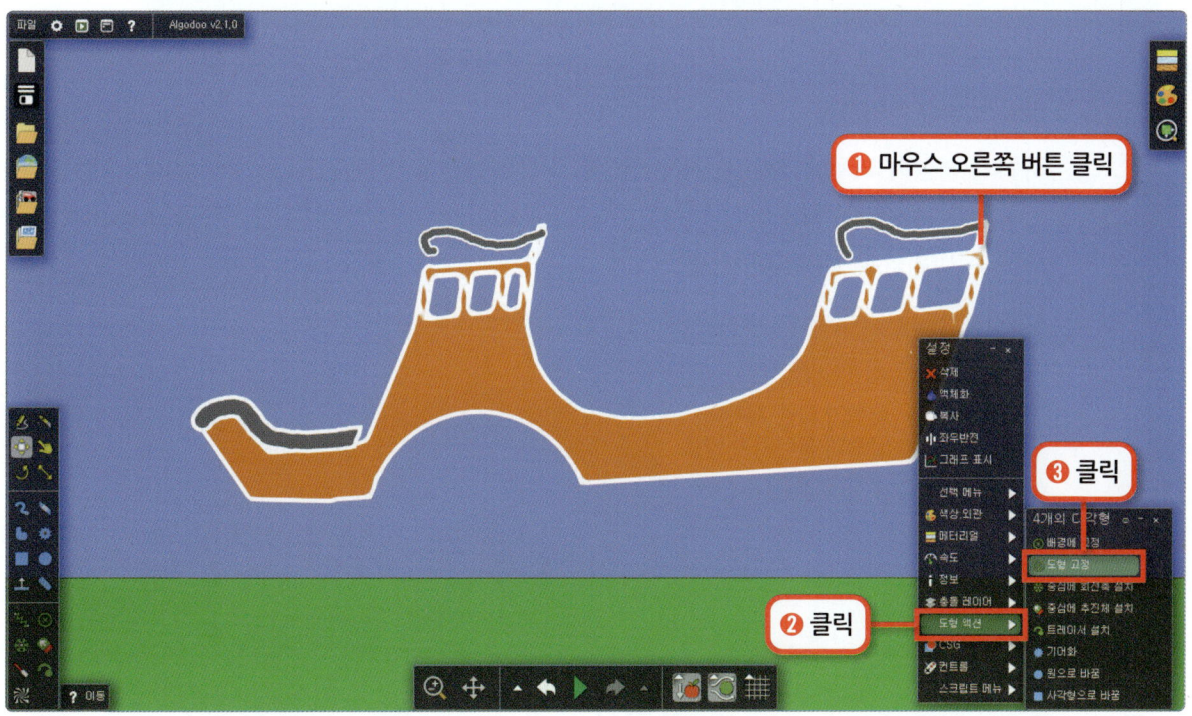

Tip [도형 액션] 메뉴 선택 시 [도형 고정]이 아닌 [도형 풀기] 메뉴가 나타난다면 이미 전체 도형들이 그룹화되어 있는 상태입니다.

Chapter 03 **모터 달린 마차 만들기**

02 모터가 달린 바퀴 만들기

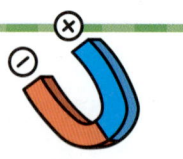

❶ [색상, 외관 메뉴()]를 클릭한 후 색상을 지정하고 [도구] 툴바에서 '원( )' 툴을 선택하여 그림과 같이 마차의 바퀴를 만듭니다.

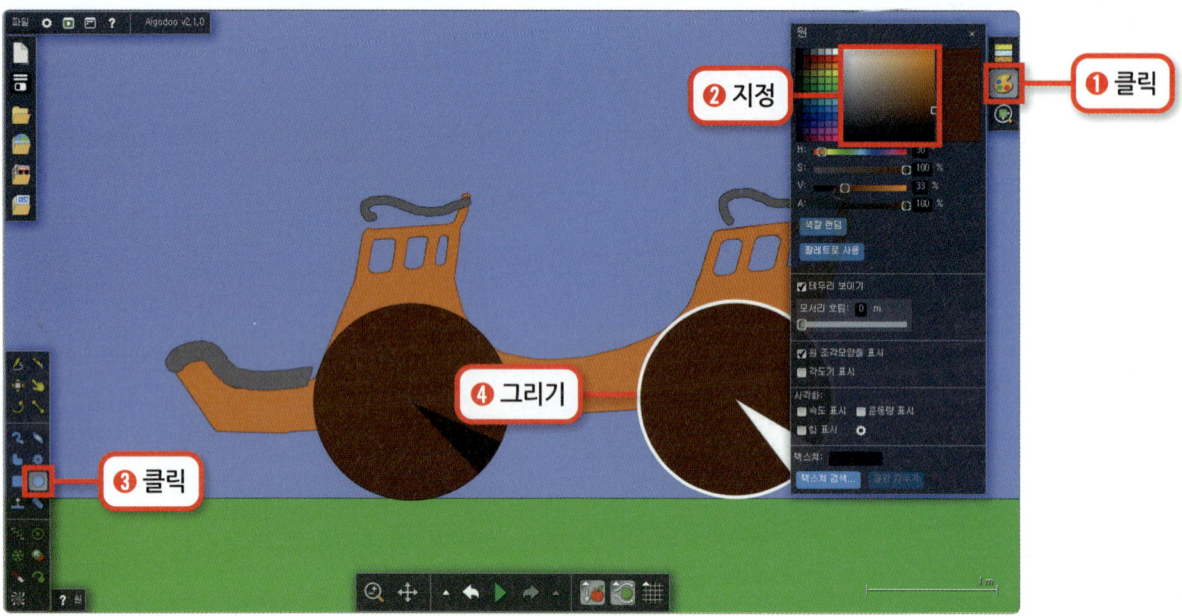

Tip 바퀴 만들 때 주의사항

바퀴의 중심이 마차에 닿아 있어야 회전축을 설치했을 때 바퀴와 마차가 연결되어 마차가 굴러가도록 할 수 있습니다. 바퀴를 설치할 공간이 비어 있다면 '브러시()' 툴을 이용하여 공간을 채운 후 바퀴를 설치합니다.

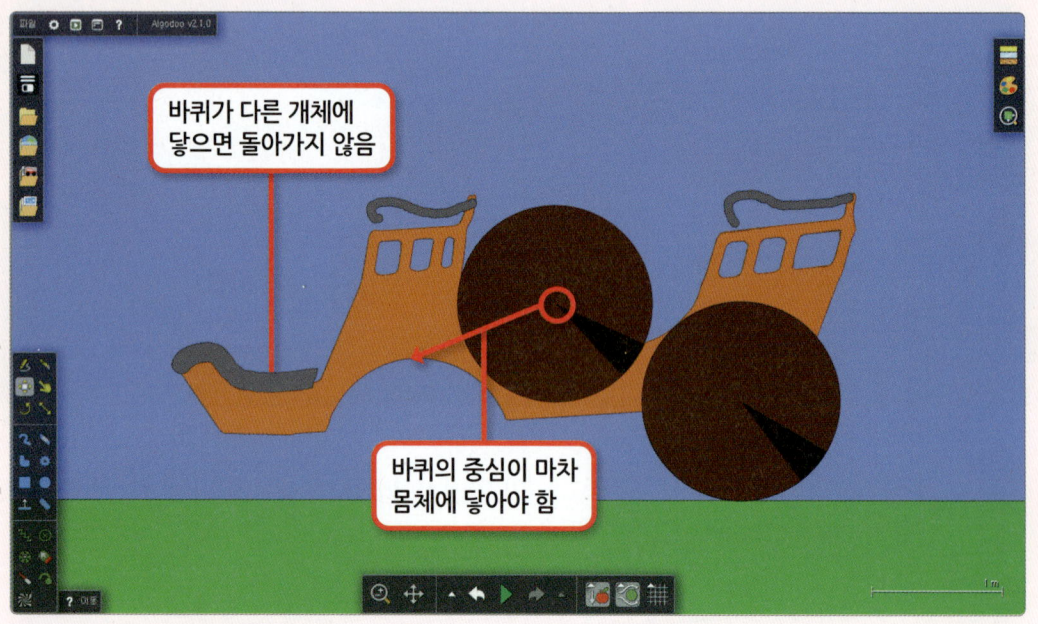

❷ 바퀴를 선택한 후 마우스 오른쪽 버튼을 클릭하여 [도형 액션]-[중심에 회전축 설치]를 클릭합니다.

❸ 회전축이 생성되면 회전축을 선택한 후 마우스 오른쪽 버튼을 클릭하여 [회전축]-[모터]에 체크합니다. 이어서 모터의 방향을 확인한 후 마차의 이동 방향과 반대로 방향이 설정되어 있다면 [역회전]에 체크합니다.

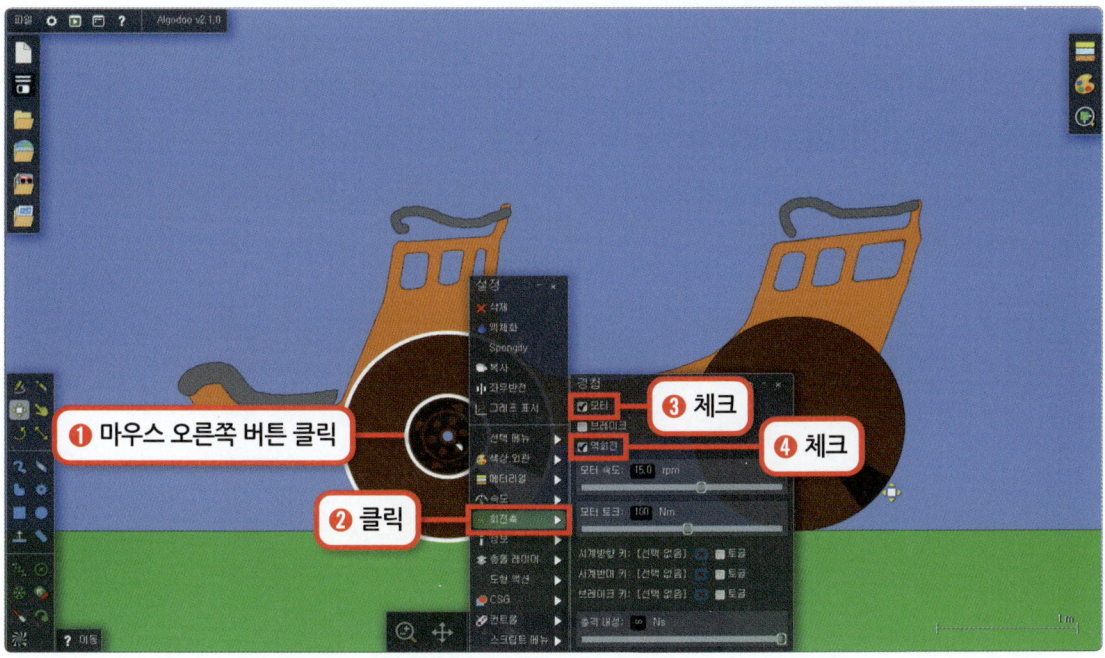

  **바퀴 방향 확인하기**
삼각형(화살표) 방향으로 바퀴가 회전하게 됩니다.

Chapter 03 모터 달린 마차 만들기

 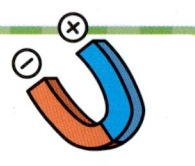

03 경사면 만들기

❶ 나머지 바퀴에는 '회전축'만 설치한 후 [도구] 툴바에서 '평면( )' 툴을 클릭하여 마차 앞쪽에 15° 각도의 경사면을 만듭니다.

❷ '이동( )' 툴을 클릭하고 마우스를 드래그하여 마차를 전체 선택한 후 바닥 쪽으로 마차의 위치를 조절합니다.

Tip 모터는 앞바퀴 혹은 뒷바퀴 중 한 쪽에만 설치되어 있어도 마차가 굴러가도록 할 수 있기 때문에 한 쪽 바퀴에만 회전축을 설치합니다.

❸ [시뮬레이션 컨트롤] 툴바의 '실행( )'을 클릭하여 시뮬레이션을 실행하고 마차가 경사면을 올라가는지 확인합니다. 마차가 경사면을 잘 올라가면 '회전( )' 툴을 이용하여 경사면의 각도를 변경하고 모터를 마우스 오른쪽 버튼으로 클릭한 후 [회전축]-[모터 속도]를 변경하며 경사를 올라갈 수 있도록 수정해 봅니다.

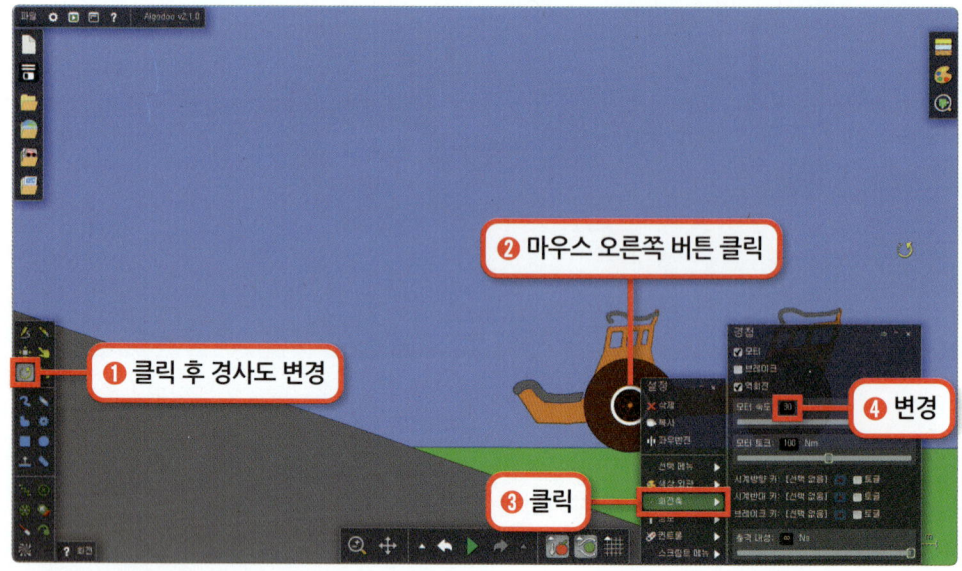

차근 차근 실력 UP!

○ 예제 파일 없음   ○ 완성 파일 03강 미션(완성).phz

01 알고두(Algodoo) 아이콘( )을 더블클릭하여 프로그램을 실행한 후 자전거를 만들어 봅니다.

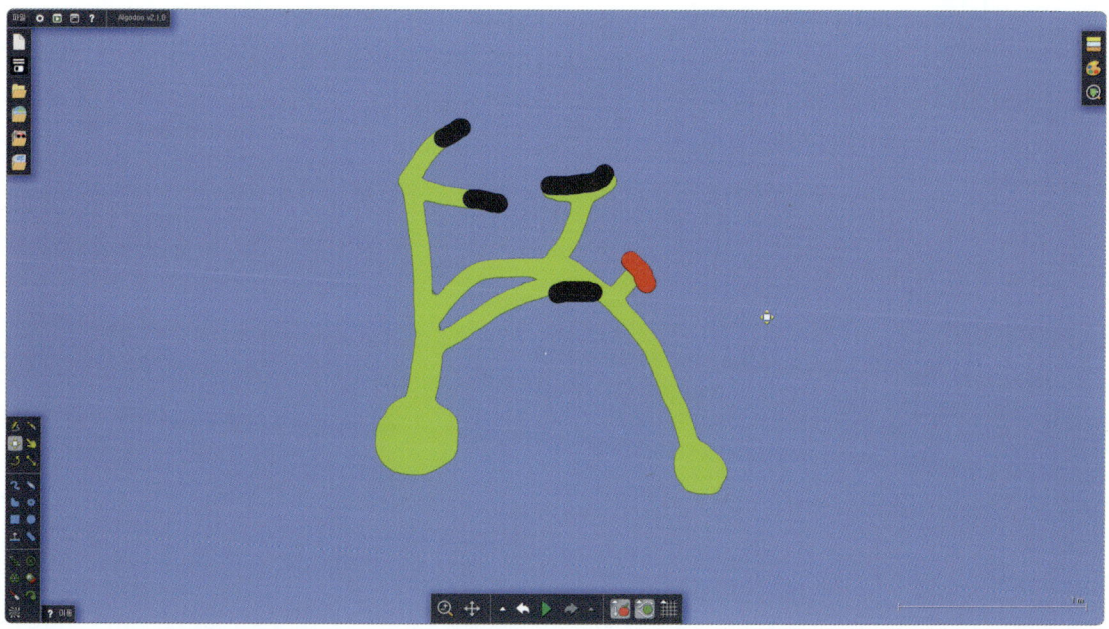

hint   [도구] 툴바에서 '브러시( )' 툴을 이용해 봅니다.

02 자전거 바퀴를 만들고 바퀴에 모터를 설치하여 자전거가 이동하도록 해봅니다.

Chapter 03 모터 달린 마차 만들기

04 Chapter 해적선 만들기

학습내용 알아보기
- 다각형 툴을 이용하여 해적선을 만들 수 있습니다.
- 도형을 액체화하여 바다를 만들 수 있습니다.
- 해적선에 기어를 설치할 수 있습니다.
- 기어에 활성 키를 적용하여 방향을 제어할 수 있습니다.

◆ 예제 파일 | 없음   ◆ 완성 파일 | 04강 본문(완성).phz

알고두's 쏙쏙 물리

기어(톱니바퀴)란 2개의 톱니바퀴가 맞물리는 힘을 이용하여 동력을 전달하는 장치입니다. 우리 주변에서 쉽게 찾아볼 수 있는 자전거 페달, 시계에도 기어가 적용되어 있습니다. 이번 시간에는 알고두를 통해 해적선을 만들고 해적선에 기어를 적용하여 해적선을 조종해 봅니다.

01 해적선 만들기

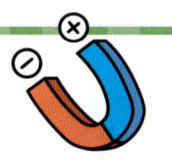

❶ 바탕화면의 알고두(Algodoo) 아이콘()을 더블클릭하여 프로그램을 실행합니다.

❷ 알고두가 실행되면 [도구] 툴바에서 '브러시(🖌)' 툴과 '다각형(📐)' 툴을 이용하여 그림과 같이 해적선의 틀을 만들어 봅니다.

Tip: Shift 키를 누른 상태로 마우스를 드래그하면 직선을 그릴 수 있습니다.

▲ 참고 이미지

❸ '브러시(🖌)' 툴에서 [병합]을 이용하여 해적선의 돛을 연결할 기둥을 만들고 [색상, 외관 메뉴(🎨)]를 이용하여 색상을 변경합니다.

Tip: [병합]에 체크한 후 브러시를 그리면 각 개체를 하나의 개체로 만들 수 있고, 체크 해제한 후 브러시를 그리면 각 개체를 개별적인 개체로 만들 수 있습니다.

❹ '다각형( )' 툴을 이용하여 해적선의 돛을 그려 봅니다.

❺ '이동( )' 툴을 클릭하고 마우스를 드래그하여 개체 전체를 선택한 후 마우스 오른쪽 버튼을 클릭하여 [도형 액션]-[도형 고정]을 클릭합니다.

02 바다 만들기

❶ 마우스 휠을 뒤로 당겨 장면을 축소한 후 '이동()' 툴을 이용하여 해적선을 위쪽으로 이동시킵니다. 이어서 '사각형(■)' 툴을 이용하여 그림과 같이 바닥에 사각형을 만든 후 사각형을 마우스 오른쪽 버튼으로 클릭하여 [도형 액션]-[배경에 고정]을 클릭합니다.

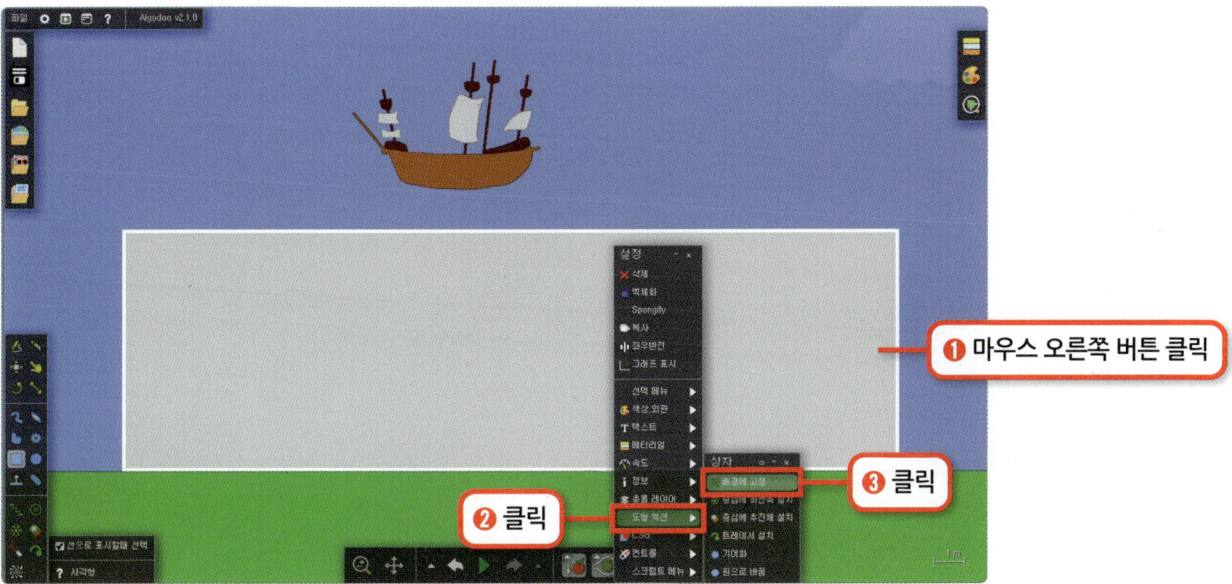

Tip 도형을 배경에 고정하면 시뮬레이션 실행 시 도형이 다른 도형과 충돌해도 흔들리지 않습니다.

❷ '사각형(■)' 툴을 이용하여 앞서 만든 사각형보다 작은 사각형을 1개 더 만들고 사각형을 마우스 오른쪽 버튼으로 클릭하여 [CSG]-[차집합]을 클릭합니다.

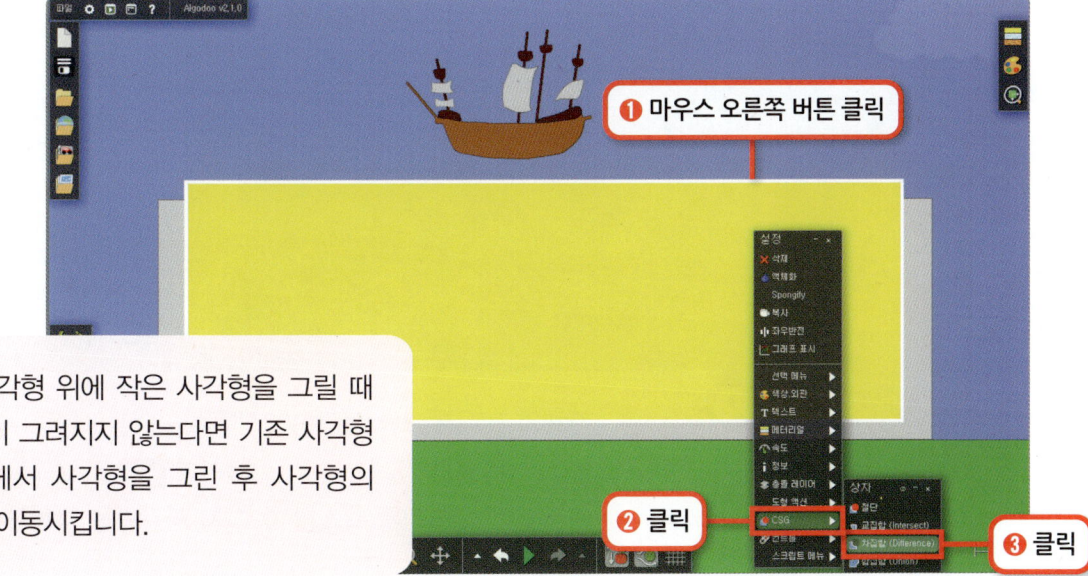

Tip 기존 사각형 위에 작은 사각형을 그릴 때 사각형이 그려지지 않는다면 기존 사각형 바깥쪽에서 사각형을 그린 후 사각형의 위치를 이동시킵니다.

❸ 도형을 물로 변경하기 위해 작은 사각형을 마우스 오른쪽 버튼으로 클릭하여 [액체화]를 클릭합니다.

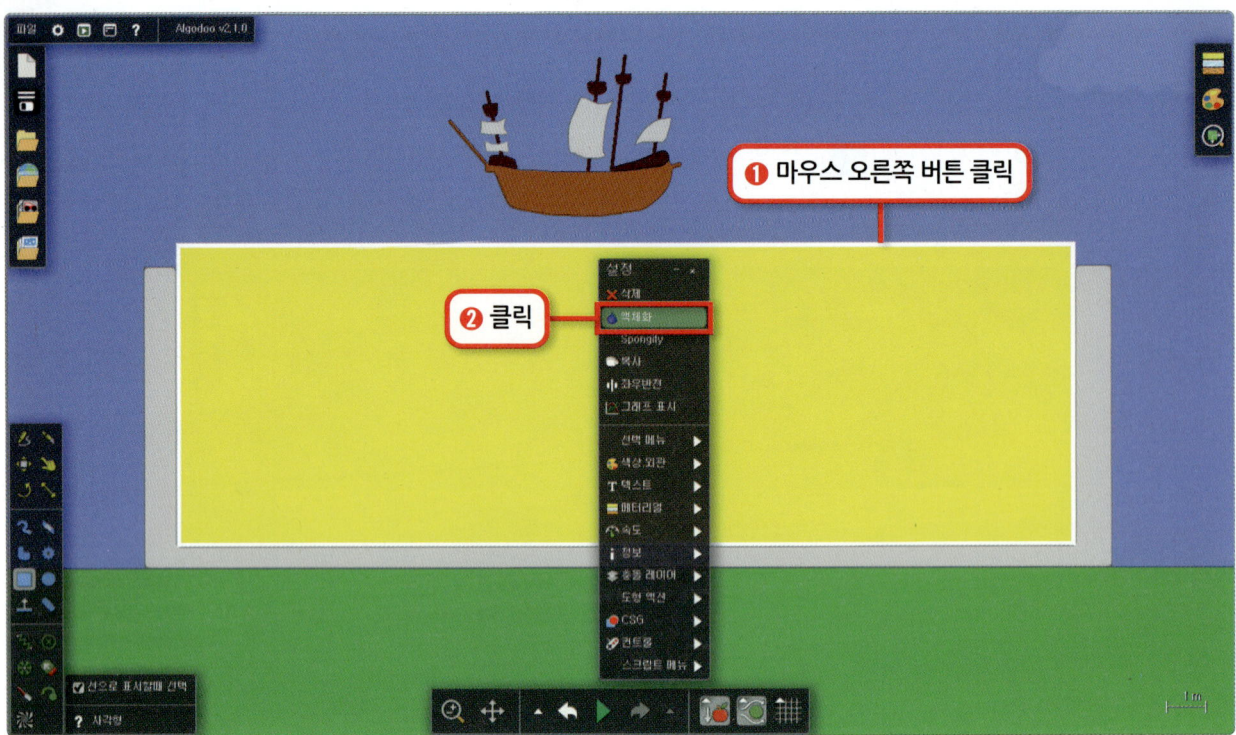

❹ 액체화된 모습을 확인하여 물이 부족할 경우 위쪽에 사각형을 추가로 그려 넣은 후 같은 방법으로 액체화시킵니다.

Tip 개체의 크기가 크면 사각형이 액체화되었을 때 물이 가득 차지 않습니다. 물이 가득 차지 않을 경우 '되돌리기( )'를 클릭하여 실행을 되돌리고 개체 전체의 크기를 축소한 후 다시 사각형을 액체화시킵니다.

 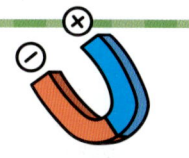

03 기어 설치하기

❶ [도구] 툴바에서 '기어( )' 툴을 클릭한 후 마우스를 드래그하여 해적선 뒤쪽에 기어를 설치합니다.

Tip 마우스 포인터를 해적선 위에 위치시킨 후 바깥쪽으로 드래그하면 기어의 톱니 개수가 변경됩니다. 4개의 톱니가 달린 기어를 설치한 후 '스케일( )' 툴을 이용하여 기어의 크기를 변경합니다.

❷ 기어를 마우스 오른쪽 버튼으로 클릭하여 [회전축]을 선택하고 '시계방향 키(→)', '시계반대 키(←)', '브레이크 키(Space Bar)'를 활성 키로 지정합니다.

 **Tip 활성 키 설정 방법**

'시계방향 키: [선택 없음]' 텍스트를 클릭한 후 키보드에서 직접 해당 방향키를 누릅니다.

Chapter 04 해적선 만들기

❸ [시뮬레이션 컨트롤] 툴바의 '실행(▶)'을 클릭하여 시뮬레이션을 실행한 후 ←, →, Space Bar 키를 이용해 해적선의 움직임을 제어해 봅니다.

 **해적선 조종하기**

- 해적선이 물에 가라앉을 경우 시뮬레이션을 정지하고 '되돌리기(↶)'를 클릭합니다. '이동(✥)' 툴을 클릭한 후 해적선을 전체 선택하고 마우스 오른쪽 버튼을 클릭하여 [메터리얼]-[밀도]에서 밀도 값을 조절합니다.

- 기어를 마우스 오른쪽 버튼으로 클릭하여 [회전축]-[모터 속도]에서 모터 속도를 높이면 해적선이 더욱 빠르게 이동하도록 할 수 있습니다.

차근차근 실력 UP!

○ 예제 파일 없음   ○ 완성 파일 04강 미션(완성).phz

01 알고두(Algodoo) 아이콘( )을 더블클릭하여 프로그램을 실행한 후 그림과 같이 도형과 기어를 만들고 기어에 시계방향 키와 시계반대 키를 적용해 봅니다.

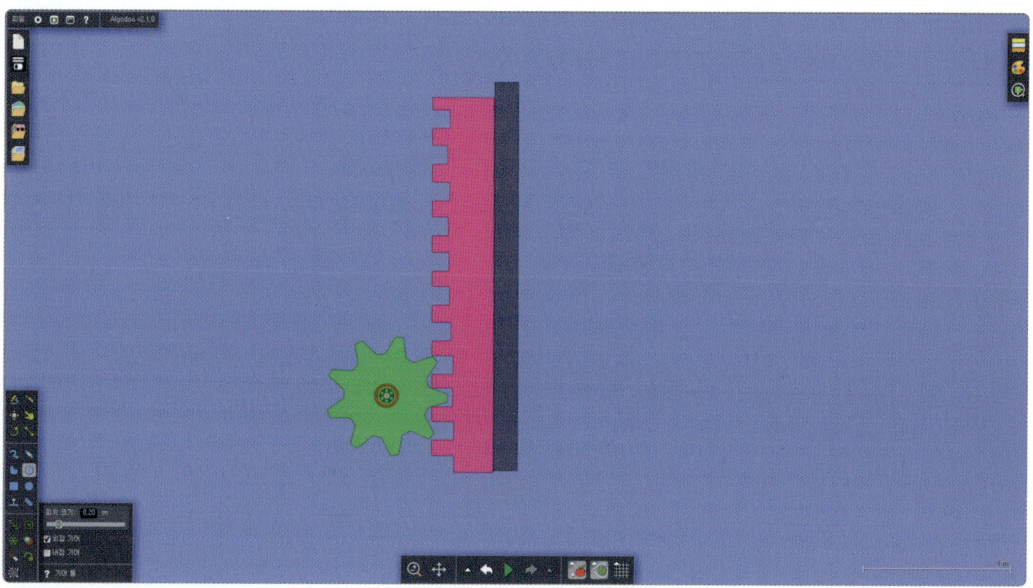

hint
- '사각형( )' 툴을 이용하여 도형을 그린 후 [CSG]–[차집합]을 이용하여 도형에 홈을 만듭니다.
- 기어에 활성 키를 적용하여 방향을 조종할 수 있도록 합니다.

02 시뮬레이션을 실행하여 키보드의 방향키로 홈이 파인 사각형의 위치를 이동시켜 봅니다.

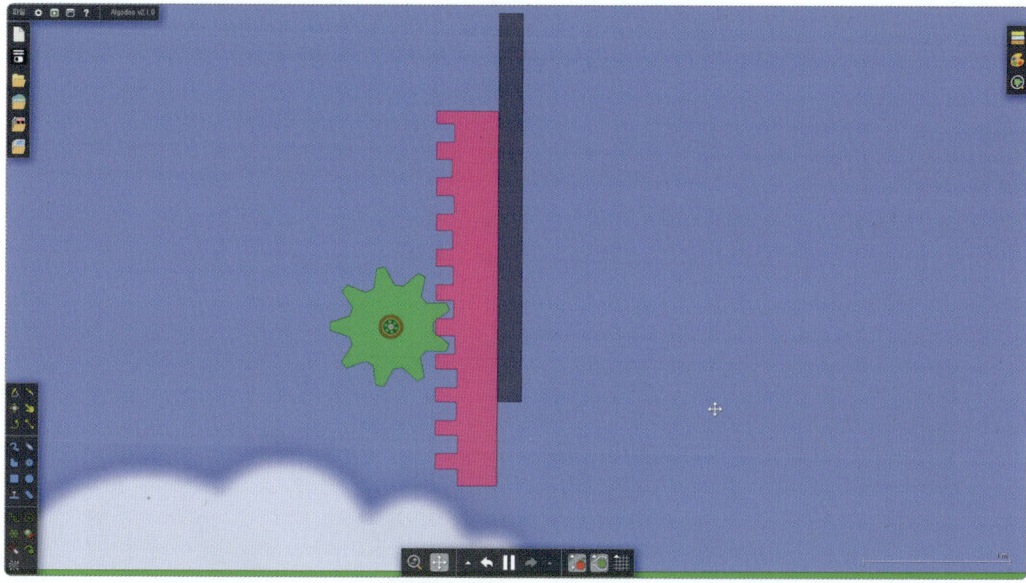

Chapter 04 해적선 만들기

05 로켓 쏘아 올리기

학습내용 알아보기
- 다각형 툴을 이용하여 로켓을 만들 수 있습니다.
- 여러 개의 개체를 하나의 개체로 고정시킬 수 있습니다.
- 로켓에 추진체를 설치할 수 있습니다.
- 키보드를 이용하여 추신제를 제어할 수 있습니다.

◆ 예제 파일 | 없음　◆ 완성 파일 | 05강 본문(완성).phz

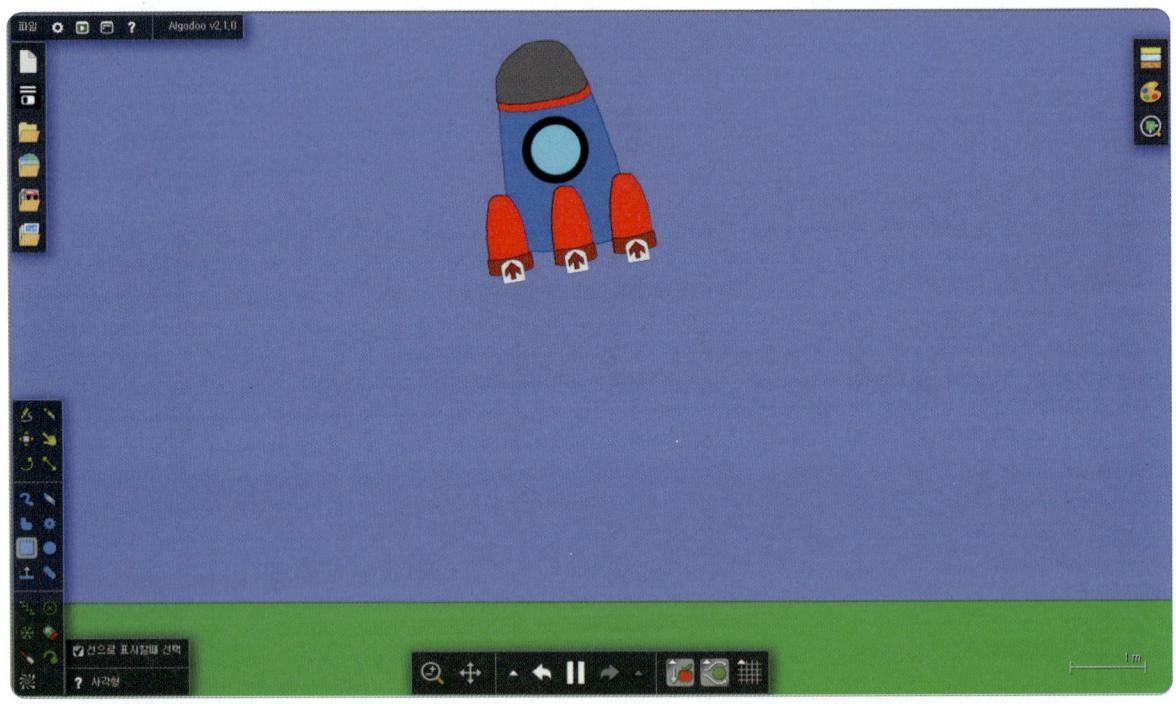

알고두's 쏙쏙 물리

추진체란 추진체에서 방출되는 가스의 힘에 의해 반작용으로 추진력을 얻어 물체를 이동시키는 물질을 말합니다. 우리나라의 누리호도 이러한 추진체를 이용해 우주 발사에 성공했습니다. 이번 시간에는 알고두를 통해 로켓을 만들고 로켓에 추진체를 설치하여 하늘로 발사시켜 봅니다.

01 로켓 만들기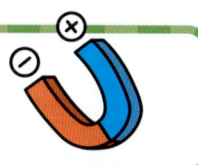

❶ 바탕화면의 알고두(Algodoo) 아이콘( )을 더블클릭하여 프로그램을 실행합니다.

❷ 알고두가 실행되면 [도구] 툴바에서 '다각형( )' 툴을 클릭한 후 마우스를 드래그하여 로켓의 몸체를 그립니다.

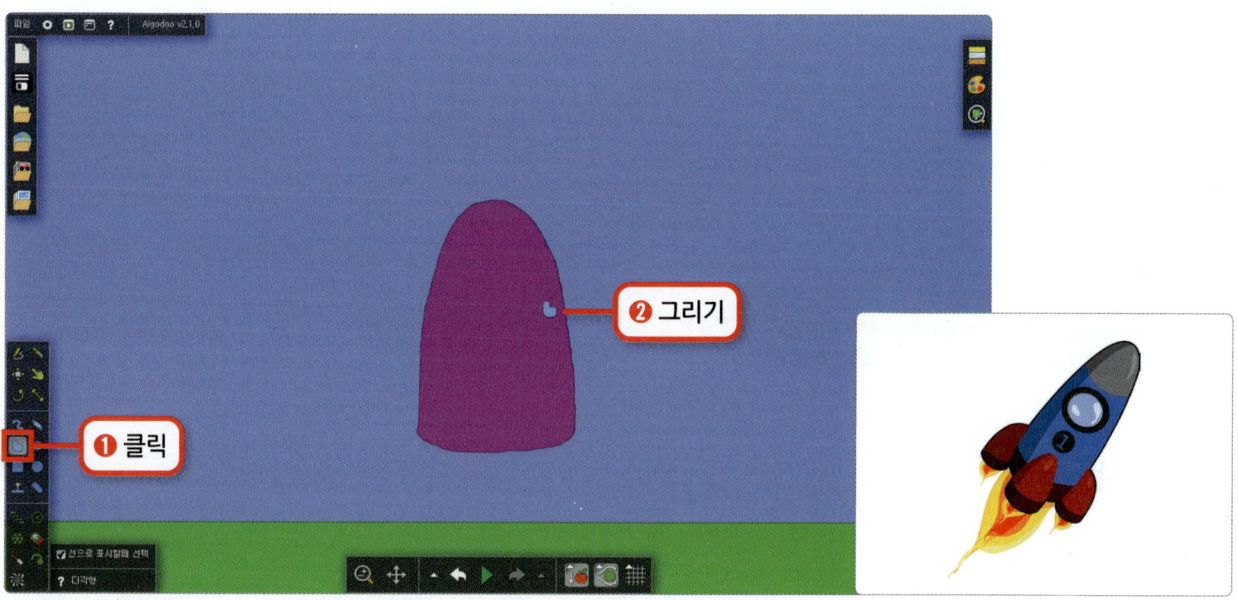

▲ 참고 이미지

❸ '브러시( )', '다각형( )', '원( )' 툴을 이용하여 그림과 같이 로켓을 완성합니다.

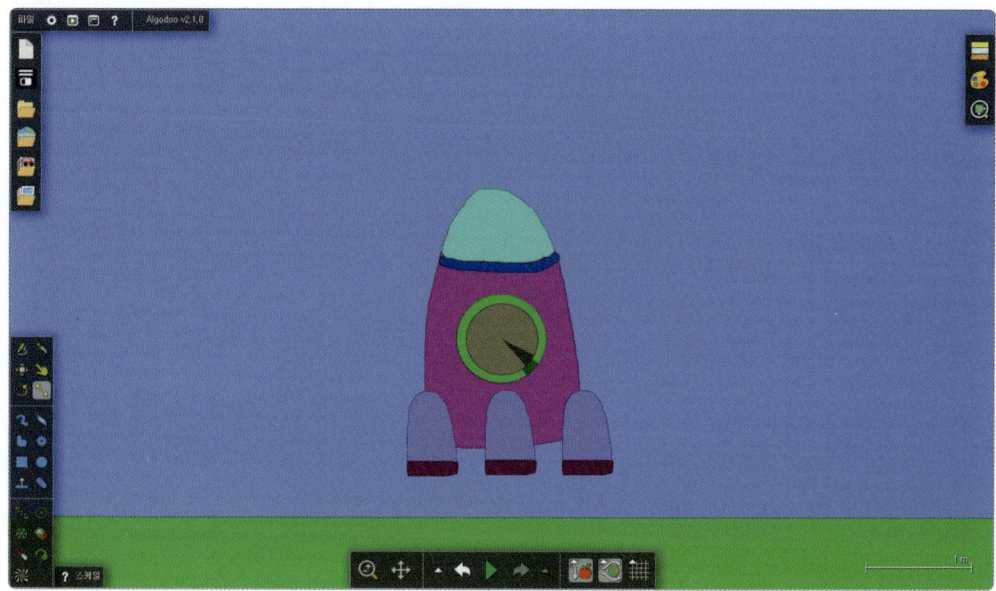

 개체를 선택한 후 Ctrl + C , Ctrl + V 키를 누르면 복제할 수 있습니다.

Chapter 05 로켓 쏘아 올리기

❹ [색상, 외관 메뉴(🎨)]를 이용하여 로켓의 색상을 자유롭게 변경합니다.

Tip [색상, 외관 메뉴(🎨)]에서 '원 조각모양을 표시'를 체크 해제하면 원에 있던 조각 모양을 숨길 수 있습니다.

❺ '이동(✥)' 툴을 클릭하고 마우스를 드래그하여 개체 전체를 선택한 후 마우스 오른쪽 버튼을 클릭하여 [도형 액션]-[도형 고정]을 클릭합니다.

Tip 여러 개체를 하나의 개체로 고정시켜야 추진체를 이용해 로켓을 발사할 때 로켓 전체를 하늘로 발사시킬 수 있습니다.

02 추진체 설치하기

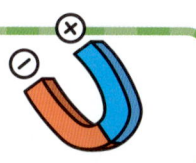

❶ [도구] 툴바에서 '추진체()'를 클릭한 후 로켓 엔진의 끝에서 위쪽으로 드래그하여 추진체를 설치합니다.

Tip 마우스를 위쪽으로 드래그하면 추진체가 위쪽 방향으로 설치되고, 아래쪽으로 드래그하면 추진체가 아래쪽 방향으로 설치됩니다.

❷ ❶과 같은 방법으로 나머지 로켓 엔진에도 추진체를 설치해 봅니다.

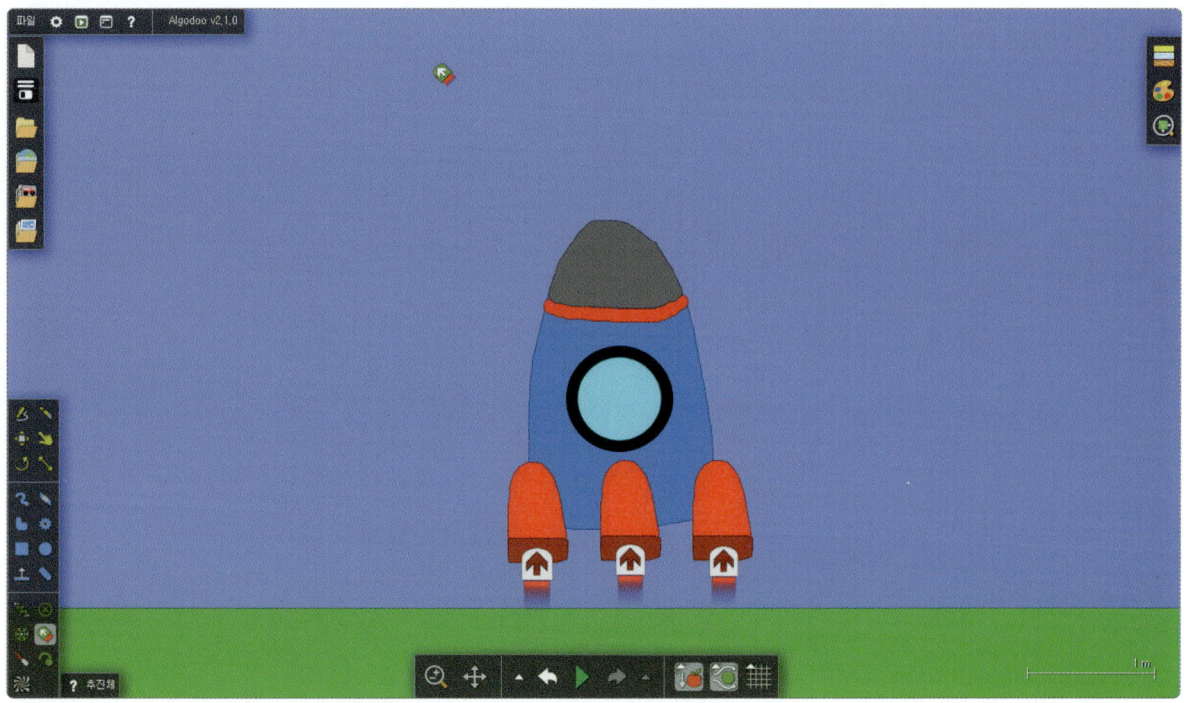

Chapter 05 로켓 쏘아 올리기

❸ 추진체를 마우스 오른쪽 버튼으로 클릭하여 [추진체] −[활성 키: 선택 없음]을 클릭한 후 키보드의 ↑ 키를 눌러 활성 키를 지정합니다.

❹ 나머지 추진체에도 ❸과 같은 방법으로 ↑ 키를 활성 키로 지정합니다.

❺ [시뮬레이션 컨트롤] 툴바의 '실행(▶)'을 클릭하여 시뮬레이션을 실행한 후 로켓을 발사시켜 봅니다.

Tip 마우스 휠을 뒤로 당겨 장면을 축소한 후 ↑ 키를 눌러 로켓을 발사시켜 봅니다.

○ 예제 파일 없음   ○ 완성 파일 05강 미션(완성).phz

01 알고두(Algodoo) 아이콘( )을 더블클릭하여 프로그램을 실행한 후 그림과 같이 총알을 만들고 총알에 추진체를 설치해 봅니다.

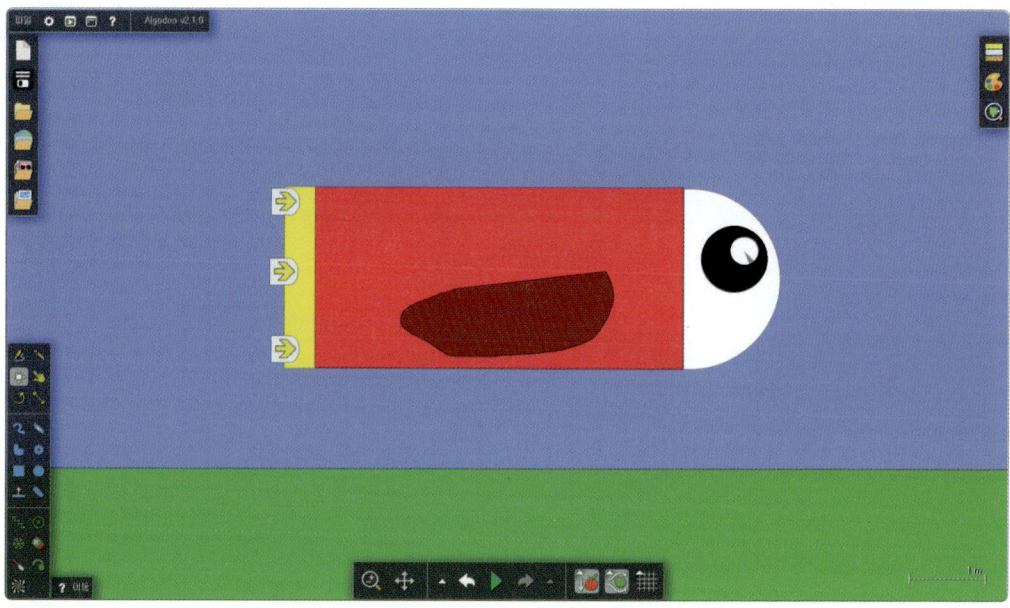

hint 총알을 완성하고 모든 개체를 선택하여 고정시킨 후 추진체를 설치합니다.

02 총알 반대편에 사각형 벽을 설치하고 추진체에 활성 키와 힘을 적용한 후 시뮬레이션을 실행하여 총알을 발사해 봅니다.

Chapter 06 도미노 게임 만들기

학습내용 알아보기
- 미션을 확인하고 미션을 해결할 수 있습니다.
- 오류를 찾아 수정하고 테스트를 완료할 수 있습니다.

 미션

1. 배경에 고정되어 있는 4층 높이의 도미노 판을 만듭니다.
2. 1, 2, 3층에 도미노를 설치합니다.
3. 2층과 3층 끝에 아래층 도미노를 쓰러뜨릴 원을 하나씩 만듭니다.
4. 도미노를 쓰러뜨릴 수 있도록 원의 질량을 조절합니다.
5. 4층에 아래쪽으로 떨어뜨릴 원을 만듭니다.
6. 4층에 설치한 원을 밀어낼 추진체를 설치하고 활성 키를 지정합니다.
7. 시뮬레이션을 실행한 후 활성 키를 눌러 도미노를 쓰러뜨려 봅니다.
8. 도미노를 모두 쓰러뜨릴 때까지 작품을 수정하여 미션을 완료합니다.

◆ 예제 파일 | 없음 ◆ 완성 파일 | 06강 본문(완성).phz

 미션 완료 화면

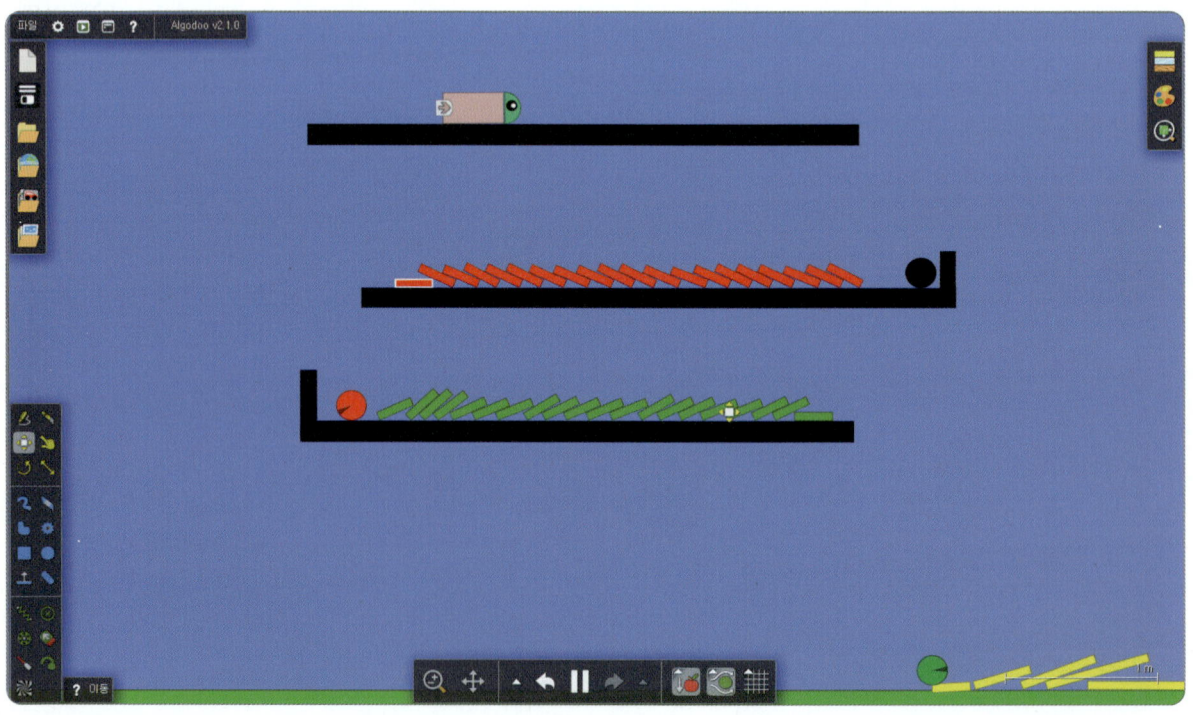

미션 01 배경에 고정되어 있는 4층 높이의 도미노 판을 만듭니다.

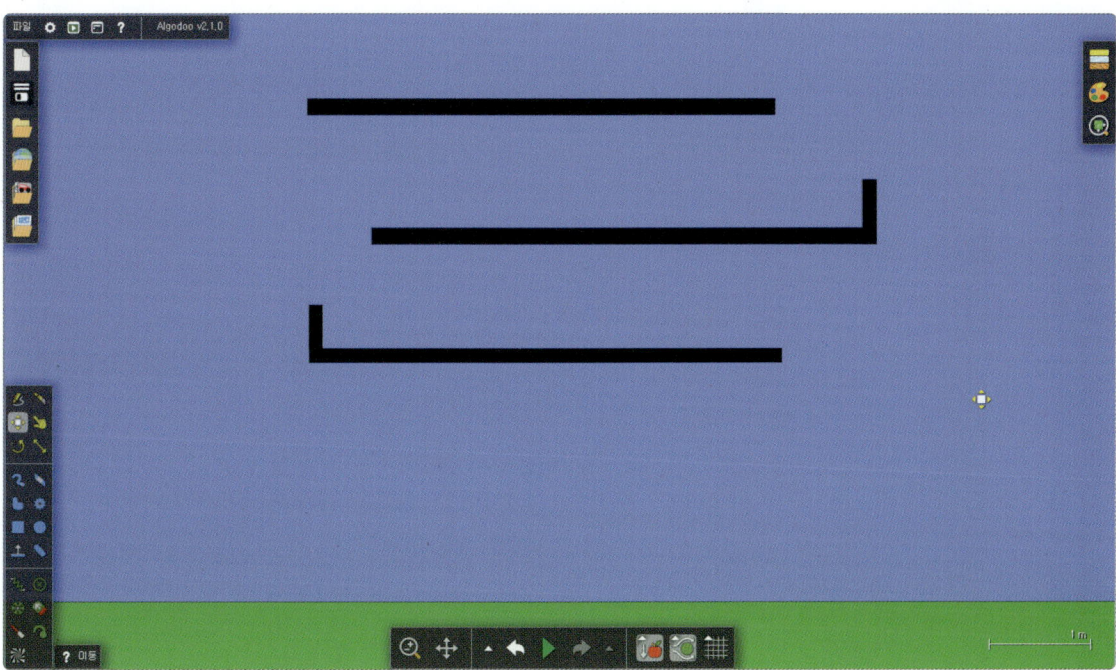

미션 02 1, 2, 3층에 도미노를 설치합니다.

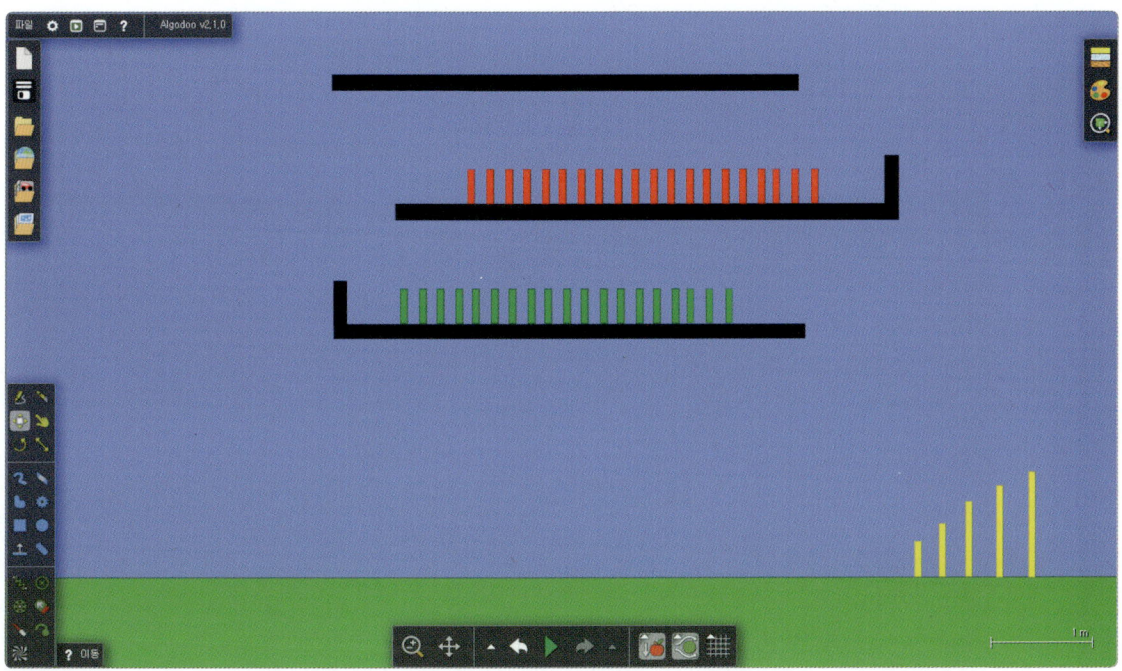

Tip 도미노의 크기와 길이는 자유롭게 지정해 봅니다.

 2층과 3층 끝에 아래층 도미노를 쓰러뜨릴 원을 하나씩 만듭니다.

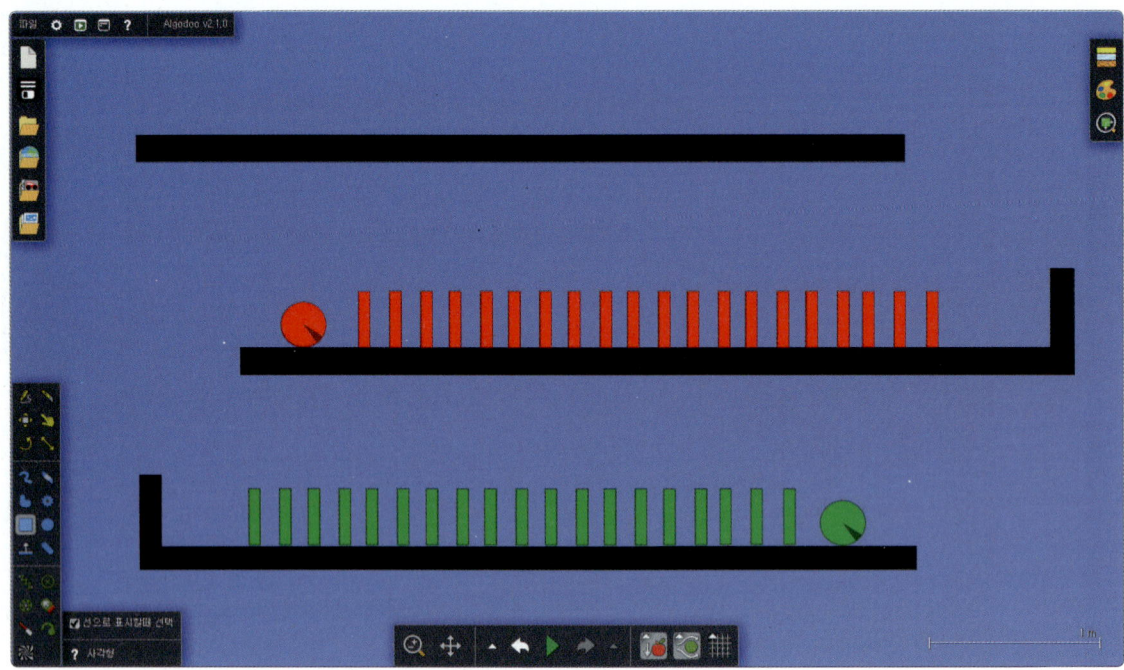

 도미노를 쓰러뜨릴 수 있도록 원의 질량을 조절합니다.

 4층에 아래쪽으로 떨어뜨릴 원을 만듭니다.

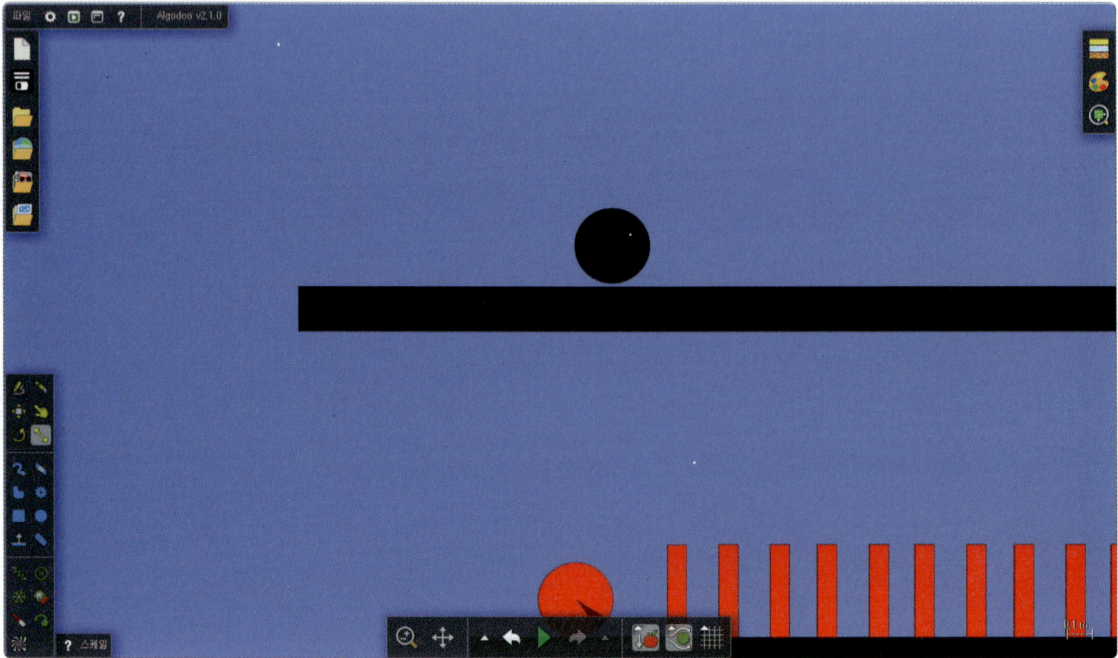

 4층에 설치한 원을 밀어낼 추진체를 설치하고 활성 키를 지정합니다.

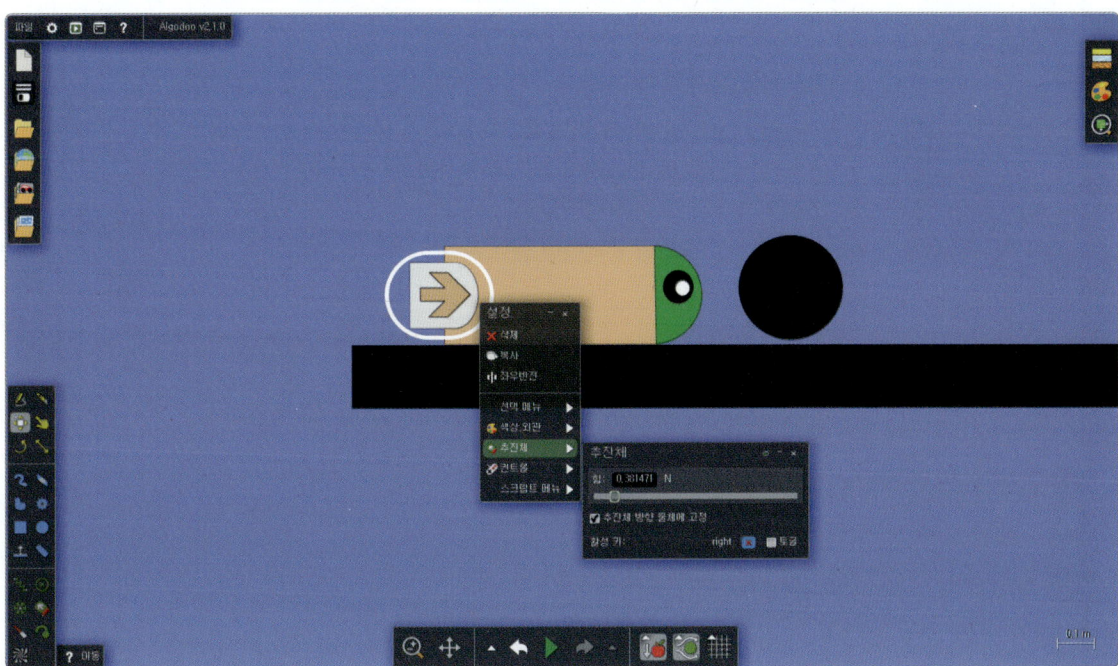

 시뮬레이션을 실행한 후 활성 키를 눌러 도미노를 쓰러뜨려 봅니다.

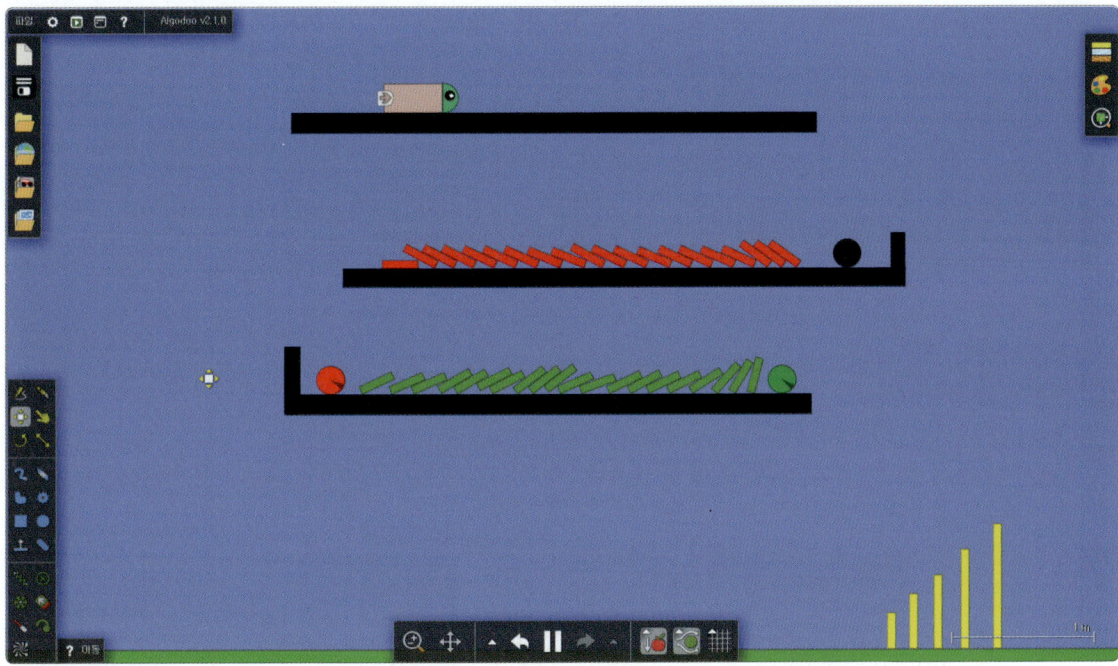

Tip 미션을 한 번에 완료할 수는 없습니다. 시뮬레이션을 실행해 보고 미션을 완료할 때까지 개체의 위치와 질량 등을 변경해 봅니다.

07 Chapter 컨베이어 벨트 만들기

학습내용 알아보기
- 회전축을 이용하여 컨베이어 벨트에 회전축을 설치할 수 있습니다.
- 체인 툴을 이용하여 컨베이어 벨트를 완성할 수 있습니다.
- 회전축과 벨트의 재질을 변경할 수 있습니다.
- 외부 이미지를 불러와 컨베이어 벨트로 운반할 수 있습니다.

◆ 예제 파일 | 상자.png   ◆ 완성 파일 | 07강 본문(완성).phz

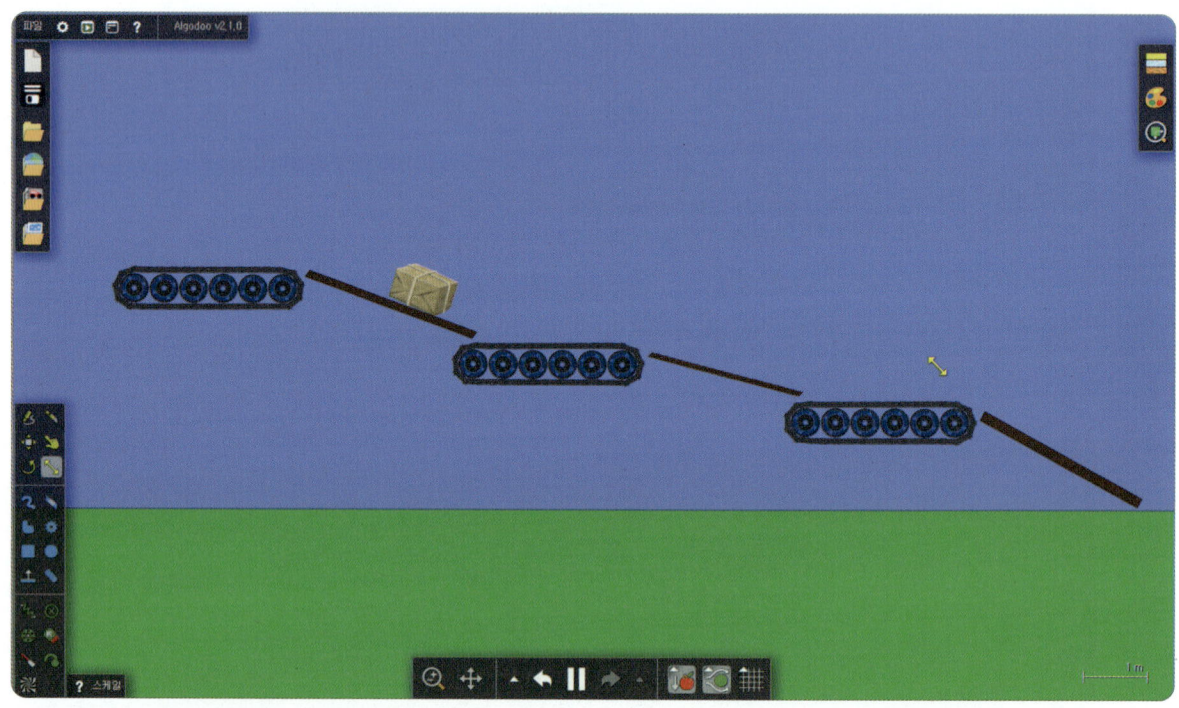

 알고두's 쏙쏙 물리

컨베이어란 동력을 활용하여 물건을 연속적으로 운반할 수 있도록 제작된 장치입니다. 컨베이어에는 벨트식, 체인식의 2가지 종류가 있는데, 이번 시간에는 알고두를 통해 컨베이어 벨트를 만들고 컨베이어 벨트에 회전축을 설치한 후 상자 이미지를 불러와 상자를 운반해 봅니다.

01 컨베이어 벨트 만들기

❶ 바탕화면의 알고두(Algodoo) 아이콘()을 더블클릭하여 프로그램을 실행합니다.

❷ 알고두가 실행되면 [도구] 툴바에서 '원(⬤)' 툴을 이용하여 공중에 원을 1개 그립니다.

❸ 원에 회전축을 추가하기 위해 원을 마우스 오른쪽 버튼으로 클릭한 후 [도형 액션]-[중심에 회전축 설치]를 클릭합니다.

Chapter 07 컨베이어 벨트 만들기   51

❹ 회전축이 자동으로 회전하도록 하기 위해 회전축을 마우스 오른쪽 버튼으로 클릭한 후 [회전축]-[모터]에 체크합니다.

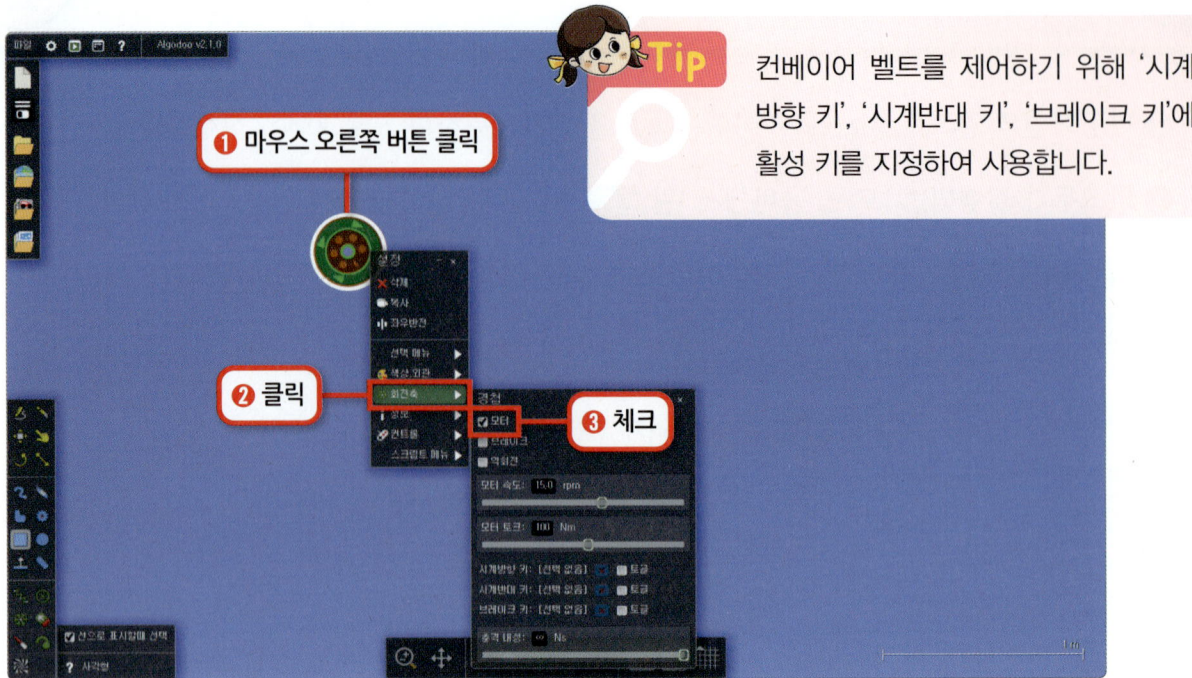

> **Tip** 컨베이어 벨트를 제어하기 위해 '시계방향 키', '시계반대 키', '브레이크 키'에 활성 키를 지정하여 사용합니다.

02 개체 재질 변경하기

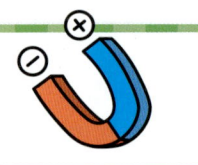

❶ '이동( )' 툴을 클릭한 후 앞서 그린 원을 선택하고 [메터리얼 메뉴( )]를 클릭하여 재질을 '고무'로 선택합니다.

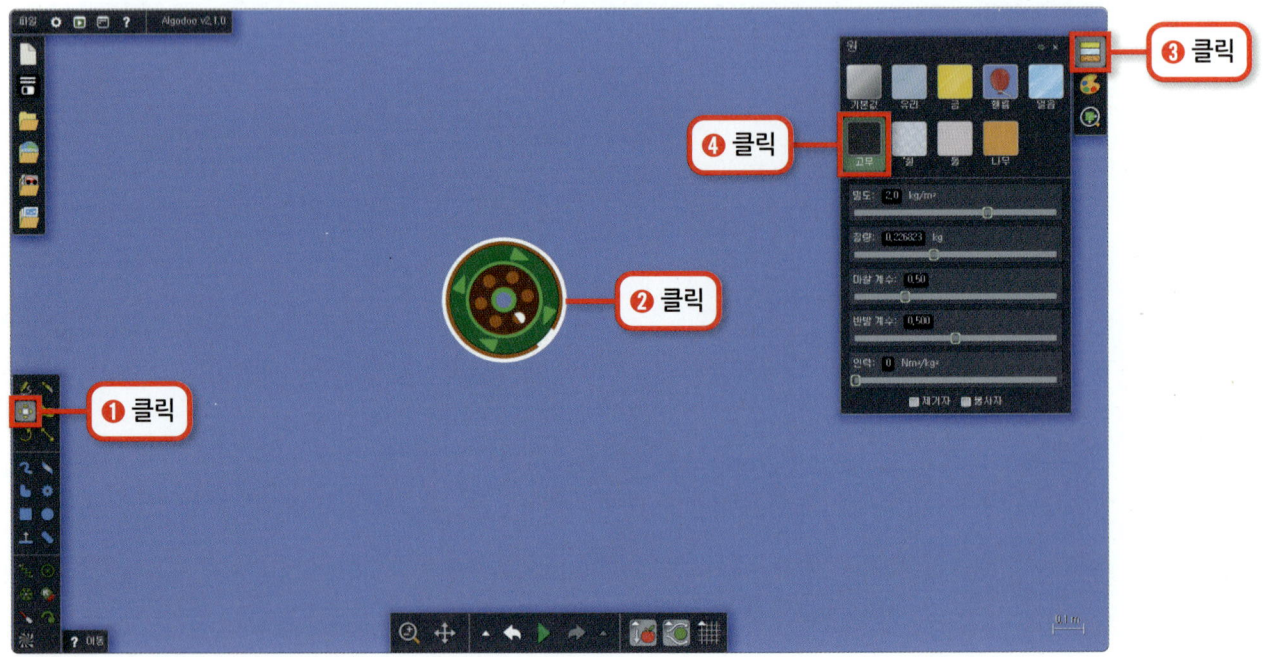

52 알고두로 떠나는 과학탐험

❷ 마우스를 드래그하여 원과 회전축을 전부 선택한 후 마우스 오른쪽 버튼을 클릭하고 [복사]를 클릭합니다.

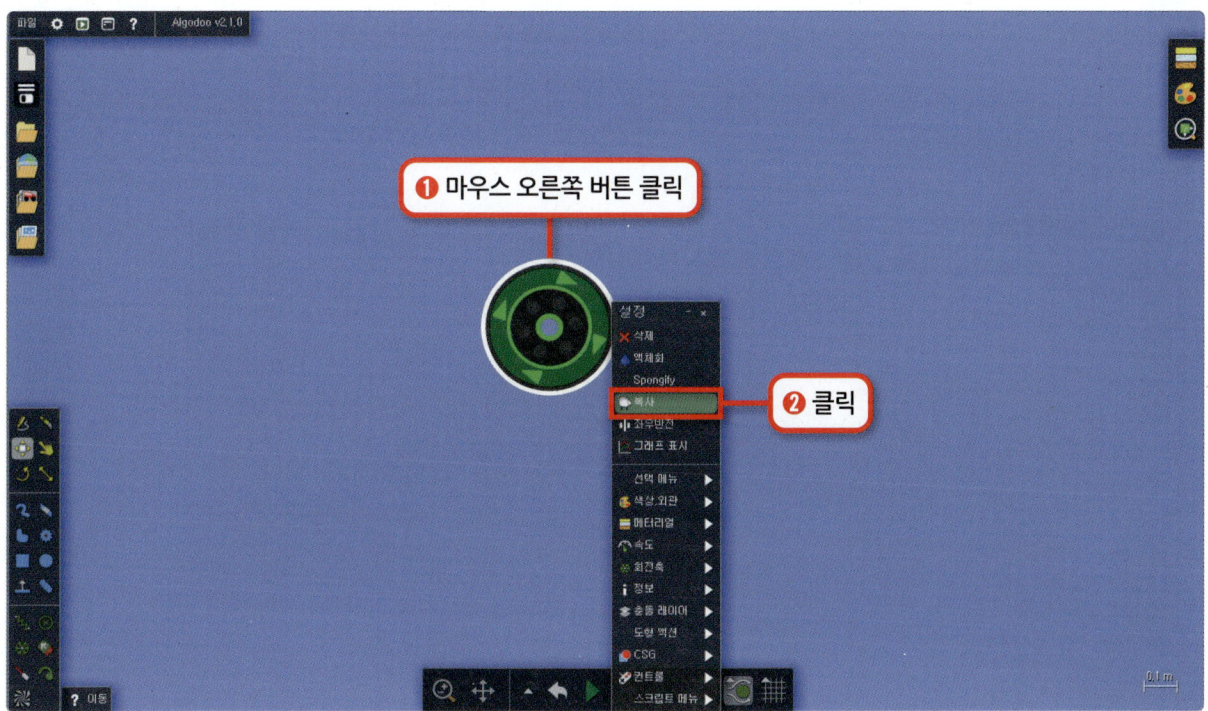

❸ 복사한 원과 회전축을 그림과 같이 나란히 나열합니다.

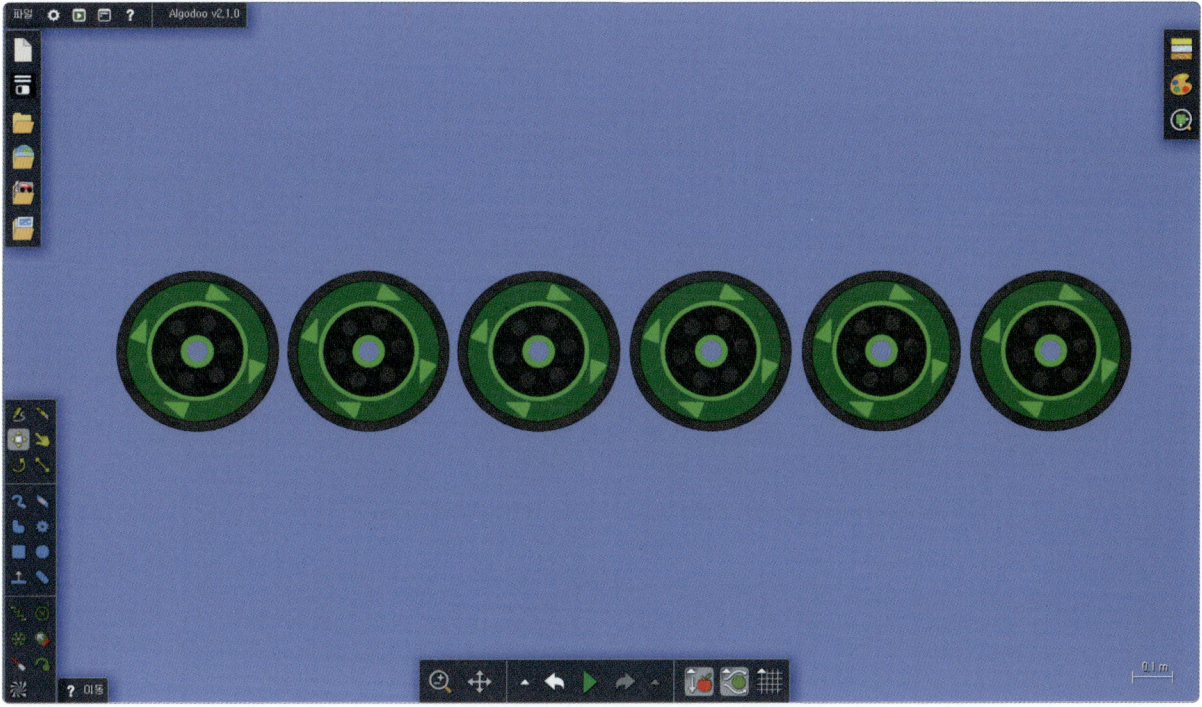

Tip 회전축이 서로 닿을 경우 모터가 회전할 수 없기 때문에 복제된 원과 회전축을 나열할 때 서로 부딪히지 않도록 간격을 떨어뜨려 놓습니다.

Chapter 07 컨베이어 벨트 만들기

03 벨트 설치하기

❶ [도구] 툴바에서 '체인( )' 툴을 클릭한 후 마우스를 드래그하여 그림과 같이 벨트를 만들어 봅니다.

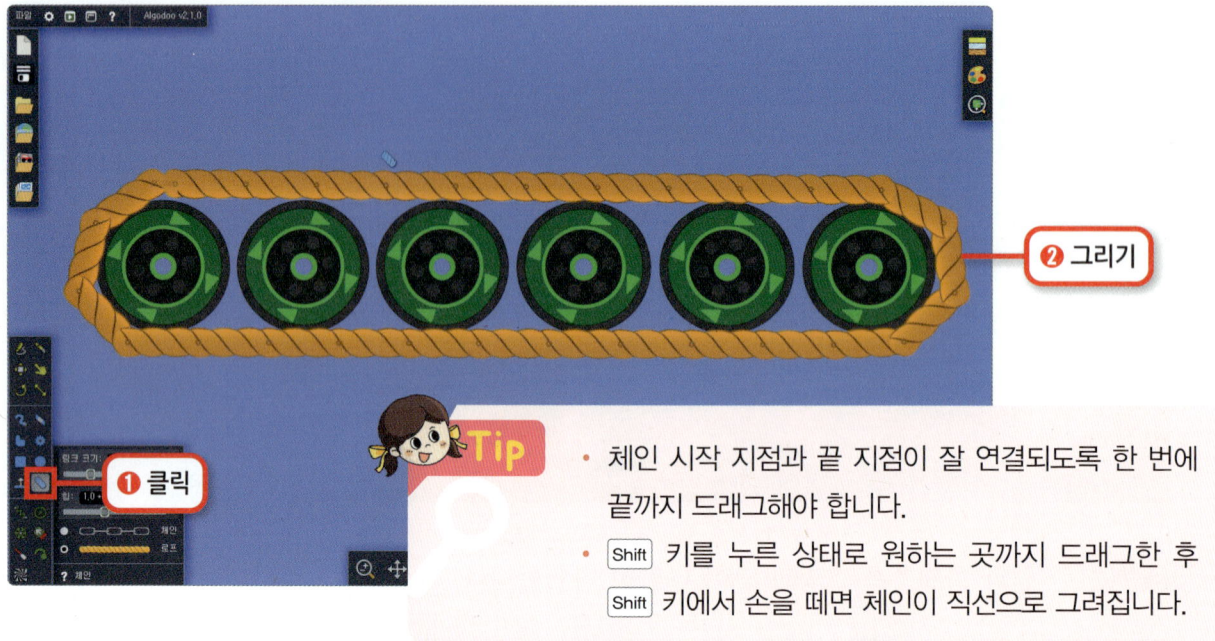

Tip
- 체인 시작 지점과 끝 지점이 잘 연결되도록 한 번에 끝까지 드래그해야 합니다.
- Shift 키를 누른 상태로 원하는 곳까지 드래그한 후 Shift 키에서 손을 떼면 체인이 직선으로 그려집니다.

❷ '이동( )' 툴을 클릭하고 체인을 선택한 후 [메터리얼 메뉴( )]에서 재질을 '고무'로 지정합니다.

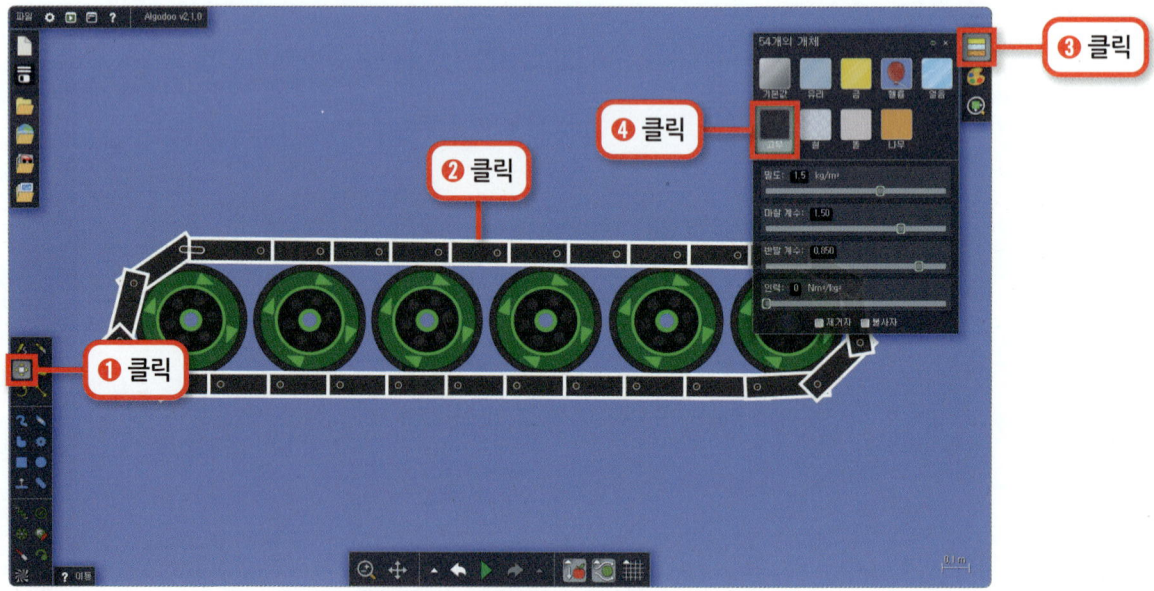

Tip 시뮬레이션을 실행하여 컨베이어 벨트가 제대로 작동하는지 확인합니다. 벨트가 제대로 작동되지 않는다면 회전축을 마우스 오른쪽 버튼으로 클릭하여 모터의 속도를 변경해 봅니다.

 **04 외부 이미지 불러오기**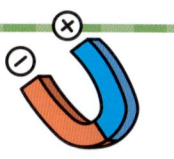

❶ 외부 이미지를 불러오기 위해 [장면 모음] 툴바에서 [씬렛(🖼)]을 클릭하고 '폴더(📁)' 아이콘을 클릭하여 [예제 파일]-[07강] 폴더를 선택한 후 [Choose]를 클릭합니다.

❷ 목록에 '상자.png' 파일이 나타나면 파일을 클릭하여 장면에 추가한 후 '이동(✥)' 툴과 '스케일(⤢)' 툴을 이용하여 이미지를 컨베이어 벨트 위로 이동시키고 크기를 조절합니다.

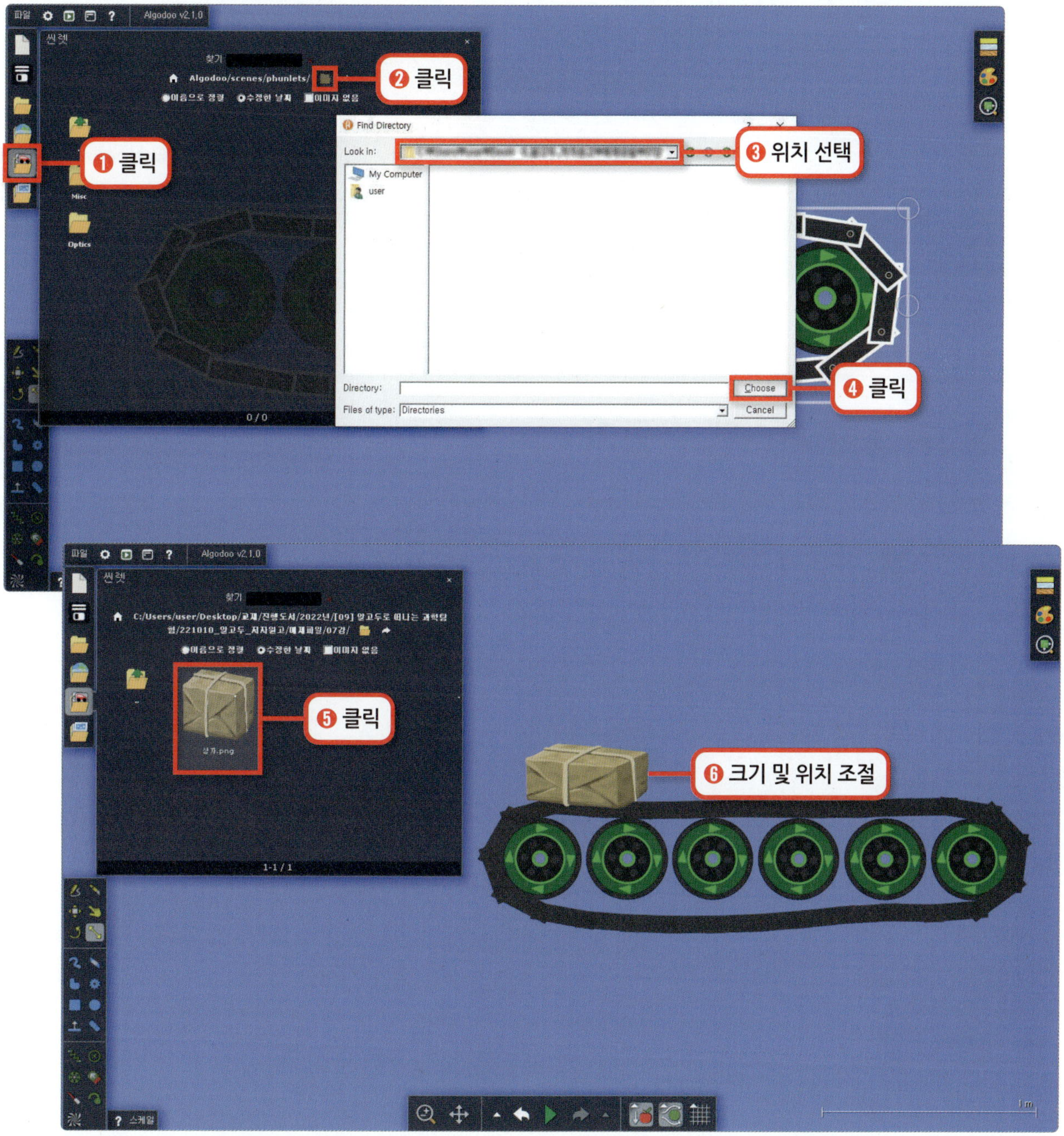

❸ [시뮬레이션 컨트롤] 툴바의 '실행(▶)'을 클릭하여 시뮬레이션을 실행한 후 상자가 컨베이어 벨트를 통해 운반되는 모습을 확인합니다.

Tip 컨베이어 벨트에 상자를 올렸을 때 체인이 끊어진다면 모터 토크와 상자의 질량을 변경해 가며 적절한 값을 찾아야 합니다.

05 자동화 시스템 만들기

❶ '이동( )' 툴을 클릭하고 완성한 컨베이어 벨트를 전체 선택한 후 마우스 오른쪽 버튼을 클릭하여 [복사]를 클릭합니다. 컨베이어 벨트가 복사되면 그림과 같이 배치합니다.

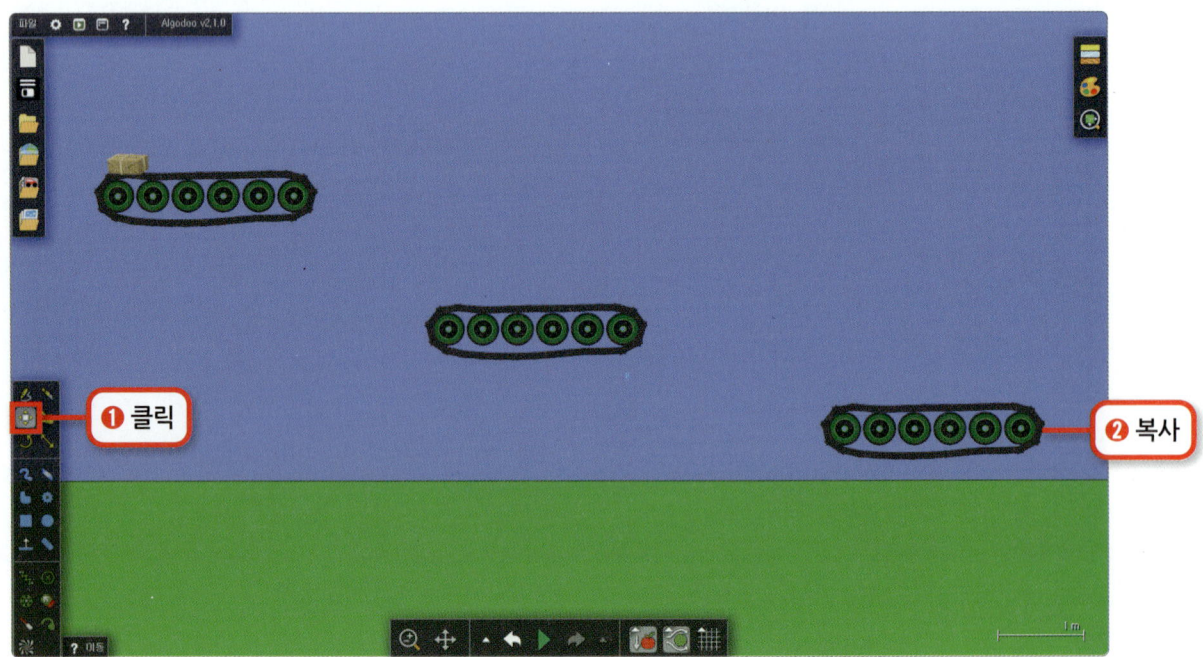

❷ '사각형(■)' 툴과 '회전(☺)' 툴을 이용하여 컨베이어 벨트와 컨베이어 벨트 사이를 연결한 후 연결선(사각형)을 배경에 고정시키고 시뮬레이션을 실행하여 상자가 컨베이어 벨트를 통해 운반 되는지 확인합니다.

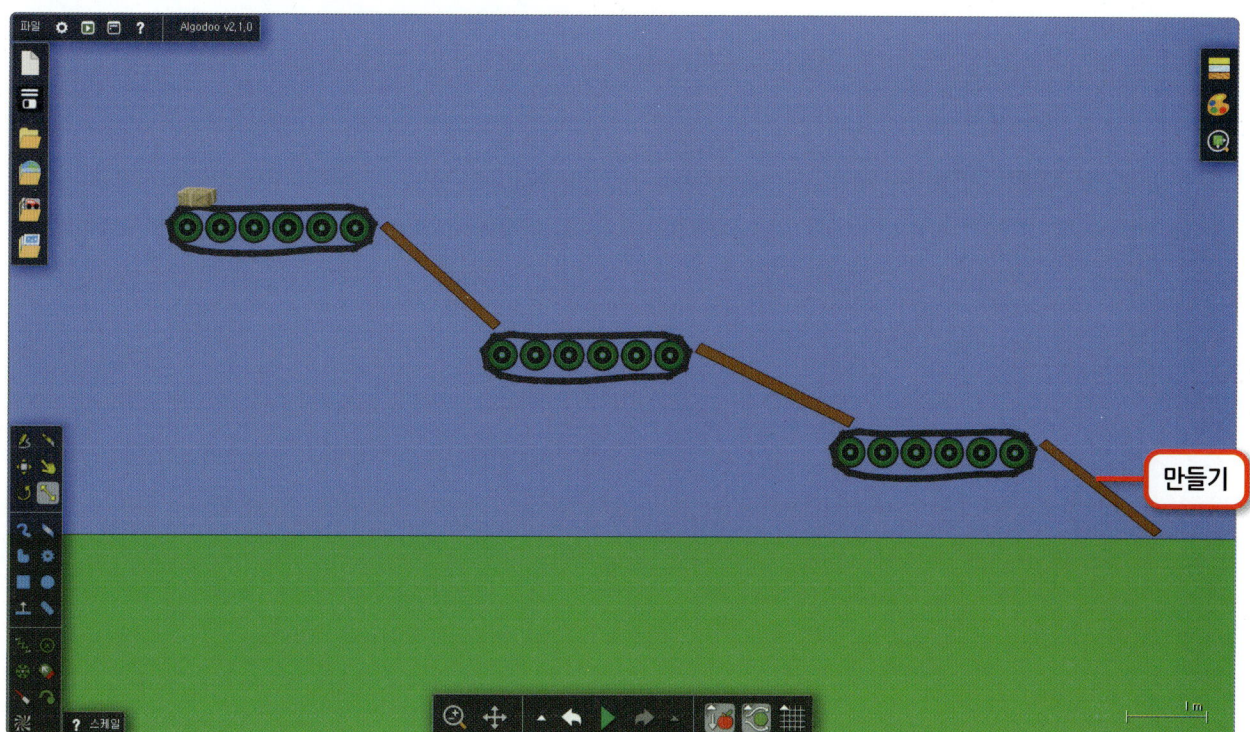

- 연결선(사각형)이 컨베이어 벨트에 닿지 않도록 주의합니다.
- 상자가 연결선(사각형)을 타고 미끄러지도록 하기 위해 연결선(사각형)을 선택한 후 [메터리얼 메뉴(≡)]에서 '마찰 계수'를 낮게 조절합니다(0에 가까울수록 마찰이 없어집니다).

차근차근 실력 UP!

○ 예제 파일 강아지.png   ○ 완성 파일 07강 미션(완성).phz

01 알고두(Algodoo) 아이콘( )을 더블클릭하여 프로그램을 실행한 후 그림과 같이 무빙워크를 만들어 봅니다.

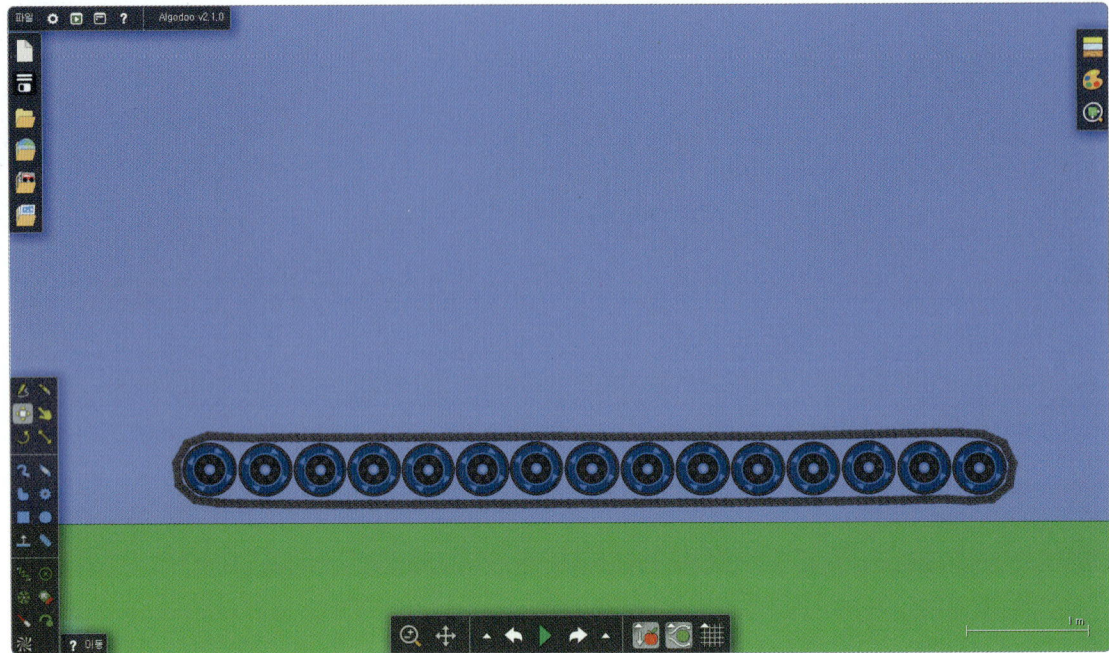

02 외부 이미지를 불러와 무빙워크 위로 이동시킨 후 시뮬레이션을 실행해 봅니다.

Chapter 08 우물 도르래 만들기

학습내용 알아보기

- 다각형 툴을 이용하여 우물과 바구니를 만들 수 있습니다.
- 체인 툴과 회전축을 이용하여 도르래를 만들 수 있습니다.
- 모터를 적용하여 도르래가 자동으로 움직이도록 할 수 있습니다.
- 개체를 액체화하여 우물에 물을 채울 수 있습니다.

◆ 예제 파일 | 없음 ◆ 완성 파일 | 08강 본문(완성).phz

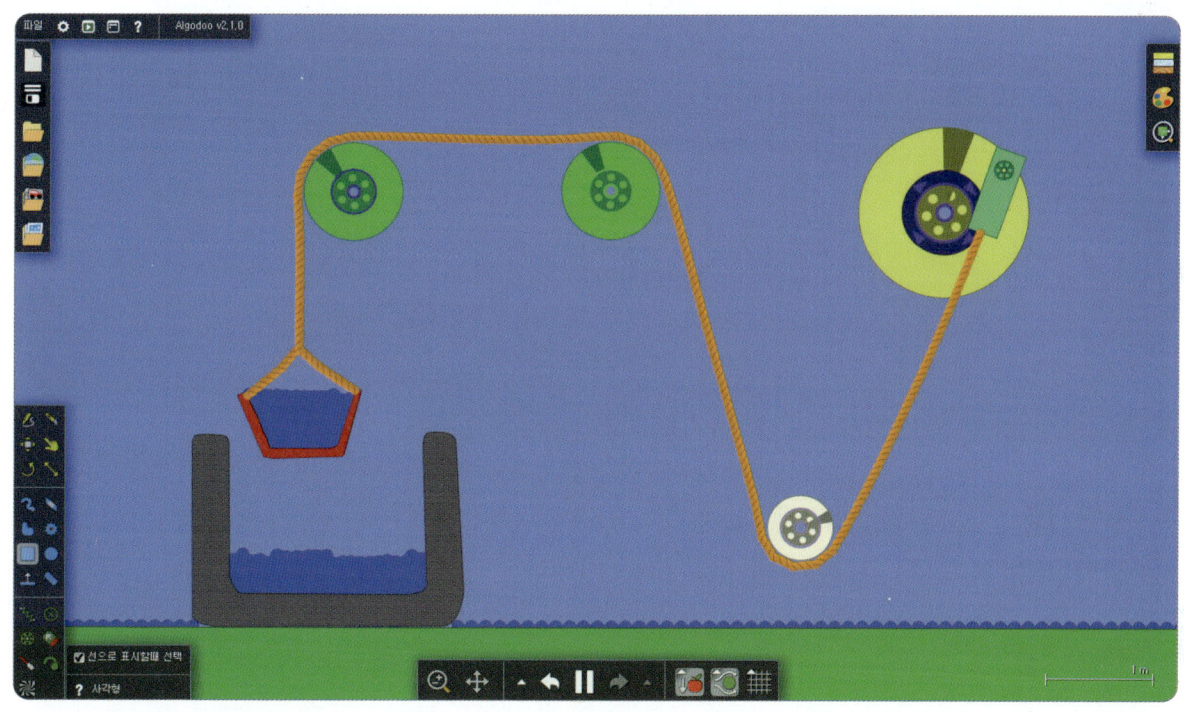

알고두's 쏙쏙 물리

도르래란 바퀴에 끈이나 체인 등을 연결하여 힘의 크기를 줄이거나 방향을 변경하는 장치로, 저울, 케이블카, 건설 현장 등 다양한 곳에서 사용되고 있습니다. 이번 시간에는 알고두를 통해 우물과 바구니를 만들고 체인과 회전축을 이용하여 우물에서 물을 자동으로 퍼올리는 도르래 장치를 만들어 봅니다.

01 우물과 바구니 만들기

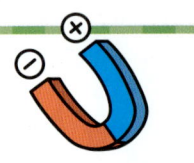

① 바탕화면의 알고두(Algodoo) 아이콘()을 더블클릭하여 프로그램을 실행합니다.

② 알고두가 실행되면 '다각형( )' 툴을 이용하여 우물을 그린 후 [색상, 외관 메뉴( )]와 [메터리얼 메뉴( )]를 이용하여 우물의 색상과 재질을 변경합니다.

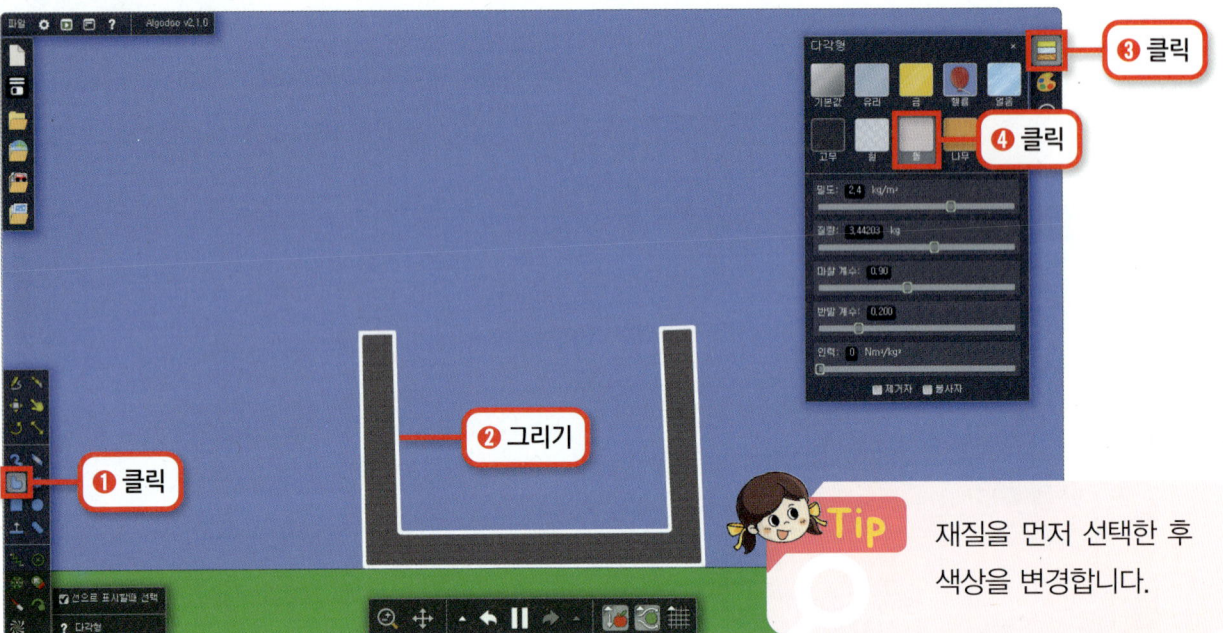

Tip 재질을 먼저 선택한 후 색상을 변경합니다.

③ '이동( )' 툴을 클릭하고 우물을 마우스 오른쪽 버튼으로 클릭하여 [도형 액션]-[배경에 고정]을 클릭합니다.

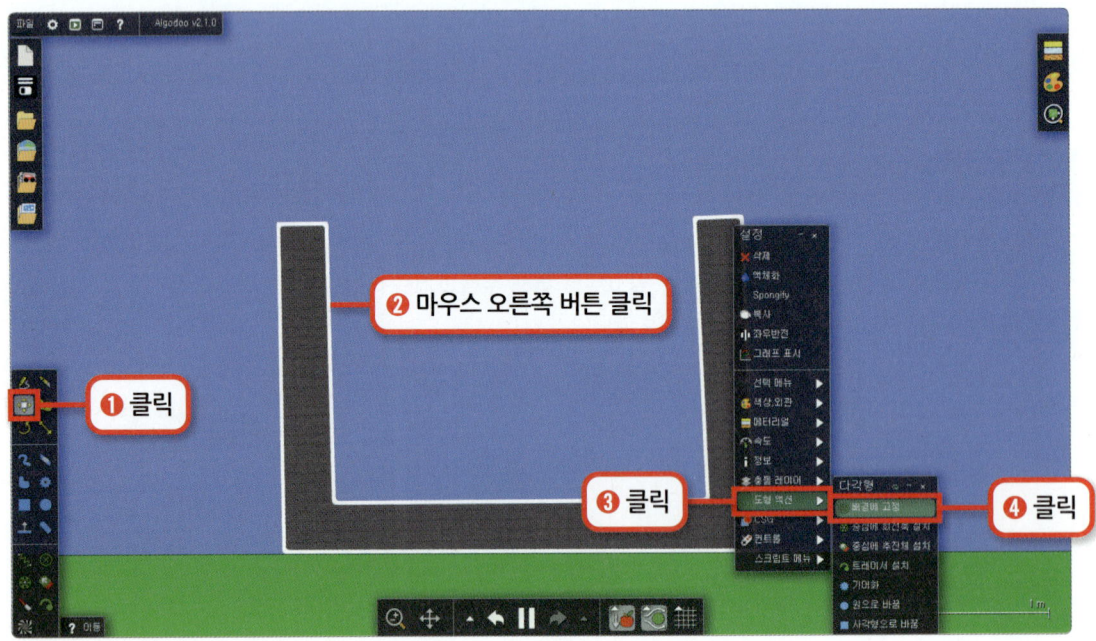

❹ ❷와 같은 방법으로 '다각형( )' 툴을 이용하여 우물을 퍼올릴 바구니를 만든 후 색상과 재질을 자유롭게 변경해 봅니다.

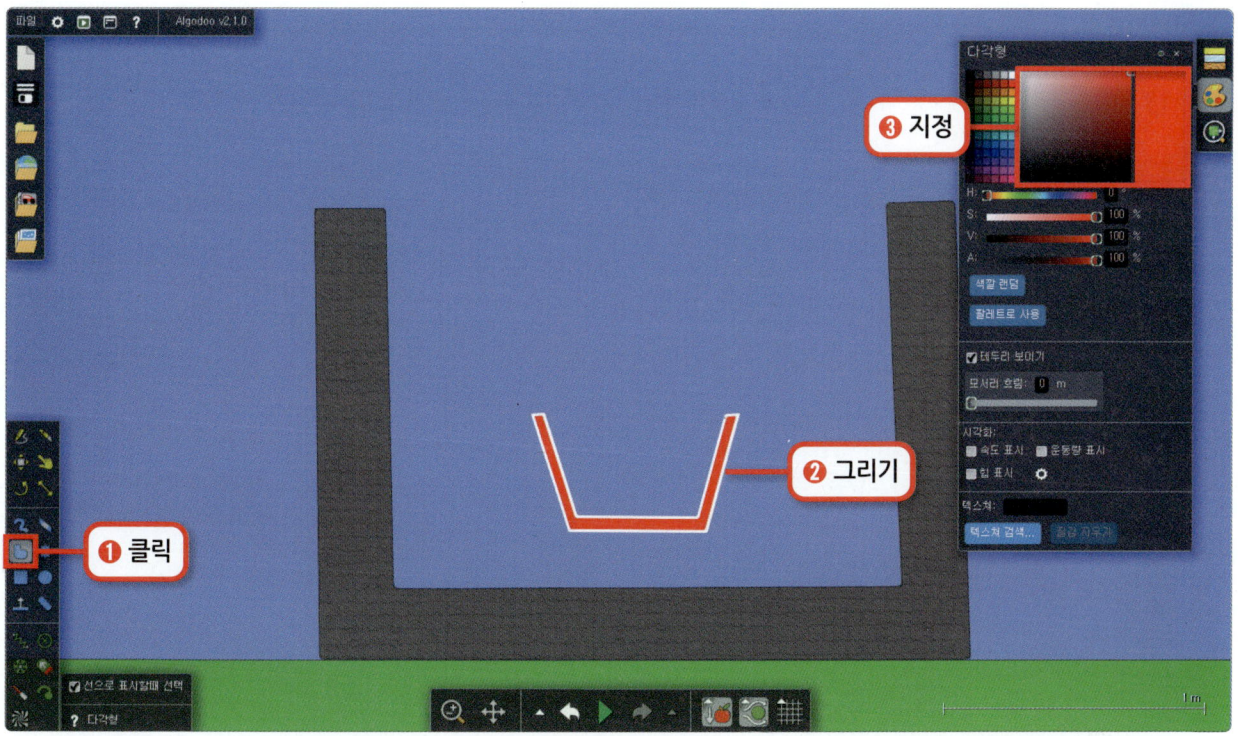

❺ 바구니를 선택한 후 [메터리얼 메뉴( )]를 클릭하여 질량을 약간 무겁게 변경합니다.

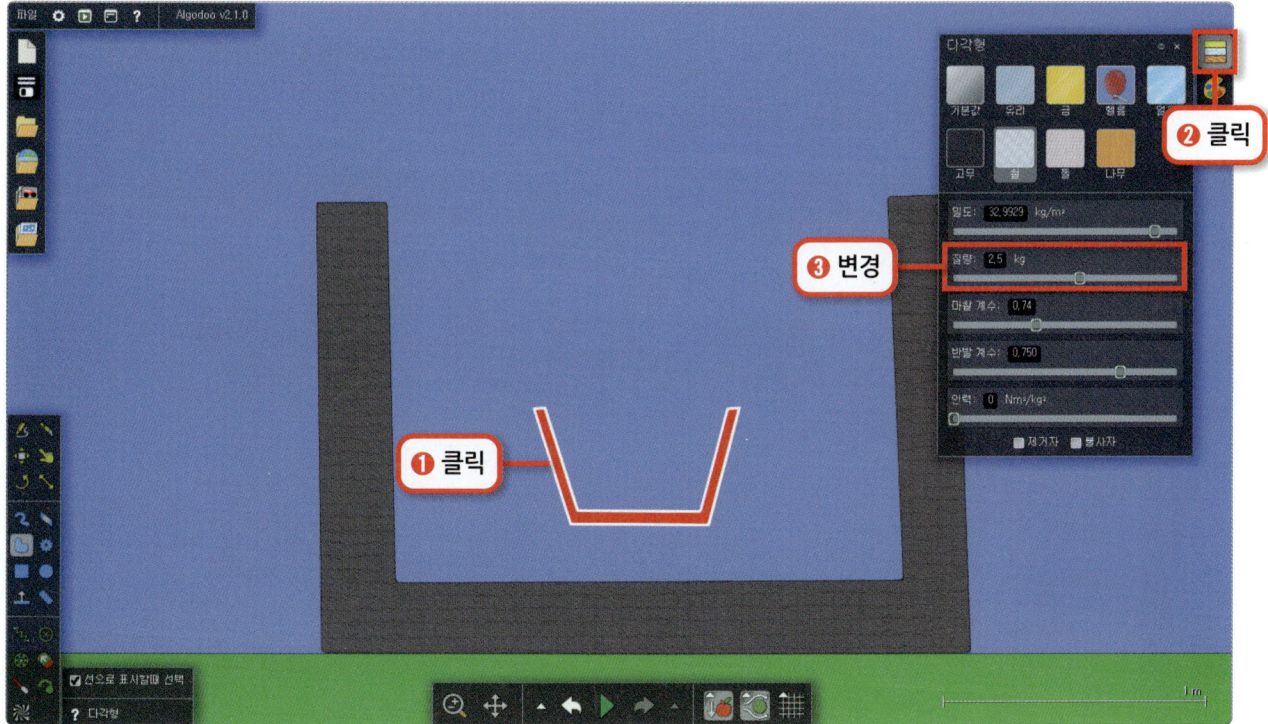

 바구니가 너무 가벼우면 물 위에 떠 물을 퍼올릴 수 없기 때문에 질량을 조절합니다.

Chapter 08 **우물 도르래 만들기**

02 도르래 만들기

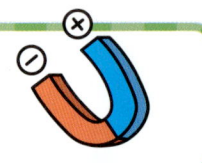

① '원()' 툴을 이용하여 그림과 같이 우물 위쪽에 원을 2개 그립니다.

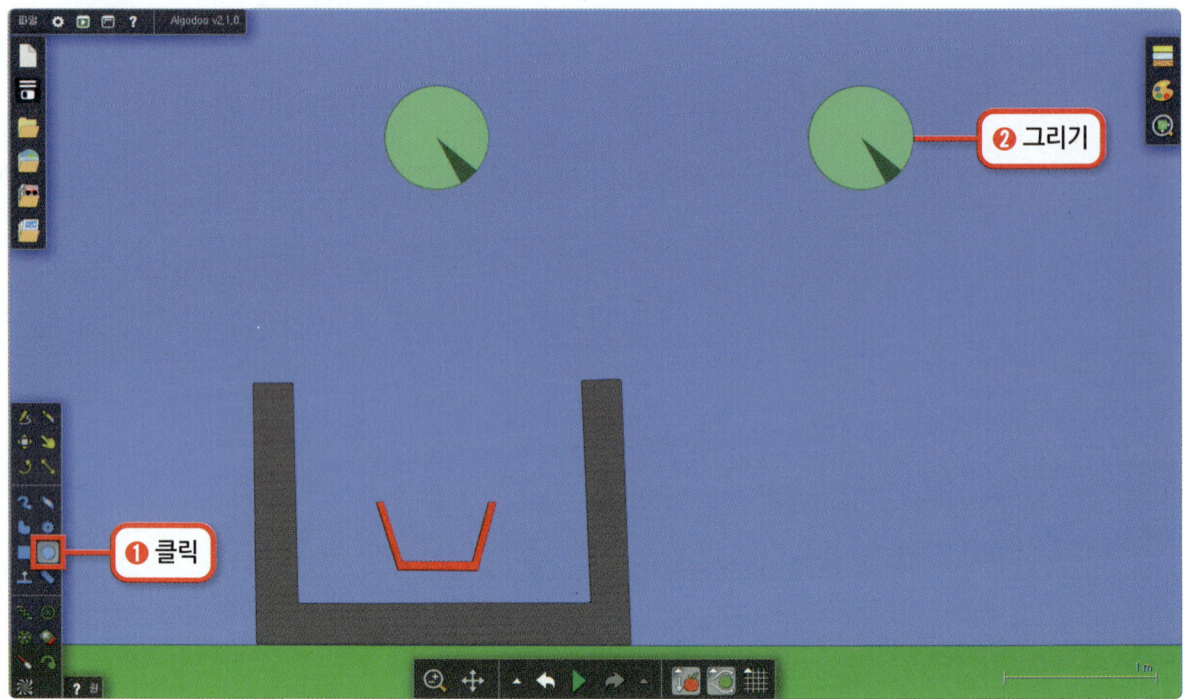

② 원을 선택한 후 마우스 오른쪽 버튼을 클릭하여 [도형 액션]-[중심에 회전축 설치]를 클릭합니다. 이어서 나머지 원에도 중심에 회전축을 설치합니다.

❸ 도르래가 자동으로 움직일 수 있는 장치를 만들기 위해 '원(◯)' 툴을 이용하여 앞서 그린 원보다 큰 원을 1개 그린 후 마우스 오른쪽 버튼을 클릭하여 [도형 액션]-[중심에 회전축 설치]를 클릭합니다.

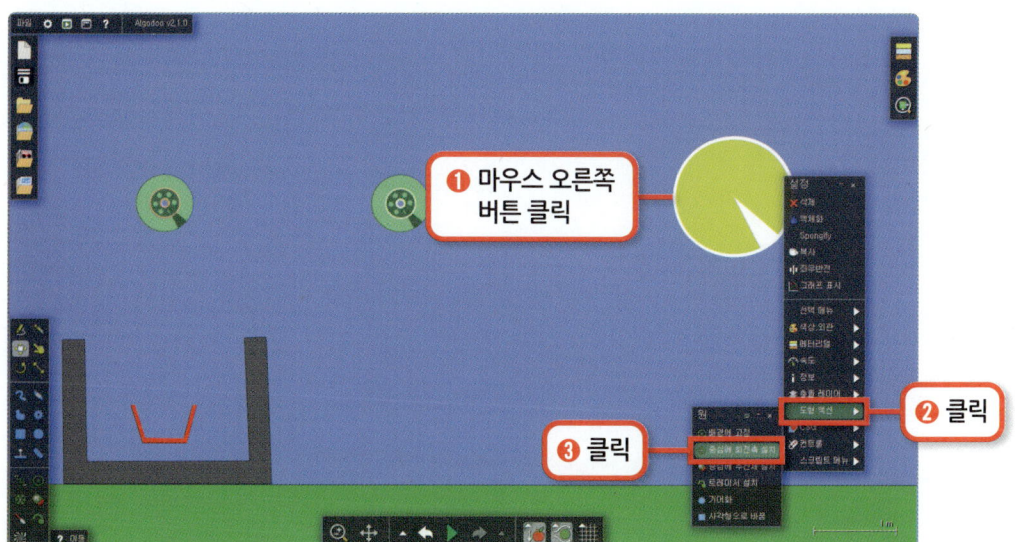

❹ 회전축에 모터를 설치하기 위해 회전축을 마우스 오른쪽 버튼으로 클릭하여 [회전축]-[모터]에 체크합니다.

❺ 체인이 회전축에 감기지 않도록 하기 위해 원을 마우스 오른쪽 버튼으로 클릭한 후 [충돌 레이어]-[충돌 그룹 A]를 체크 해제합니다.

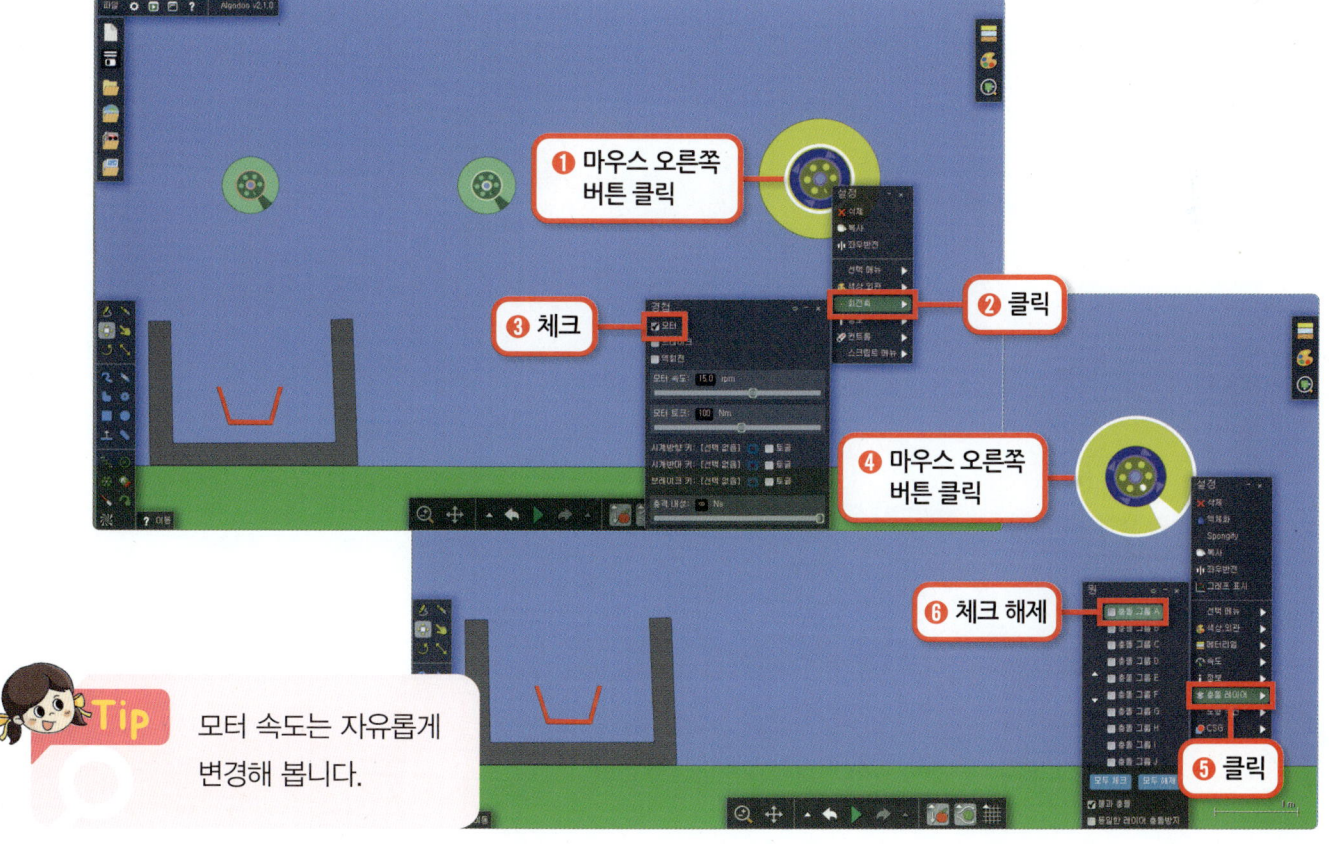

Tip 모터 속도는 자유롭게 변경해 봅니다.

Chapter 08 **우물 도르래 만들기** 63

❻ 아래쪽에도 원을 1개 그린 후 중심에 회전축을 설치합니다.

❼ 체인을 당기고 놓을 수 있도록 '사각형(■)' 툴을 이용하여 큰 원 아래쪽에 그림과 같이 장치를 설치합니다.

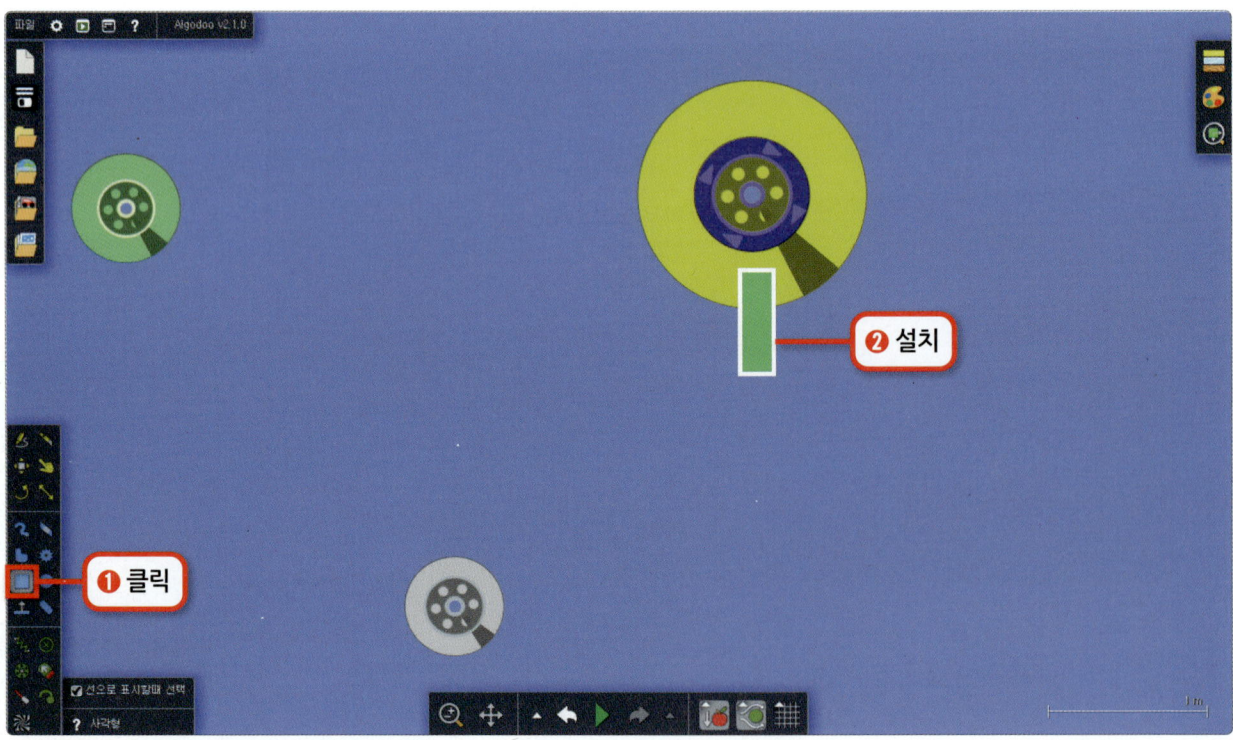

 사각형이 회전축(모터)에 닿지 않도록 주의합니다.

❽ 사각형 장치가 상하로 움직이며 원에서 돌아가도록 하기 위해 '회전축(🟢)' 툴을 클릭한 후 사각형과 원이 연결된 부분에 회전축을 설치합니다.

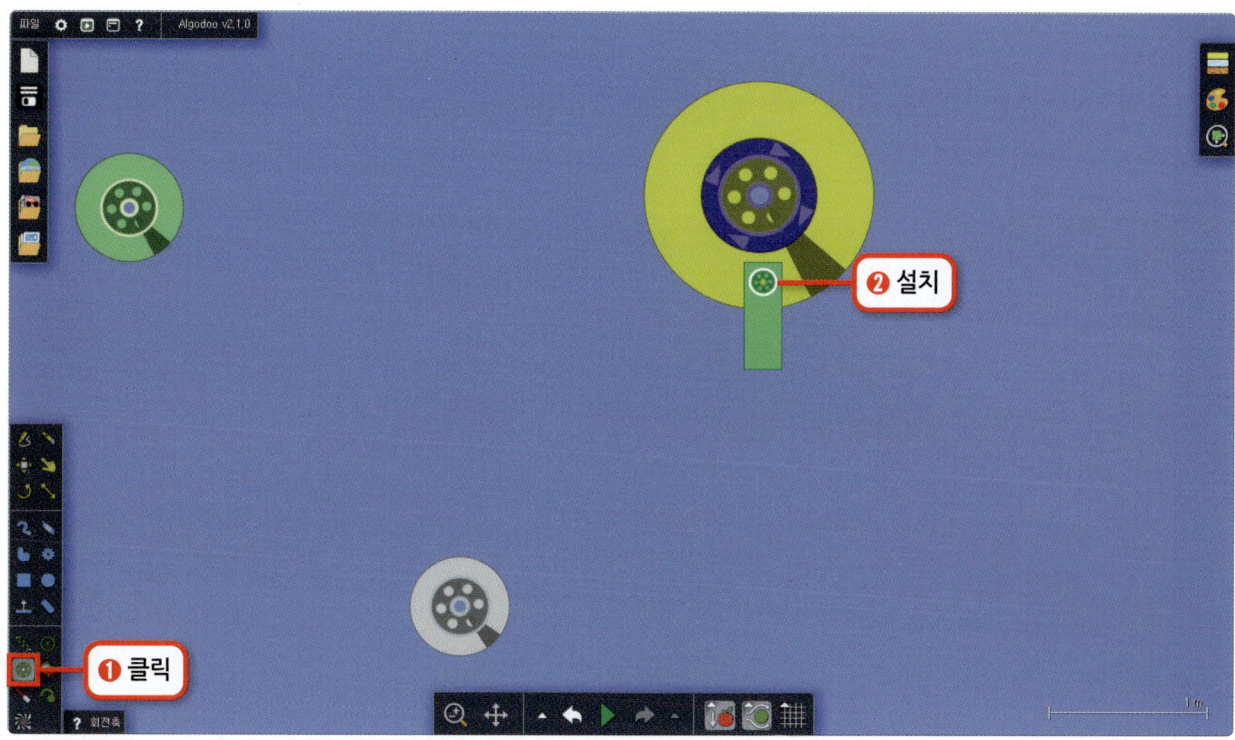

❾ '체인(🔗)' 툴을 이용하여 그림과 같이 바구니와 사각형 장치 끝까지 체인을 연결합니다.

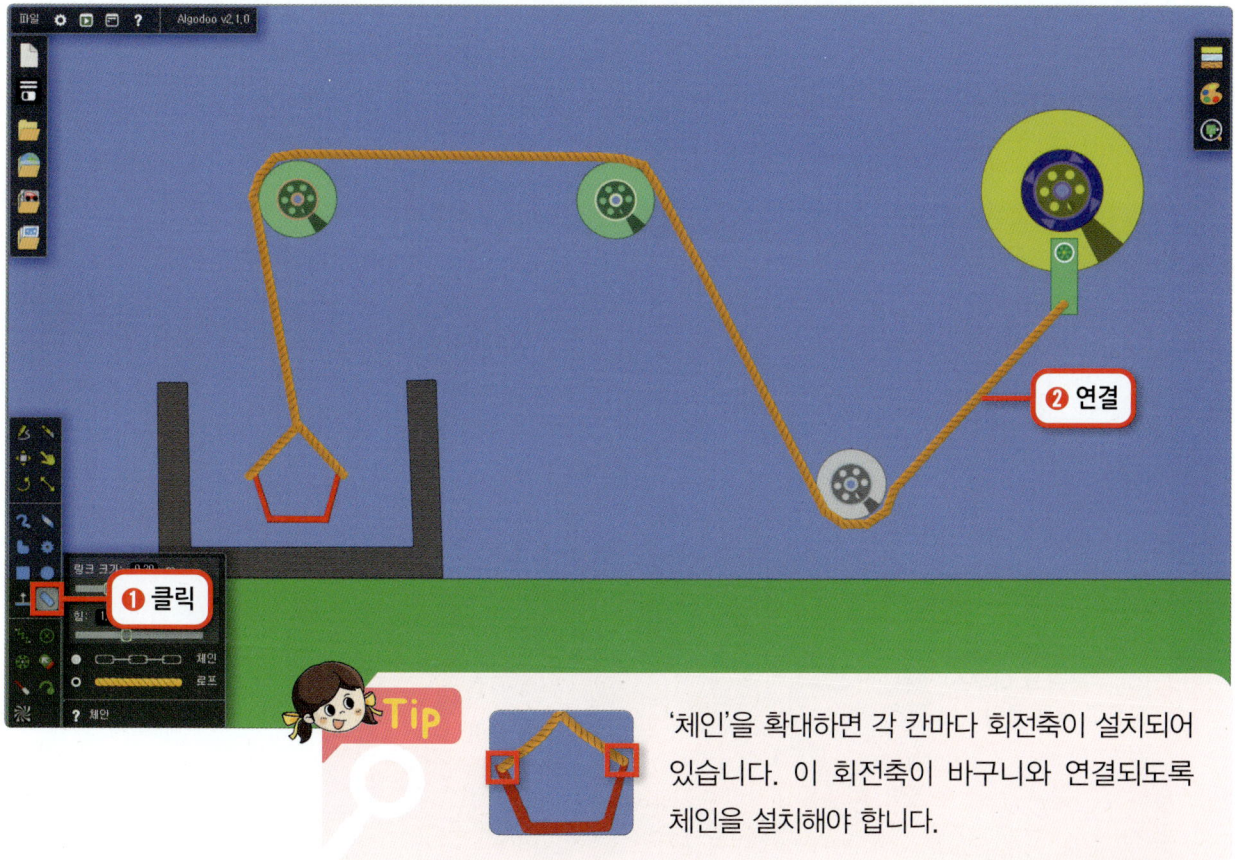

Tip '체인'을 확대하면 각 칸마다 회전축이 설치되어 있습니다. 이 회전축이 바구니와 연결되도록 체인을 설치해야 합니다.

Chapter 08 **우물 도르래 만들기**

03 도르래로 우물 퍼올리기

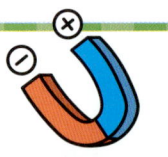

❶ 우물에 물을 채우기 위해 '사각형()' 툴을 이용하여 그림과 같이 도르래 위쪽에 사각형을 1개 그린 후 사각형을 마우스 오른쪽 버튼으로 클릭하여 [액체화]를 클릭합니다.

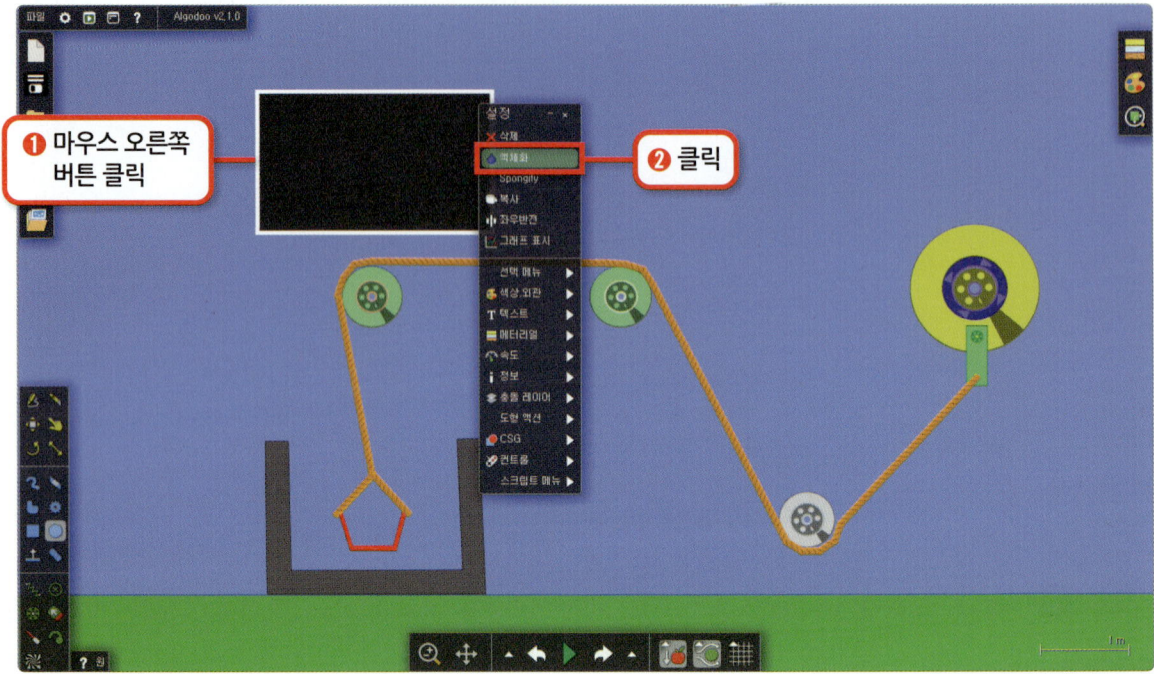

❷ Ctrl 키를 누른 상태로 바구니와 연결된 2개의 체인을 각각 클릭한 후 마우스 오른쪽 버튼을 클릭하고 [도형 액션]-[도형 고정]을 클릭합니다.

❸ 이어서 [충돌 레이어]-[물과 충돌]을 체크 해제합니다.

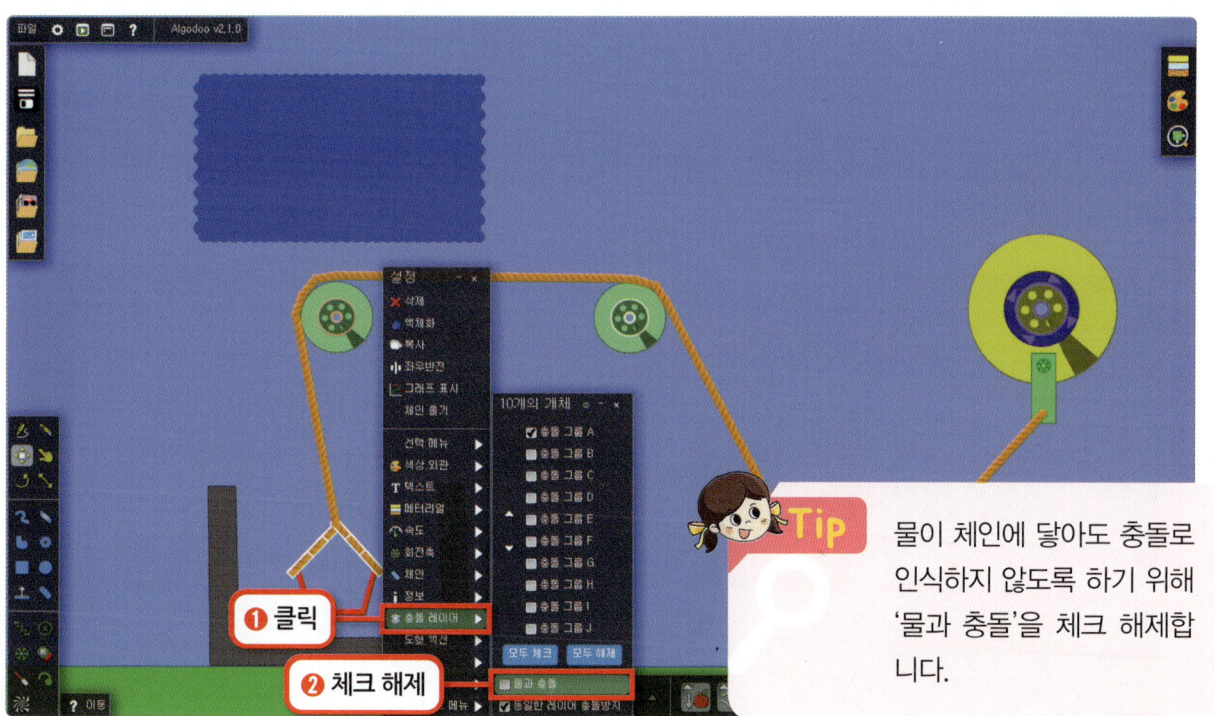

물이 체인에 닿아도 충돌로 인식하지 않도록 하기 위해 '물과 충돌'을 체크 해제합니다.

❹ ❸과 같은 방법으로 나머지 체인들도 [충돌 레이어]-[물과 충돌]을 체크 해제한 후 [시뮬레이션 컨트롤] 툴바의 '실행(▶)'을 클릭하여 시뮬레이션을 실행해 봅니다.

시뮬레이션을 실행했을 때 바구니가 무거워 모터가 작동하지 않으면 바구니를 선택한 후 [메터리얼 메뉴(▤)]에서 바구니의 질량을 조절해 봅니다.

○ 예제 파일 없음　○ 완성 파일 08강 미션(완성).phz

01 알고두(Algodoo) 아이콘( )을 더블클릭하여 프로그램을 실행한 후 그림과 같이 도르래를 만들어 봅니다.

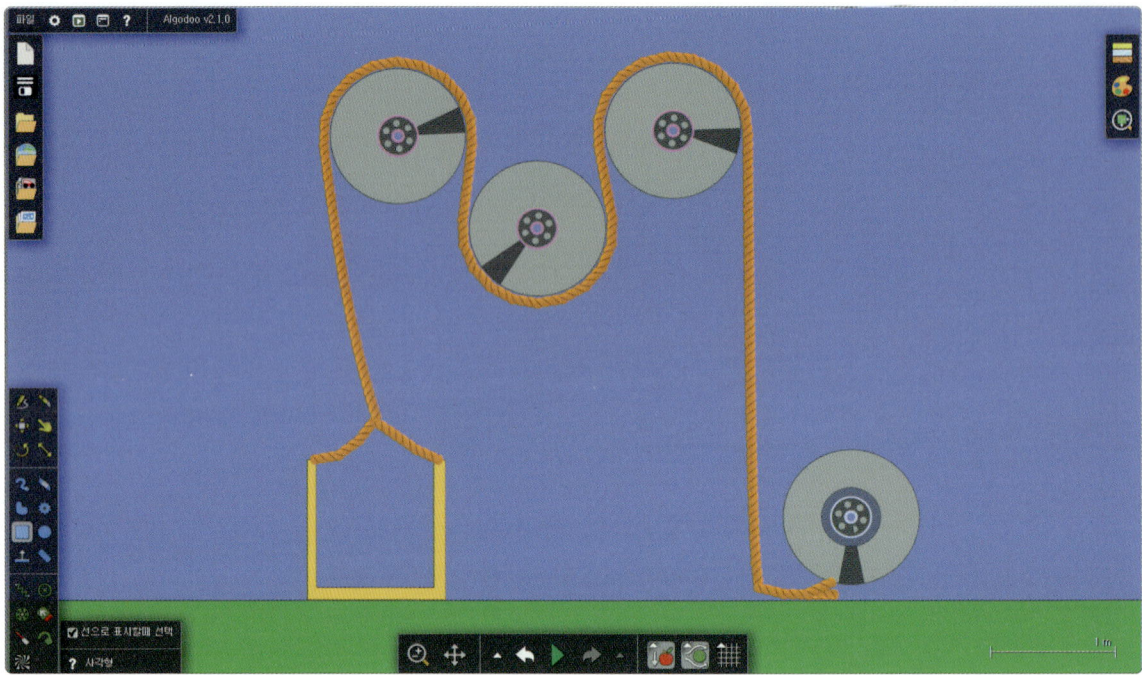

02 회전축에 시계방향 키와 시계반대 키 활성 키를 지정한 후 도르래를 작동시켜 봅니다.

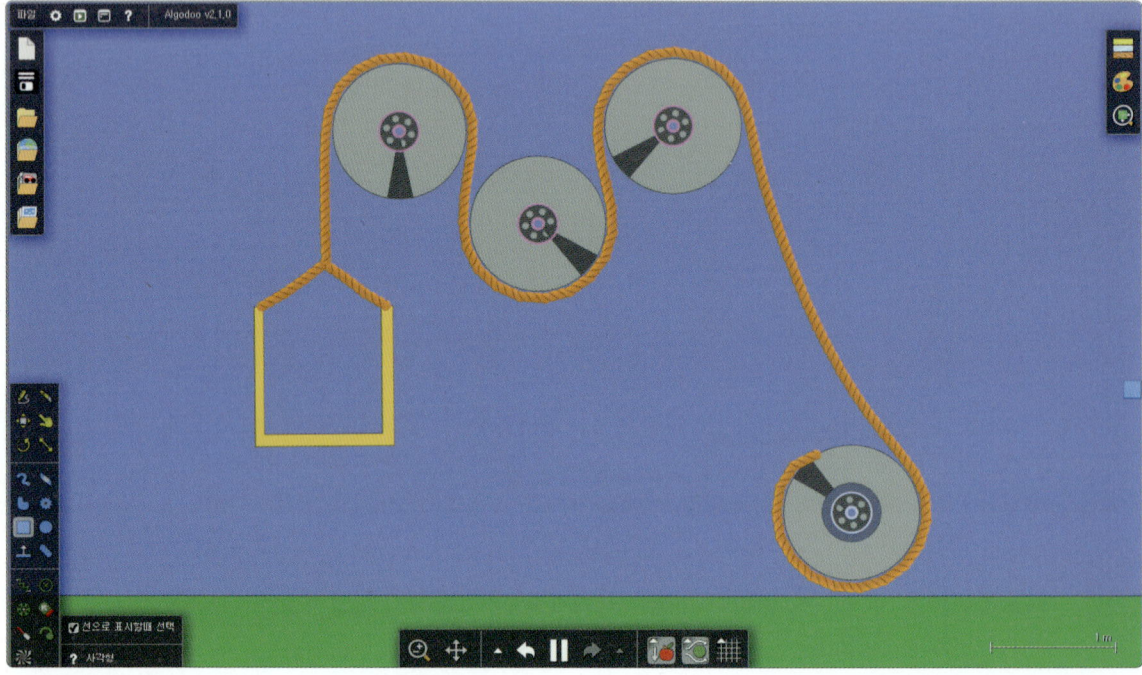

09 Chapter 롤러코스터 만들기

학습내용 알아보기

- 원 툴과 사각형 툴을 이용하여 롤러코스터를 만들 수 있습니다.
- 원 툴에 회전축을 설치하여 바퀴를 만들 수 있습니다.
- 롤러코스터에 추진체를 설치하여 롤러코스터를 움직일 수 있습니다.
- 롤러코스터를 따라 시점이 이동하도록 할 수 있습니다.

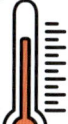

◆ **예제 파일** | 09강 본문(예제).phz   ◆ **완성 파일** | 09강 본문(완성).phz

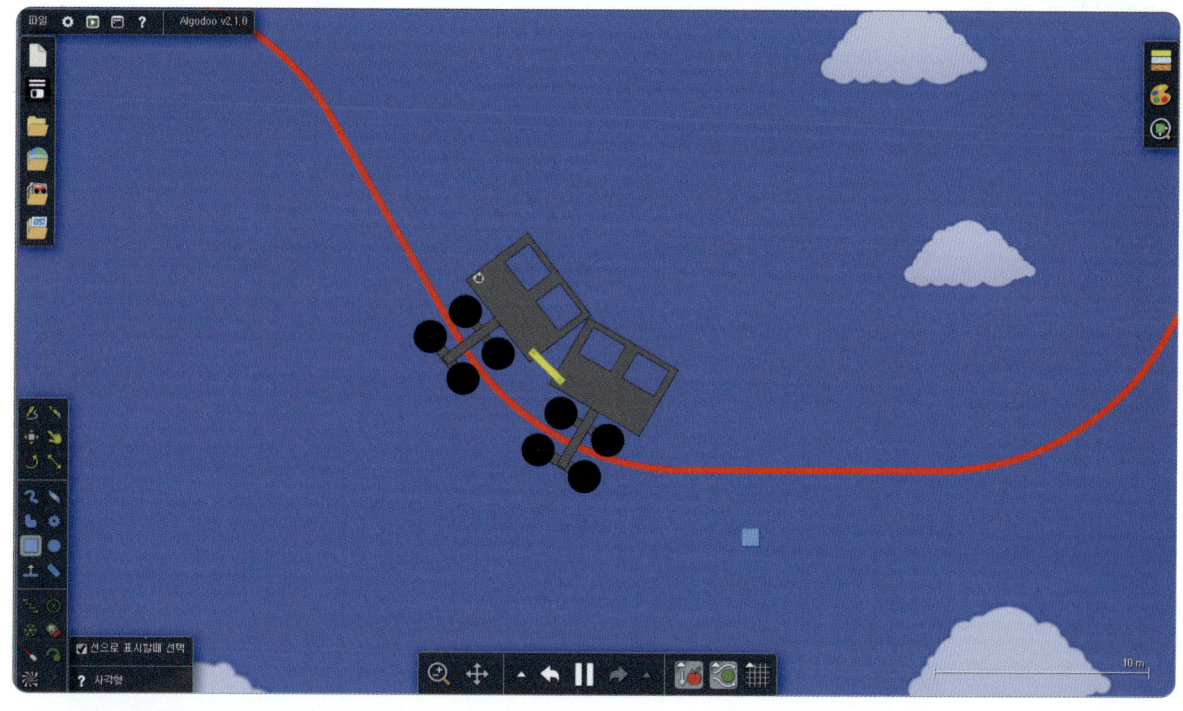

알고두's 쏙쏙 물리

바퀴는 축을 중심으로 회전하도록 만든 둥근 테두리의 모양으로, 자동차, 기차, 수레 등을 움직이거나 기계를 작동시키는 도구입니다. 이러한 바퀴의 발명으로 이동 수단이 획기적으로 발달하게 되었습니다. 이번 시간에는 알고두를 통해 롤러코스터를 만들고 경로를 벗어나지 않는 바퀴를 만든 후 바퀴에 회전축을 적용하여 롤러코스터를 운행해 봅니다.

Chapter 09 롤러코스터 만들기 69

01 롤러코스터 만들기

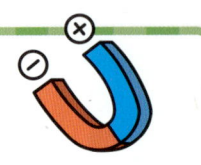

❶ 바탕화면의 알고두(Algodoo) 아이콘()을 더블클릭하여 프로그램을 실행합니다.

❷ 알고두가 실행되면 '09강 본문(예제).phz' 파일을 불러와 '원(🔵)' 툴과 [색상, 외관 메뉴(🎨)]를 이용하여 롤러코스터의 바퀴를 그립니다.

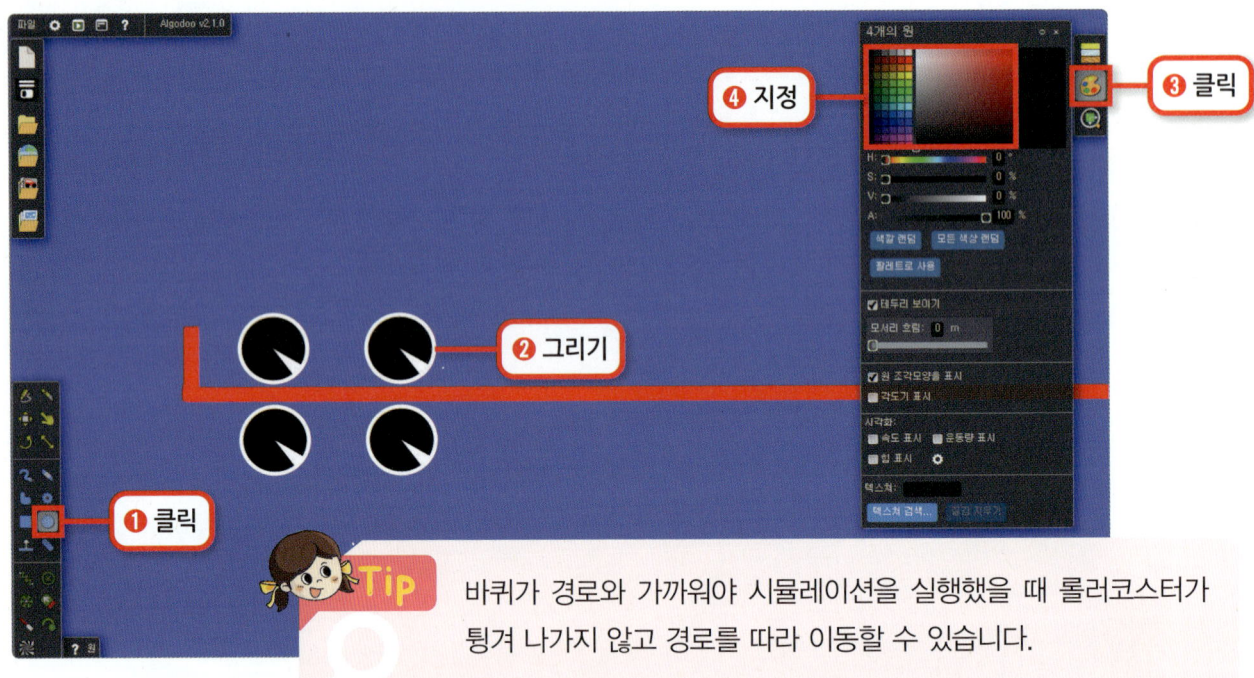

Tip 바퀴가 경로와 가까워야 시뮬레이션을 실행했을 때 롤러코스터가 튕겨 나가지 않고 경로를 따라 이동할 수 있습니다.

❸ '사각형(⬛)' 툴을 이용하여 그림과 같이 바퀴와 바퀴를 모두 연결합니다.

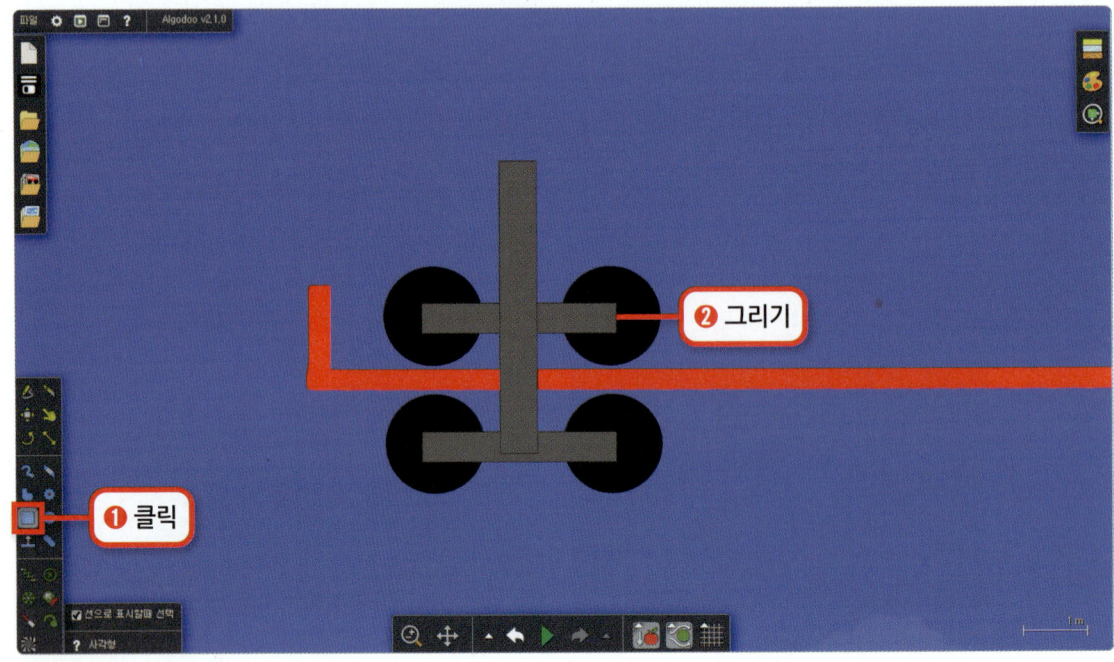

④ 개체의 순서를 변경하기 위해 Ctrl 키를 누른 상태로 4개의 바퀴를 각각 선택한 후 마우스 오른쪽 버튼을 클릭하여 [선택 메뉴]-[앞으로]를 클릭합니다.

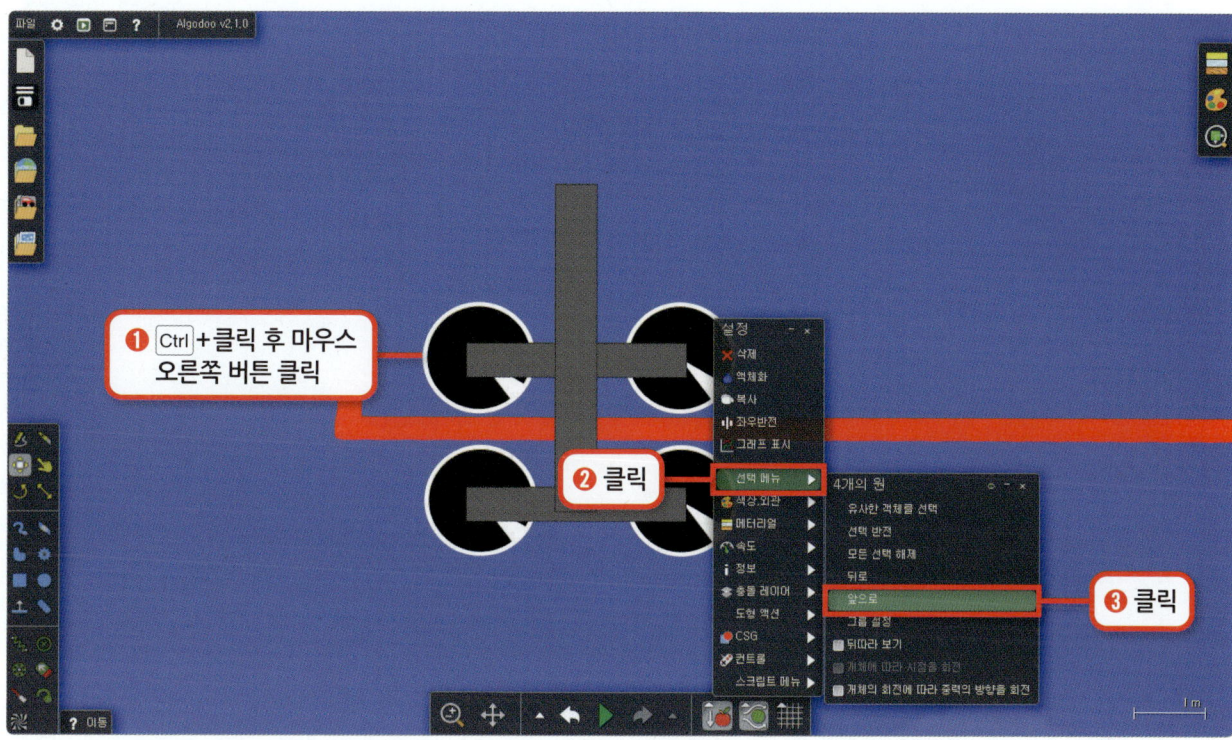

⑤ 이어서 다시 마우스 오른쪽 버튼을 클릭하여 [도형 액션]-[중심에 회전축 설치]를 클릭합니다.

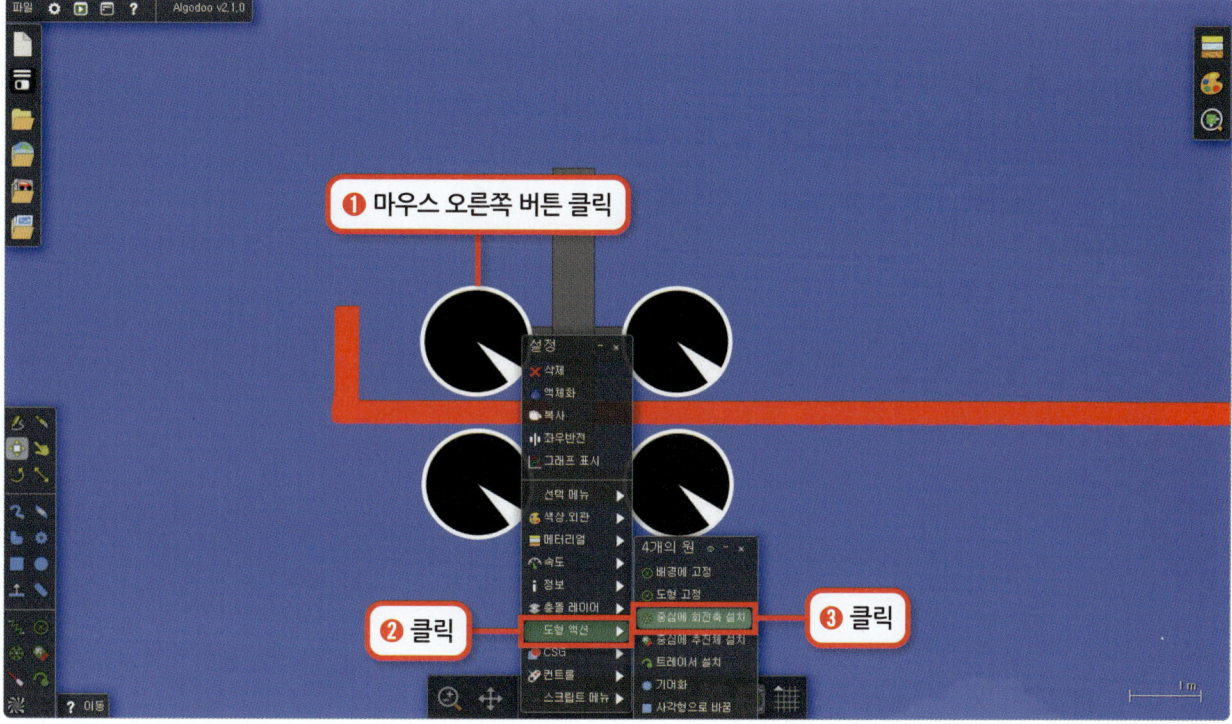

❻ '사각형(■)' 툴을 클릭한 후 마우스를 드래그하여 그림과 같이 롤러코스터의 몸체를 만듭니다.

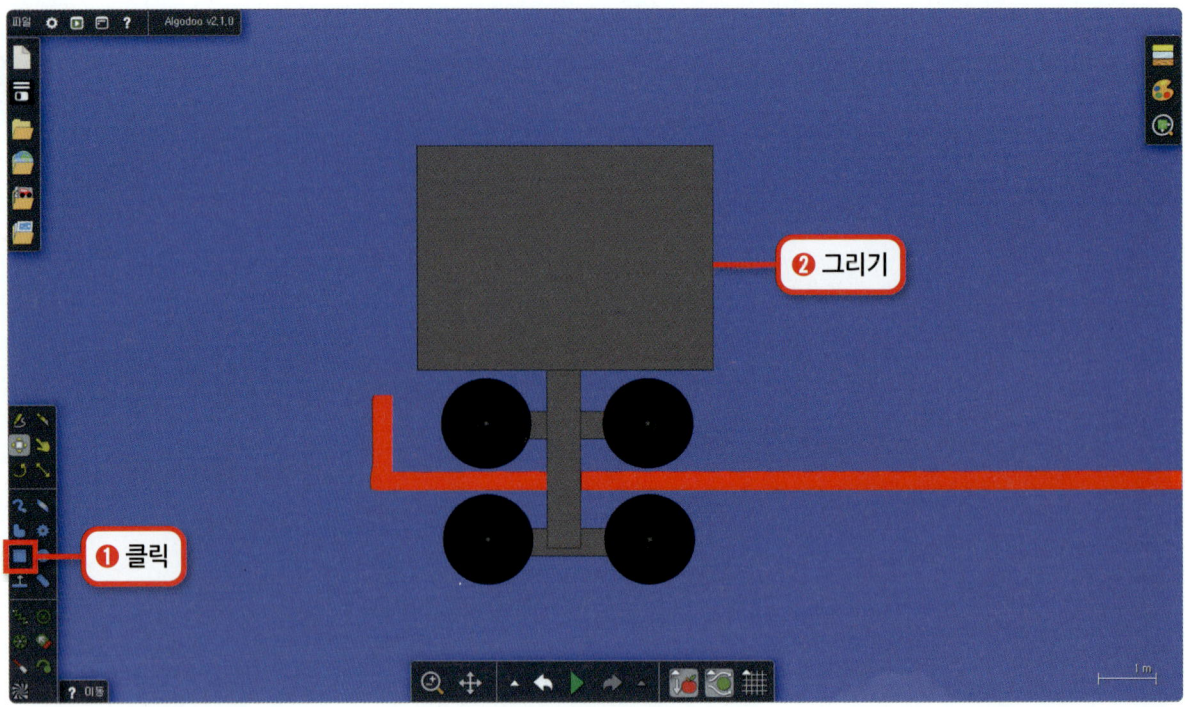

❼ '사각형(■)' 툴을 이용하여 그림과 같이 롤러코스터 몸체에 2개의 사각형을 그린 후 마우스 오른쪽 버튼을 클릭하고 [CSG]-[차집합]을 클릭합니다. 이어서 2개의 사각형을 삭제하여 롤러코스터 창문을 만듭니다.

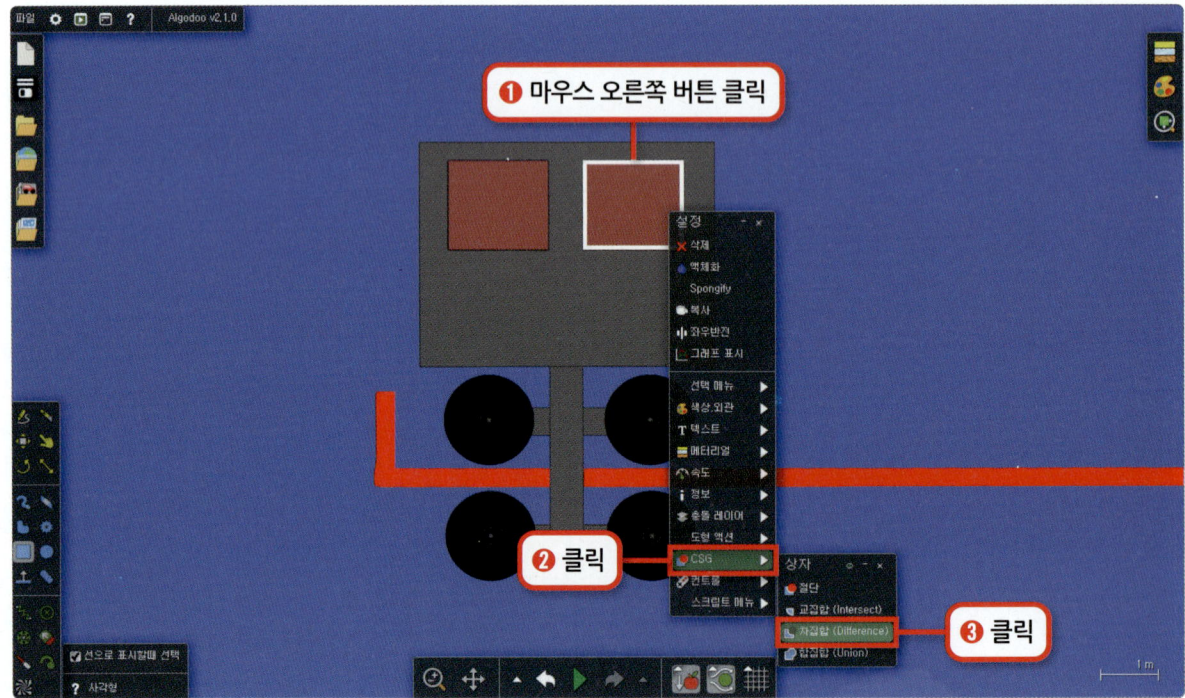

 앞서 그린 사각형의 선택이 해제된 상태에서 2개의 사각형을 그립니다.

❽ Ctrl 키를 누른 상태로 사각형을 전부 선택한 후 마우스 오른쪽 버튼을 클릭하여 [도형 액션]-[도형 고정]을 클릭합니다.

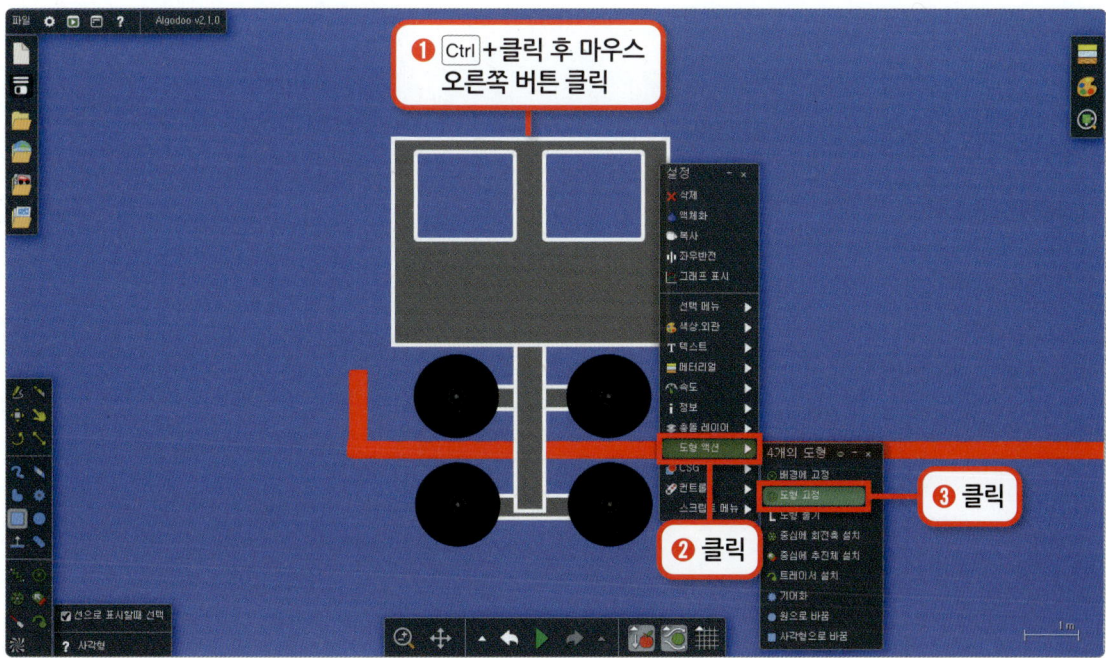

❾ Ctrl 키를 누른 상태로 바퀴와 연결된 사각형을 각각 선택한 후 마우스 오른쪽 버튼을 클릭하여 [충돌 레이어]-[충돌 그룹 A]를 체크 해제합니다.

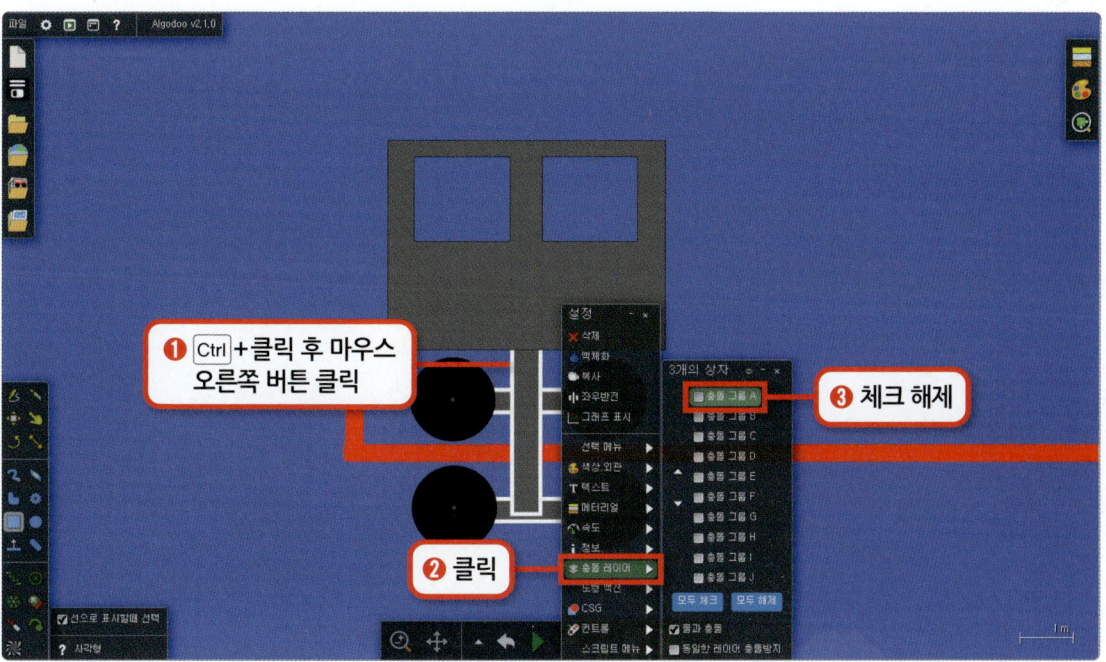

바퀴를 연결하는 사각형이 롤러코스터의 경로(빨간색 선)와 충돌하면 롤러코스터가 튕겨 나갈 수 있기 때문에 사각형의 충돌 그룹을 해제하여 사각형이 롤러코스터에 닿아도 충돌로 인식하지 않도록 합니다.

❿ 롤러코스터의 열차를 한 칸 더 만들기 위해 '이동( )' 툴을 클릭한 후 롤러코스터의 바퀴와 몸체를 전부 선택하고 마우스 오른쪽 버튼을 클릭하여 [복사]를 클릭합니다.

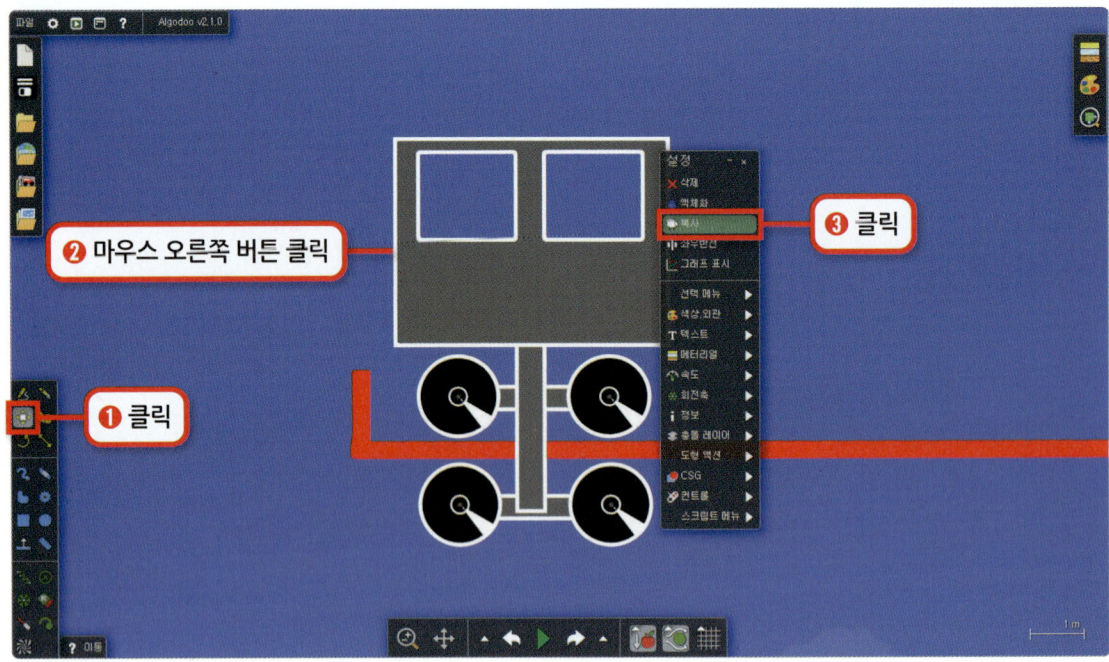

⓫ 열차가 복사되면 간격을 조절한 후 '사각형( )' 툴을 이용하여 열차 사이를 연결하고 '회전축( )' 툴을 클릭하여 그림과 같이 열차와 사각형을 고정시킵니다.

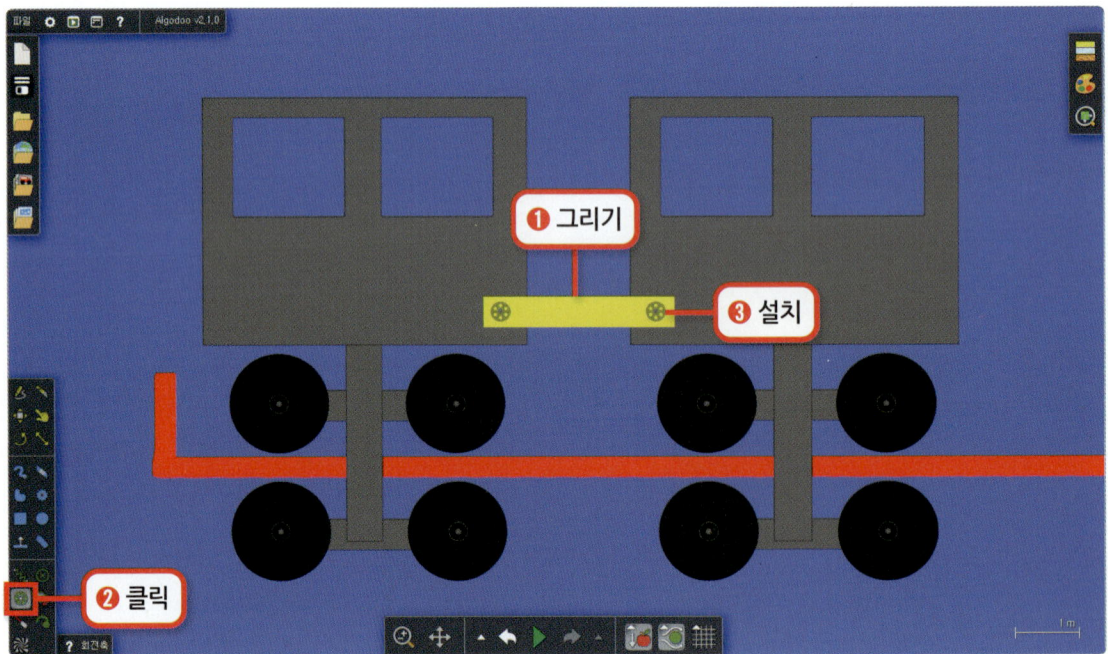

Tip 도형 고정이 아닌 회전축을 사용하는 이유

롤러코스터는 곡선 경로를 이동하는 놀이기구이므로 각 열차들이 곡선 경로를 이동할 때 연결선이 회전하며 열차의 움직임을 방해하지 않도록 하기 위해 연결선에 회전축을 설치합니다.

02 롤러코스터 운행하기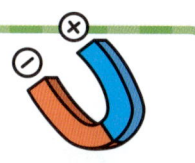

① '추진체( )' 툴을 클릭한 후 뒤쪽 열차에서 마우스를 오른쪽으로 드래그하여 그림과 같이 추진체를 설치합니다.

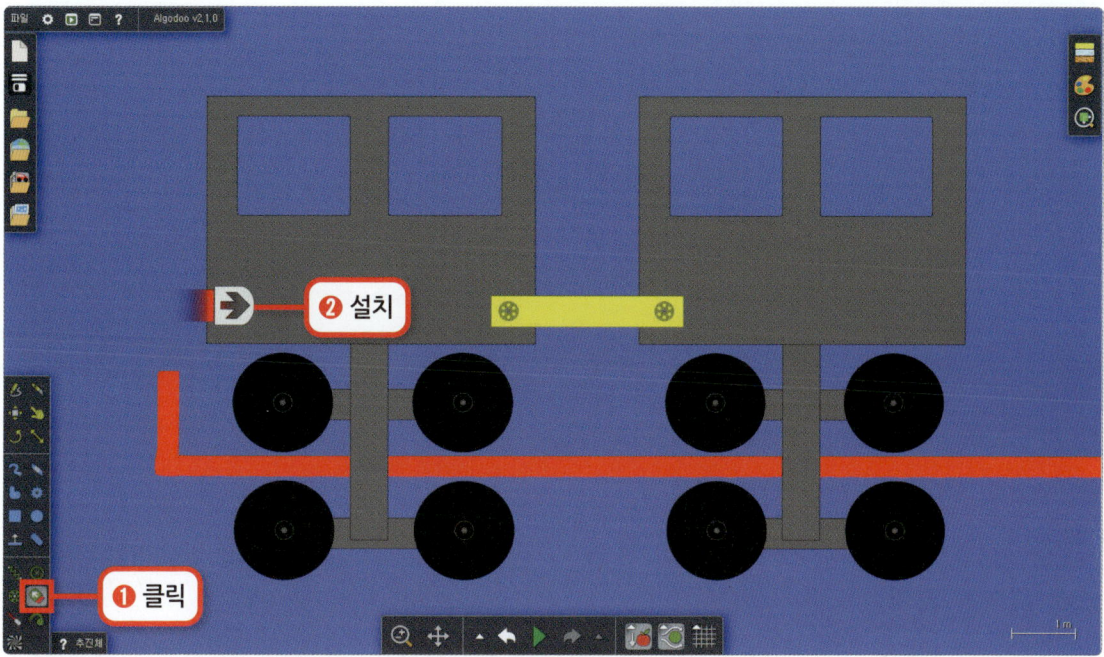

② 설치된 추진체를 마우스 오른쪽 버튼으로 클릭하여 [추진체]에서 추진체의 힘과 활성 키를 지정합니다.

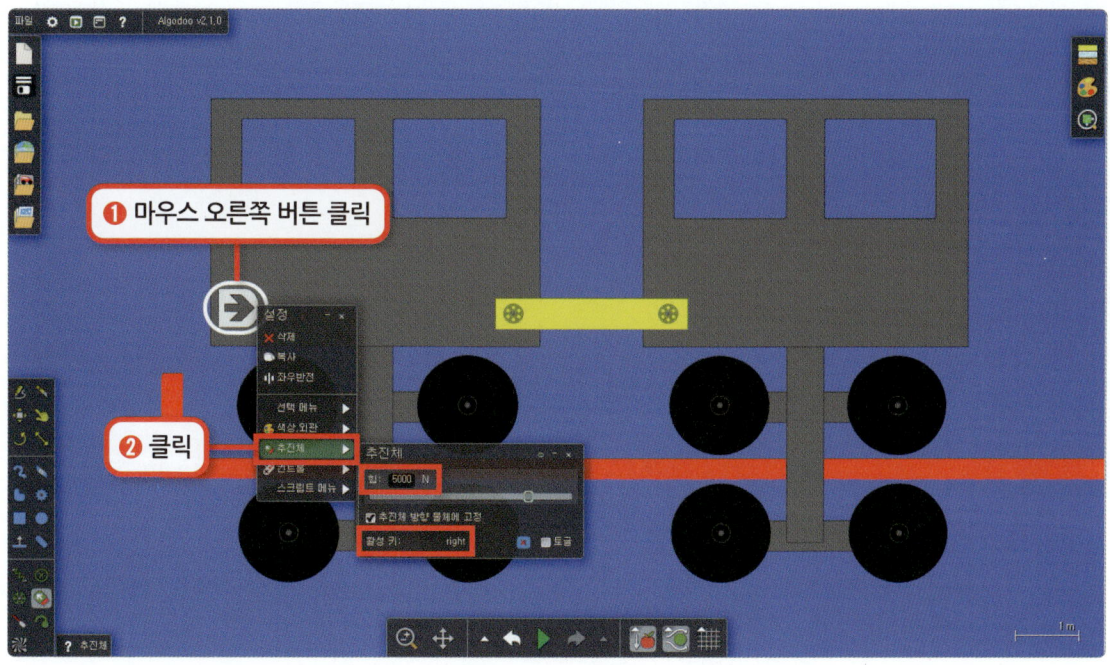

Chapter 09 롤러코스터 만들기

❸ 시점이 롤러코스터의 이동 경로를 따라 이동하도록 하기 위해 앞쪽 열차를 마우스 오른쪽 버튼으로 클릭한 후 [선택 메뉴]-[뒤따라 보기]에 체크합니다.

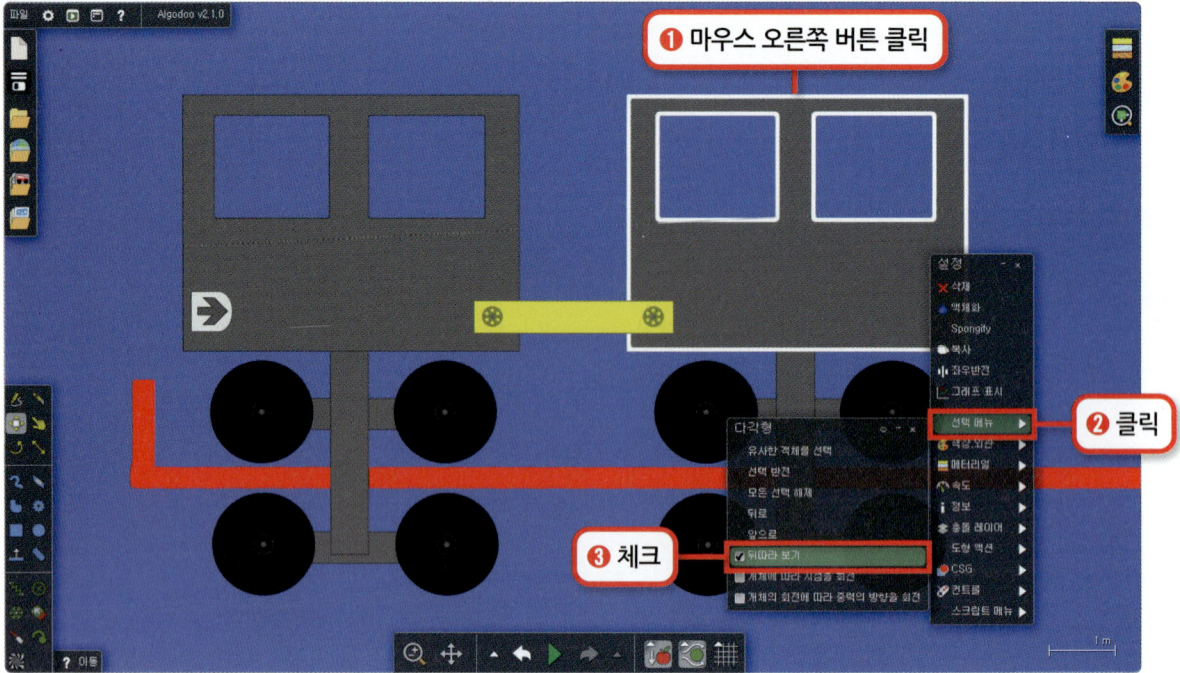

❹ [시뮬레이션 컨트롤] 툴바의 '실행(▶)'을 클릭하여 시뮬레이션을 실행한 후 롤러코스터의 운행 모습을 확인해 봅니다.

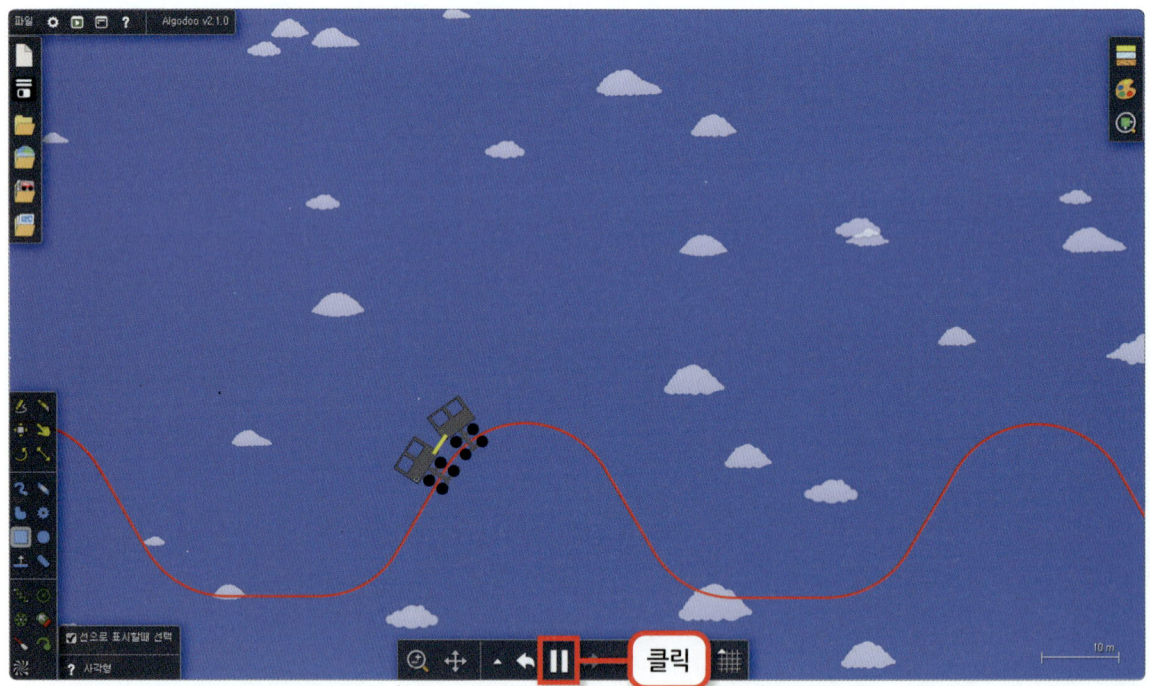

Tip 활성 키를 눌러도 롤러코스터가 움직이지 않을 경우 추진체의 힘을 크게 변경한 후 다시 시뮬레이션을 실행해 봅니다.

○ 예제 파일 없음   ○ 완성 파일 09강 미션(완성).phz

01 알고두(Algodoo) 아이콘(🅰)을 더블클릭하여 프로그램을 실행한 후 그림과 같이 산과 케이블카 탑승장을 만들어 봅니다.

hint   케이블카가 이동할 케이블 선은 [메터리얼 메뉴(▤)]에서 마찰 계수를 '0'으로 지정합니다.

02 그림과 같이 케이블카를 만들어 케이블 선에 연결한 후 시뮬레이션을 실행해 봅니다.

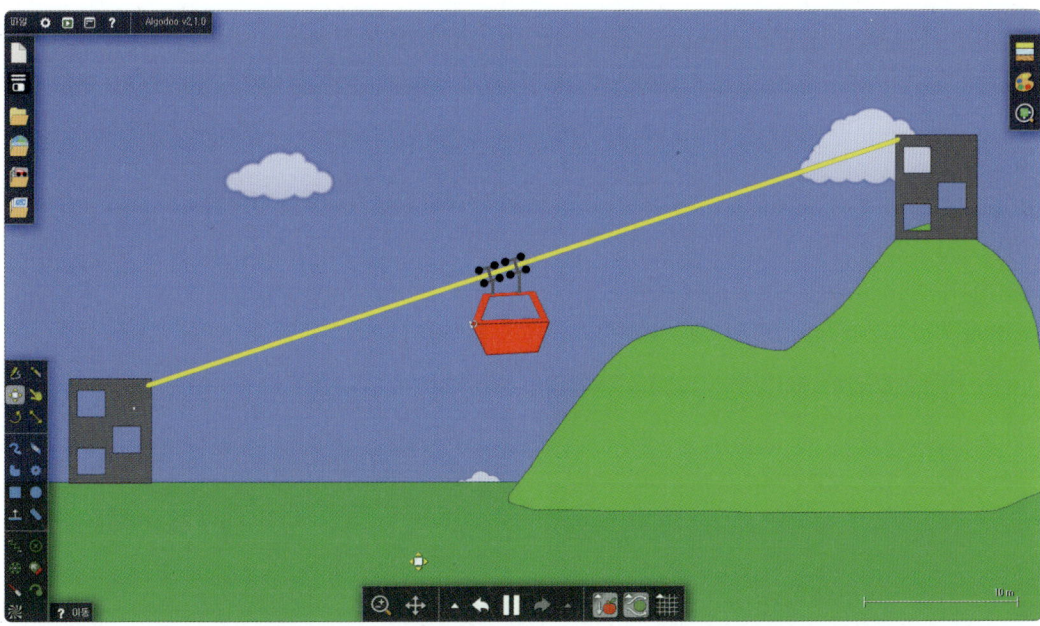

Chapter 10 캡슐 머신 만들기

학습내용 알아보기

- 다각형 툴과 CSG를 이용하여 캡슐 머신을 완성할 수 있습니다.
- 브러시 툴과 회전축을 이용하여 캡슐이 굴러 나올 문을 만들 수 있습니다.
- 기어 툴을 이용하여 캡슐이 1개씩 빠져 나오도록 만들 수 있습니다.
- 활성 키를 이용하여 기어를 회전시킬 수 있습니다.

◆ 예제 파일 | 없음　◆ 완성 파일 | 10강 본문(완성).phz

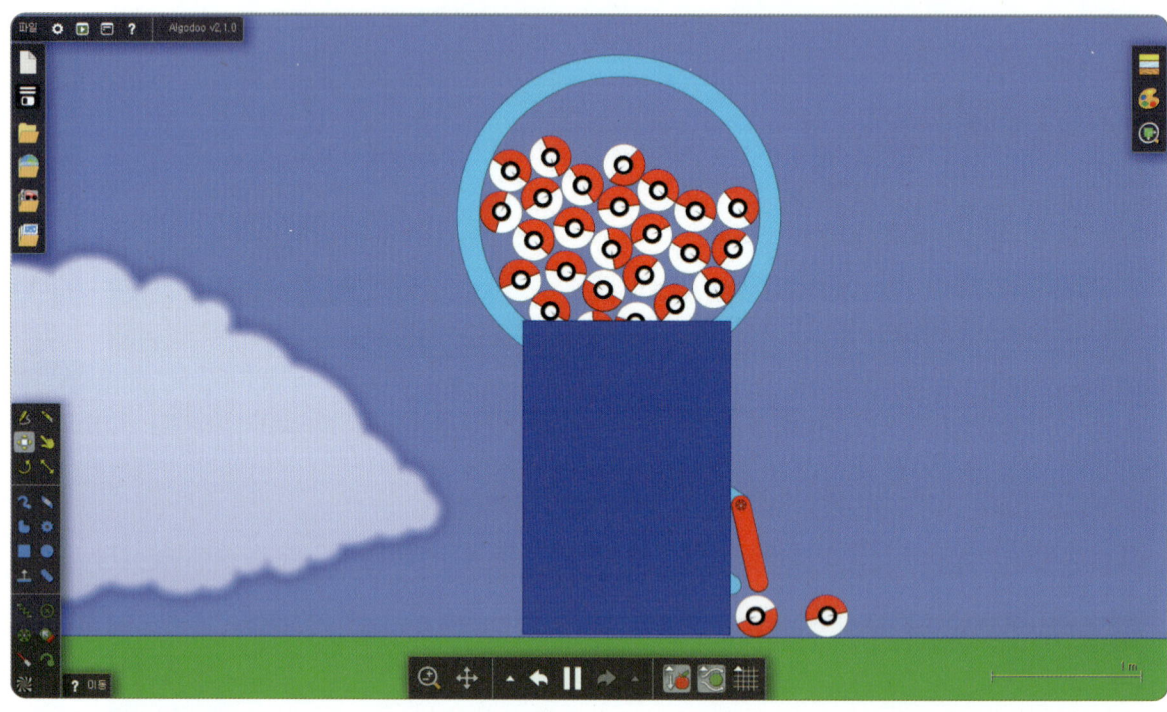

알고두's 쏙쏙 물리

우리가 문구점 앞에서 만날 수 있는 장난감 뽑기 기계는 레버를 돌릴 때마다 각 칸이 회전하면서 뽑기 기계 출구와 연결되어 있는 경로로 장난감 캡슐이 1개씩 떨어지도록 만든 장치입니다. 이번 시간에는 알고두를 통해 캡슐 머신을 만들고 기어를 이용하여 기어를 회전시킬 때마다 캡슐이 1개씩 뽑혀 나오는 캡슐 머신을 만들어 봅니다.

01 캡슐 머신 만들기

① 바탕화면의 알고두(Algodoo) 아이콘()을 더블클릭하여 프로그램을 실행합니다.

② 알고두가 실행되면 [도구] 툴바에서 '원(🔵)' 툴을 클릭하여 그림과 같이 큰 원과 작은 원을 1개씩 그리고 작은 원을 선택한 후 마우스 오른쪽 버튼을 클릭하여 [CSG]-[차집합]을 클릭합니다.

Tip '차집합'이 적용되면 작은 원을 선택한 후 Delete 키를 눌러 도형을 삭제합니다.

③ '원(🔵)' 툴과 '사각형(🟦)' 툴, '차집합'을 이용하여 그림과 같은 캡슐을 만들고 도형을 전부 선택한 후 마우스 오른쪽 버튼을 클릭하여 [도형 액션]-[도형 고정]을 클릭합니다.

Chapter 10 캡슐 머신 만들기 **79**

❹ '사각형( )' 툴을 이용하여 그림과 같이 사각형을 그린 후 사각형을 마우스 오른쪽 버튼으로 클릭하여 [CSG]-[차집합]을 클릭하고 사각형을 삭제합니다.

 캡슐이 머신 밖으로 나올 수 있도록 통로의 너비는 캡슐의 크기보다 넓어야 합니다.

❺ '브러시( )' 툴을 클릭하고 [속성] 창에서 [병합]에 체크한 후 Shift 키를 누른 상태로 마우스를 드래그하여 그림과 같이 캡슐이 밖으로 나올 통로를 만들어 봅니다.

❻ 캡슐 머신 입구에 문을 만들기 위해 '브러시( )' 툴 [속성] 창에서 [병합]을 체크 해제하고 [Shift] 키를 누른 상태로 마우스를 드래그하여 그림과 같이 문을 만듭니다.

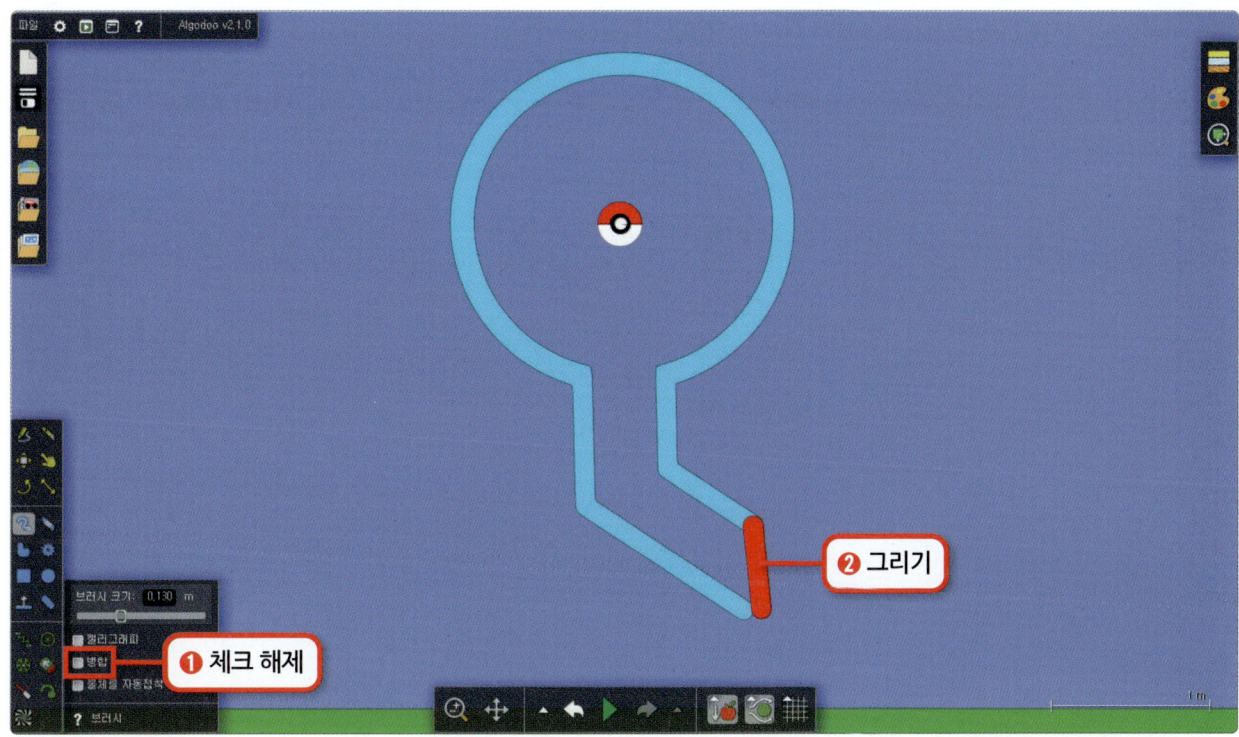

❼ '회전축( )' 툴을 클릭한 후 마우스를 클릭하여 문과 머신이 연결된 부분에 회전축을 설치합니다.

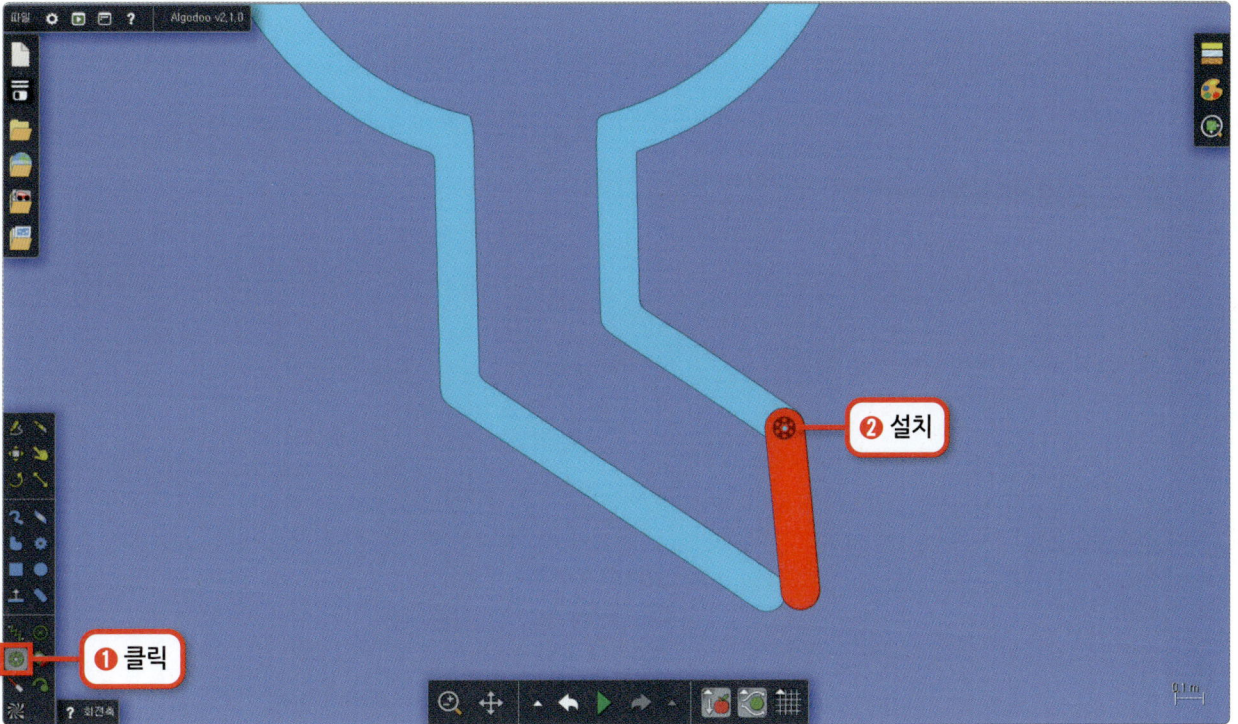

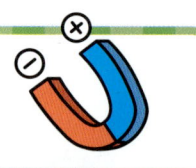

02 기어 설치하기

❶ 캡슐이 캡슐 머신에서 한꺼번에 쏟아지지 않고 1개씩 떨어지도록 하기 위해 '기어()' 툴을 클릭한 후 그림과 같이 기어를 설치합니다.

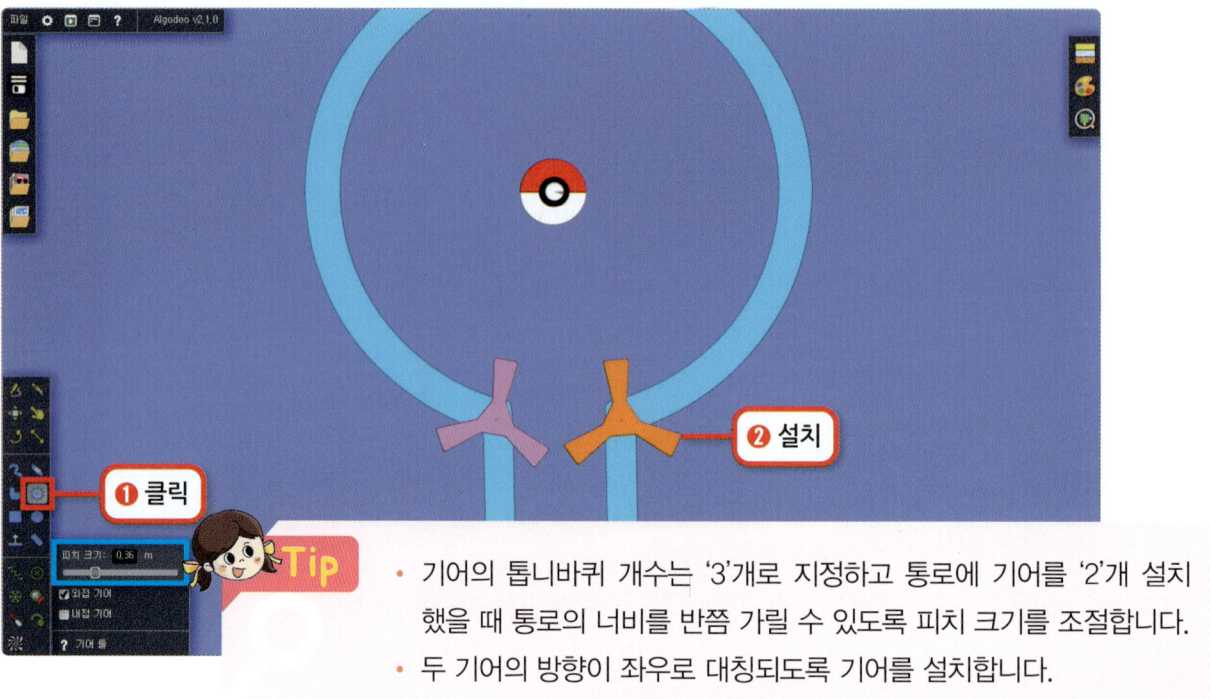

Tip
- 기어의 톱니바퀴 개수는 '3'개로 지정하고 통로에 기어를 '2'개 설치했을 때 통로의 너비를 반쯤 가릴 수 있도록 피치 크기를 조절합니다.
- 두 기어의 방향이 좌우로 대칭되도록 기어를 설치합니다.

❷ 시뮬레이션 실행 시 캡슐 머신이 바닥으로 떨어지거나 움직이지 않도록 하기 위해 캡슐 머신을 마우스 오른쪽 버튼으로 클릭한 후 [도형 액션]-[배경에 고정]을 클릭합니다.

❸ 왼쪽 기어를 마우스 오른쪽 버튼으로 클릭한 후 [회전축]-[모터]에 체크하고 모터 속도를 '1.0'으로 지정합니다.

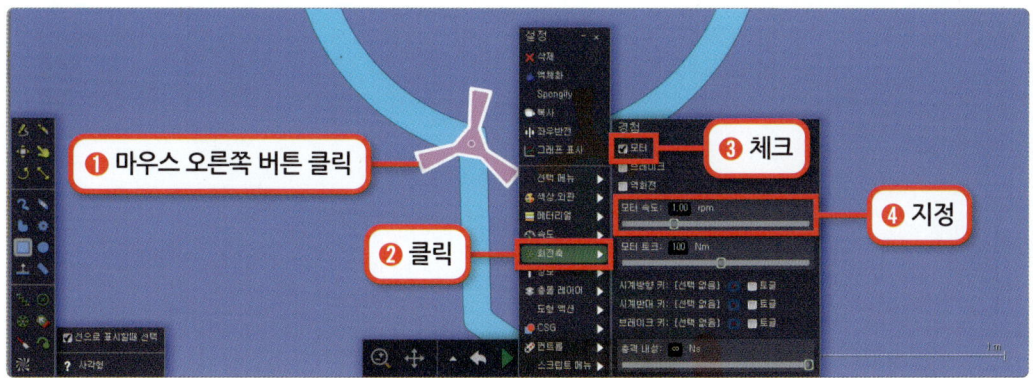

❹ 오른쪽 기어를 마우스 오른쪽 버튼으로 클릭한 후 [회전축]-[모터], [역회전]에 체크하고 모터 속도를 '1.0'으로 지정합니다.

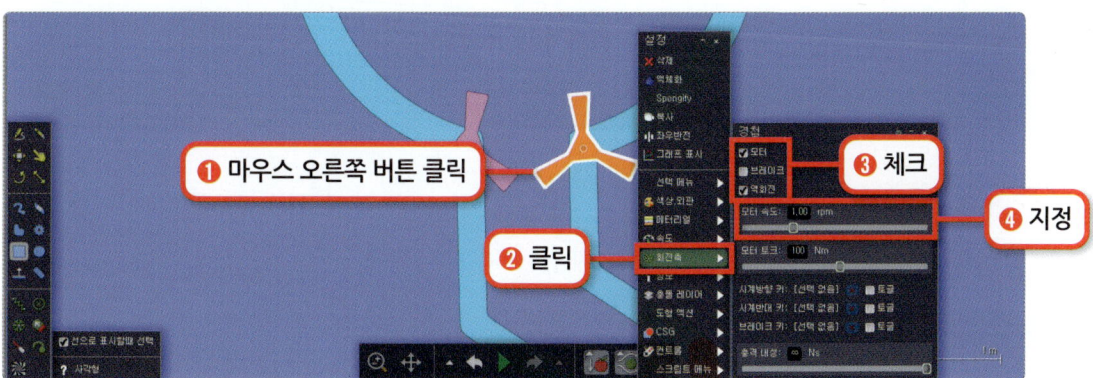

Tip 시뮬레이션 실행 시 기어는 시계 방향으로 회전하는데, '역회전'을 적용하면 기어가 반시계 방향으로 회전합니다. 오른쪽 기어를 반시계 방향으로 회전시켜 2개의 기어가 모두 캡슐 머신 통로 안쪽 방향으로 회전하도록 만듭니다.

❺ 캡슐 머신의 통로 부분이 가려지도록 하기 위해 '사각형(■)' 툴을 이용하여 사각형을 그린 후 '이동(✥)' 툴을 이용하여 캡슐 머신의 통로를 가리도록 위치를 조절합니다.

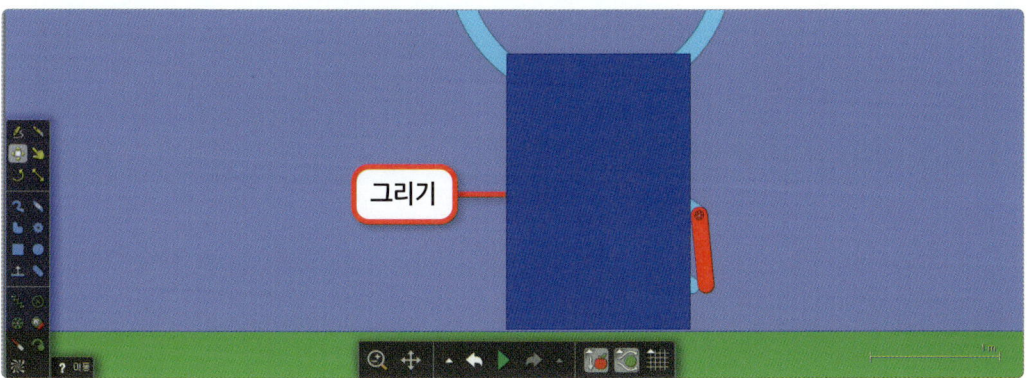

Chapter 10 캡슐 머신 만들기 **83**

❻ 사각형이 캡슐과 기어에 닿아도 충돌하지 않도록 하기 위해 사각형을 마우스 오른쪽 버튼으로 클릭한 후 [충돌 레이어]-[충돌 그룹 A]를 체크 해제합니다.

❼ 사각형을 마우스 오른쪽 버튼으로 클릭한 후 [도형 액션]-[배경에 고정]을 클릭하여 배경에 고정시킨 후 캡슐을 복사하여 캡슐 머신을 가득 채웁니다.

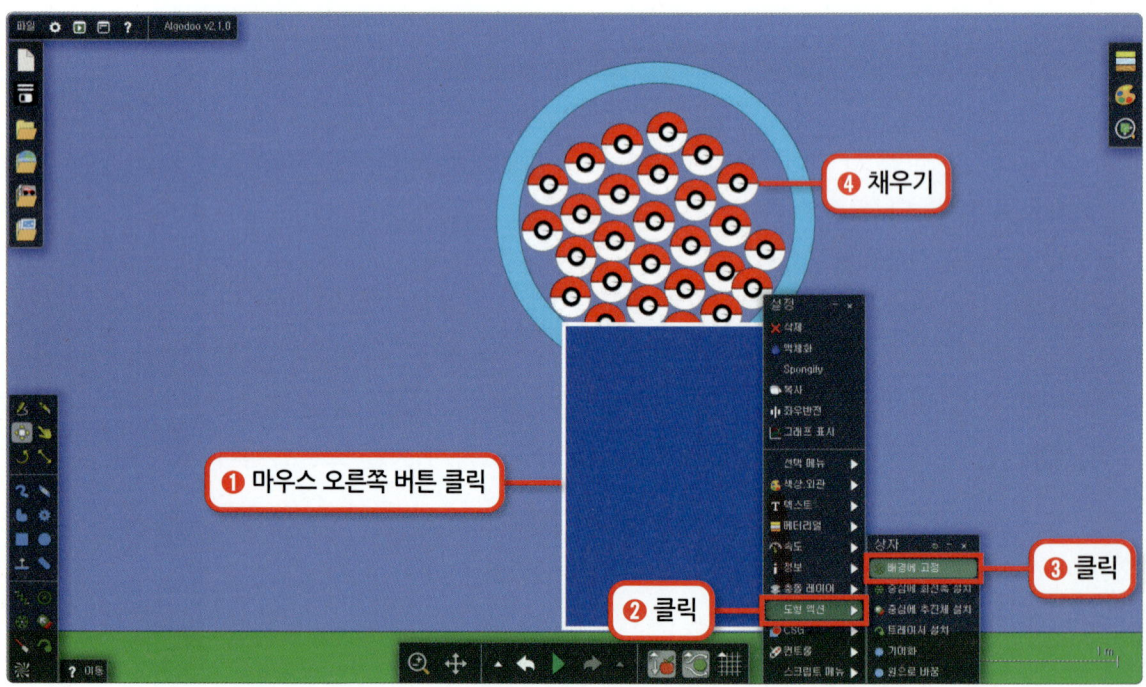

❽ [시뮬레이션 컨트롤] 툴바의 '실행(▶)'을 클릭하여 시뮬레이션을 실행한 후 캡슐 머신 출구에서 캡슐이 나오는 모습을 확인합니다.

차근차근 실력 UP!

○ 예제 파일 없음 ○ 완성 파일 10강 미션(완성).phz

01 알고두(Algodoo) 아이콘( )을 더블클릭하여 프로그램을 실행한 후 그림과 같이 포켓볼 배달 장치를 만들어 봅니다.

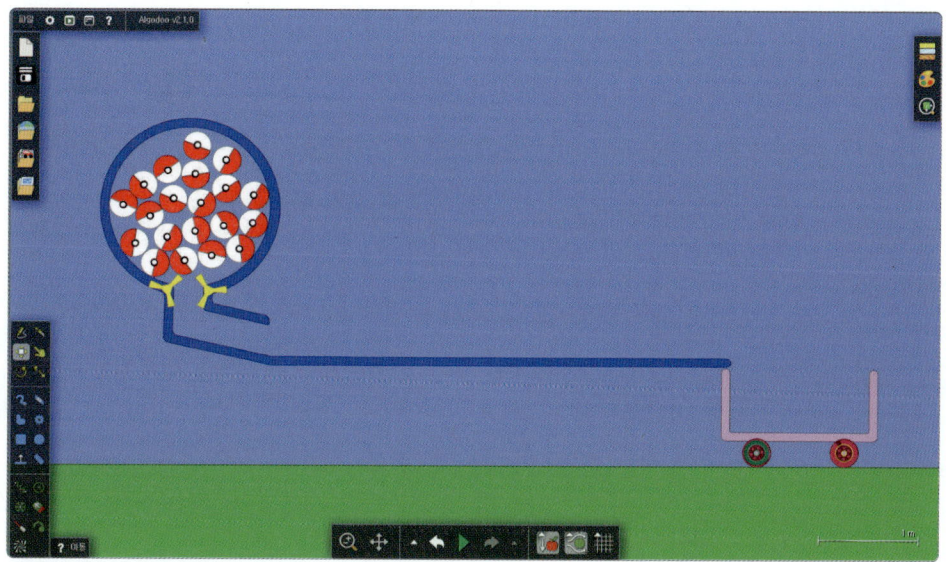

hint 수레 뒷바퀴에 회전축을 설치한 후 활성 키를 지정해 봅니다.

02 배달 장치 바닥에 기어를 설치하여 포켓볼이 1개씩 이동하도록 만들어 봅니다.

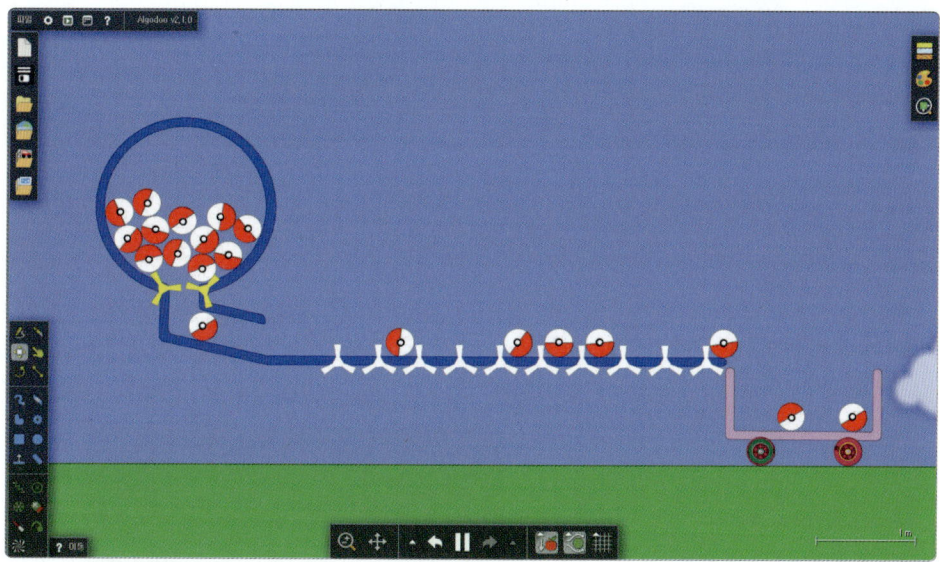

hint 기어의 모터 속도를 '5'로 지정해 봅니다.

Chapter 10 캡슐 머신 만들기 85

Chapter 11 산악 오토바이 만들기

학습내용 알아보기

- 브러시 툴과 원 툴을 이용하여 오토바이를 만들 수 있습니다.
- 고정 툴을 이용하여 오토바이의 각 부분을 고정할 수 있습니다.
- 용수철 툴을 이용하여 충격 완화 장치를 만들 수 있습니다.
- 오토바이를 따라 시점이 이동하도록 할 수 있습니다.

◆ 예제 파일 | 없음   ◆ 완성 파일 | 11강 본문(완성).phz

알고두's 쏙쏙 물리

용수철은 늘어나거나 줄어드는 탄력이 있는 나선형의 쇠줄로, 일정한 힘이 가해지면 늘어나거나 줄어들었다가 힘이 사라지면 원래의 모습으로 돌아가는 성질을 가지고 있습니다. 이번 시간에는 알고두를 통해 산악 오토바이를 만들어 보고 용수철을 이용하여 오토바이의 충격을 완화시켜줄 충격 완화 장치를 설치해 봅니다.

01 오토바이 만들기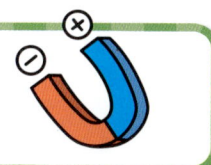

❶ 바탕화면의 알고두(Algodoo) 아이콘( )을 더블클릭하여 프로그램을 실행합니다.

❷ 알고두가 실행되면 '원( )' 툴과 [색상, 외관 메뉴( )]를 이용하여 오토바이의 바퀴를 그립니다.

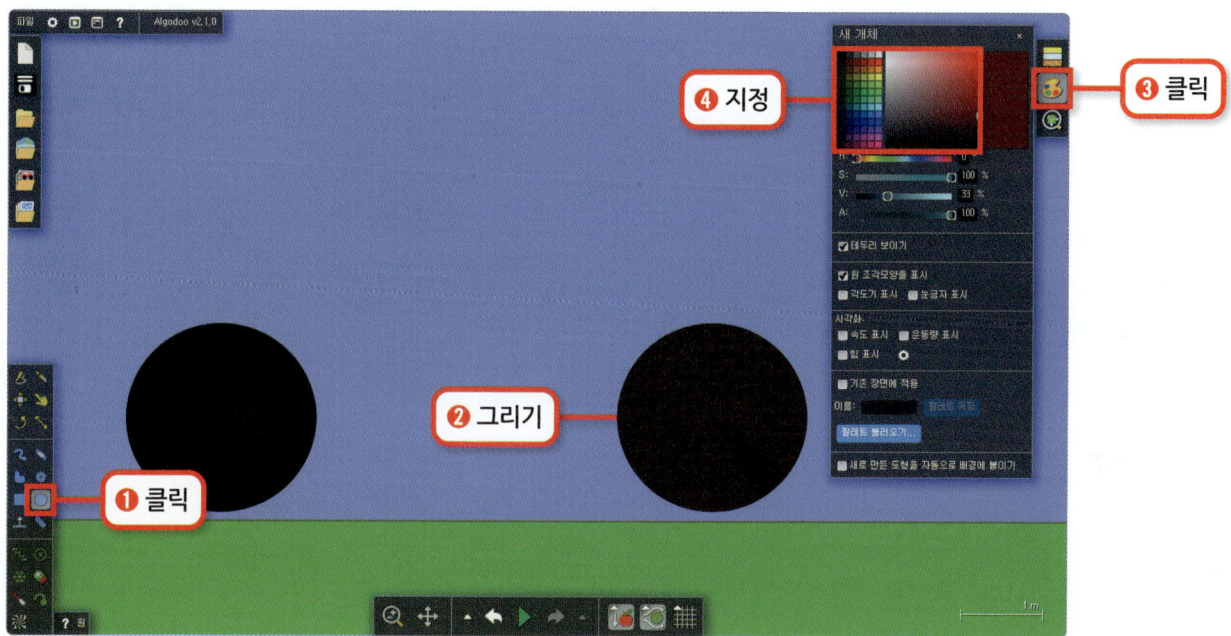

❸ '브러시( )' 툴과 [색상, 외관 메뉴( )]를 이용하여 오토바이 앞바퀴와 핸들의 연결 부분을 그립니다.

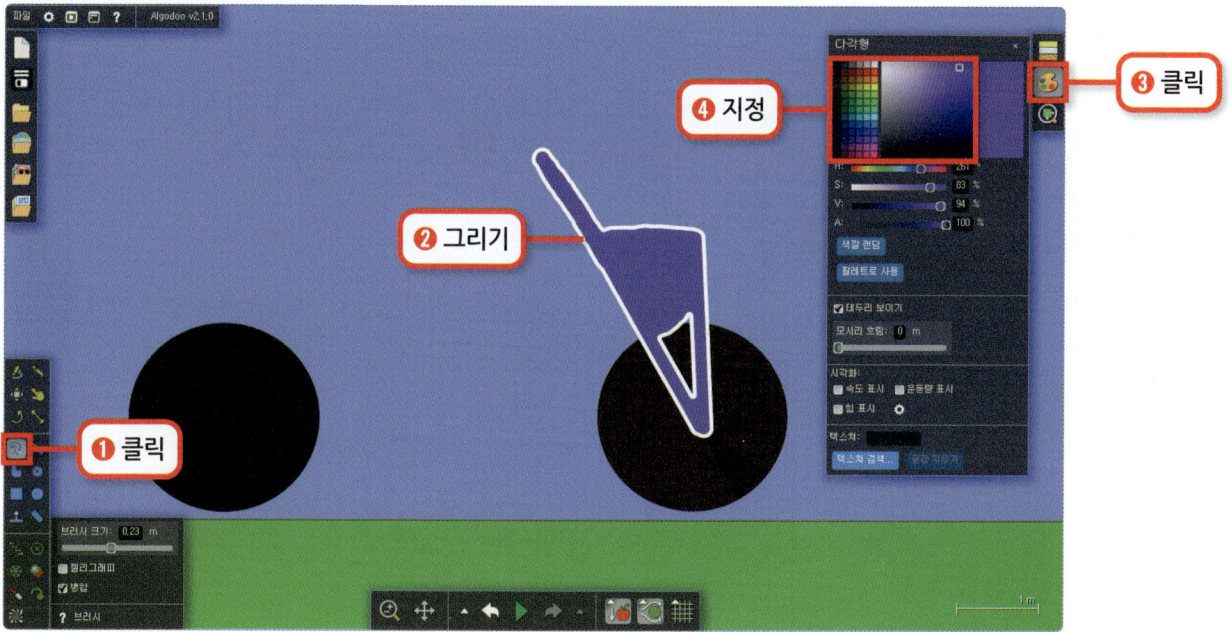

Chapter 11 산악 오토바이 만들기

❹ 같은 방법으로 오토바이 몸체와 핸들을 연결할 기둥을 그립니다.

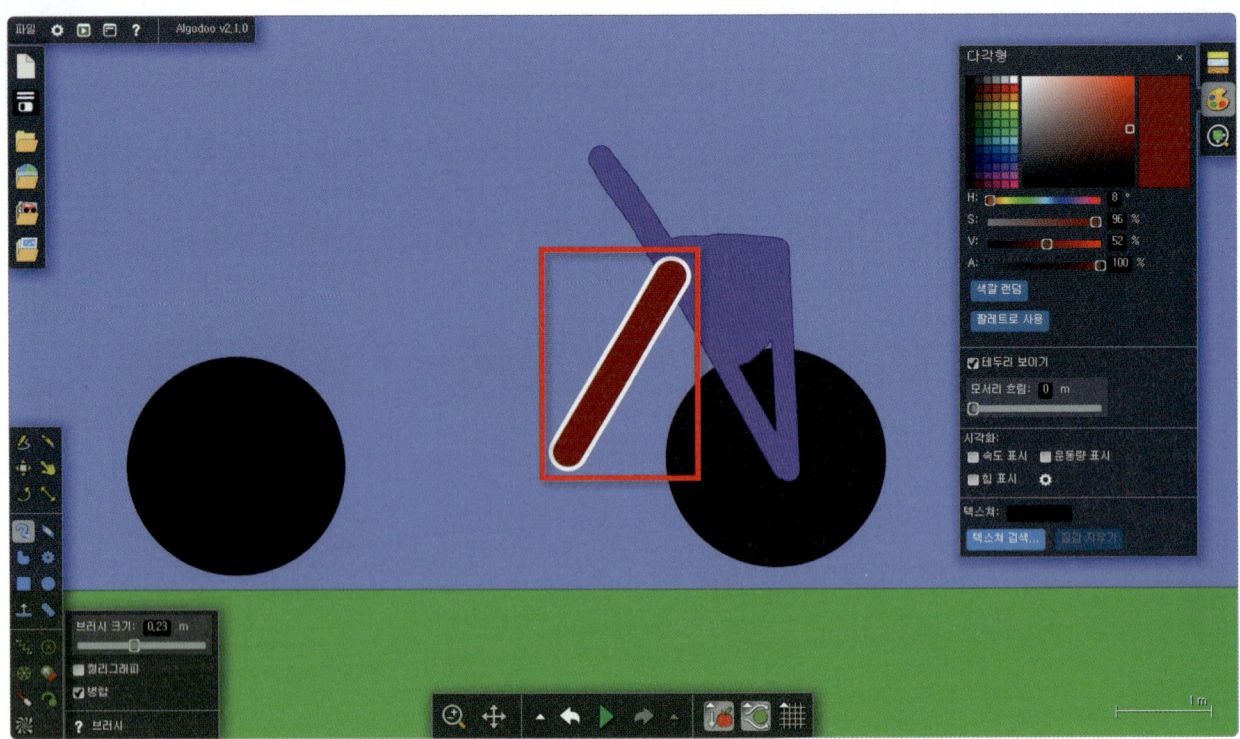

❺ 이어서 같은 방법으로 기둥과 뒷바퀴를 연결합니다.

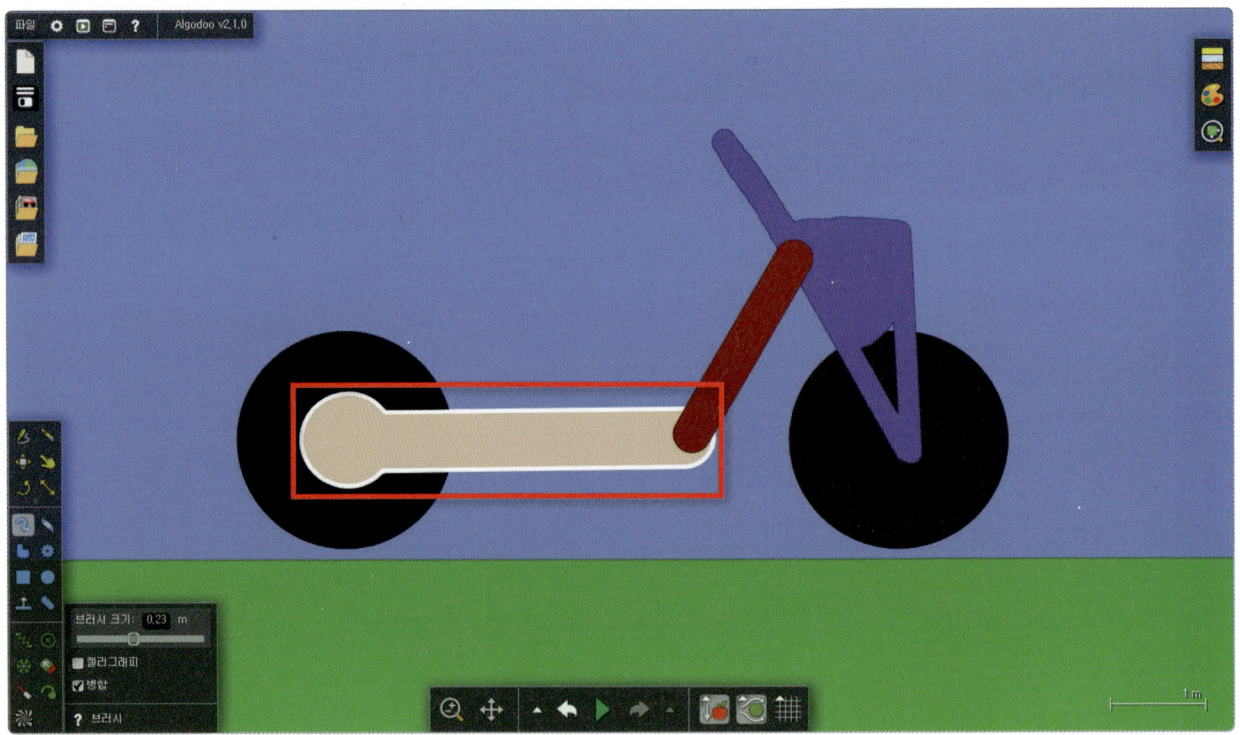

 Tip 개체를 마우스 오른쪽 버튼으로 클릭하여 [선택 메뉴]-[앞으로], [뒤로]를 클릭하면 개체의 순서를 변경할 수 있습니다.

❻ '브러시()' 툴과 [색상, 외관 메뉴(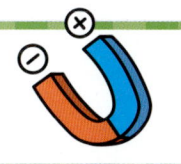)]를 이용하여 오토바이의 안장을 그린 후 마우스 오른쪽 버튼을 클릭하여 [도형 액션]-[도형 고정]을 클릭합니다.

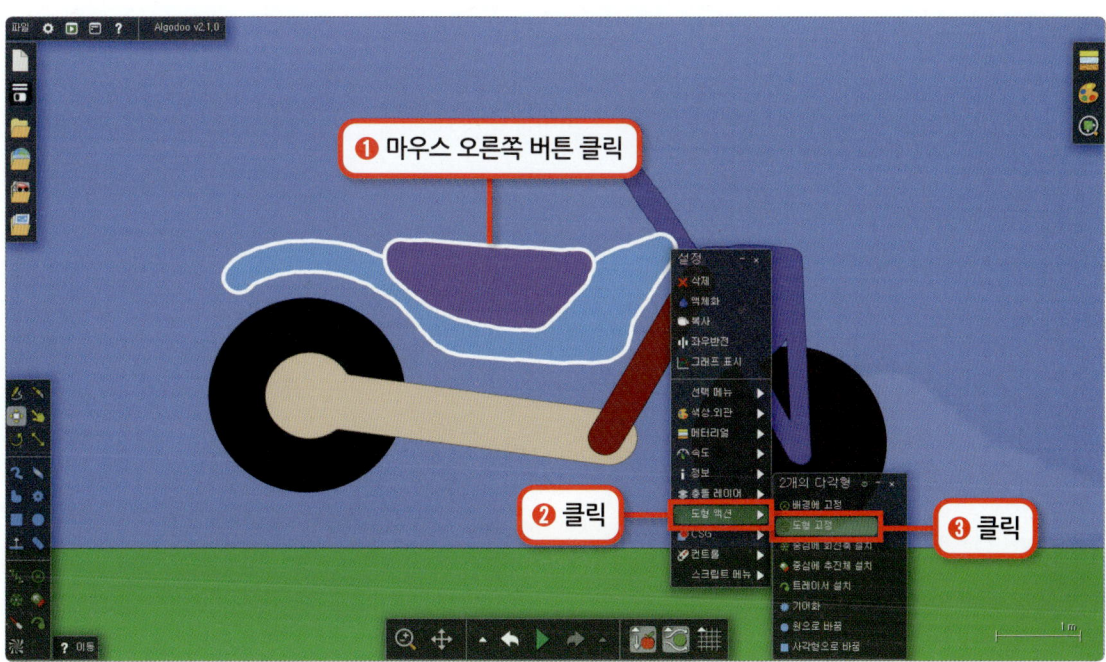

02 오토바이 각 부분 고정하기

❶ 오토바이의 안장과 기둥을 고정시키기 위해 [도구] 툴바에서 '고정(❌)' 툴을 클릭한 후 그림과 같이 안장과 앞바퀴 연결 부분과 기둥과 뒷바퀴 연결 부분에 설치합니다.

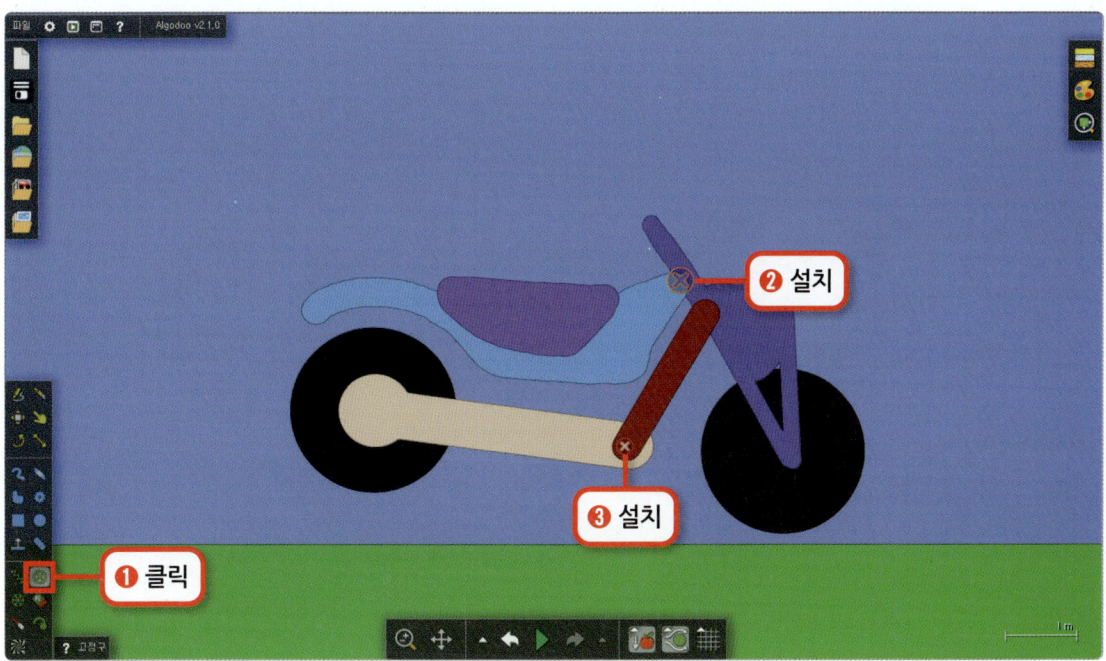

Chapter 11 산악 오토바이 만들기

❷ 오토바이를 조종하기 위해 '회전축( )' 툴을 클릭한 후 그림과 같이 오토바이 각 연결 부분에 설치합니다.

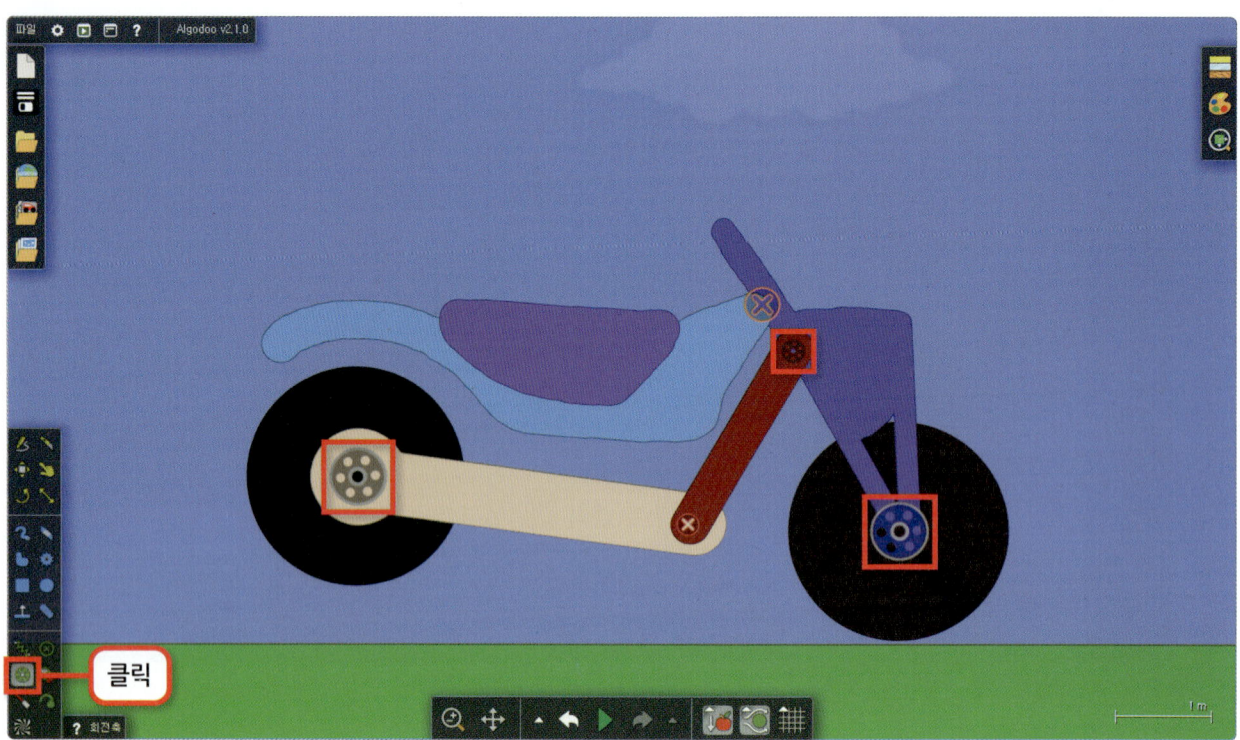

❸ 앞바퀴와 뒷바퀴에 설치한 회전축을 마우스 오른쪽 버튼으로 클릭한 후 [회전축]에서 '시계방향 키(←)', '시계반대 키(→)', '브레이크 키(Space Bar)'를 활성 키로 지정합니다.

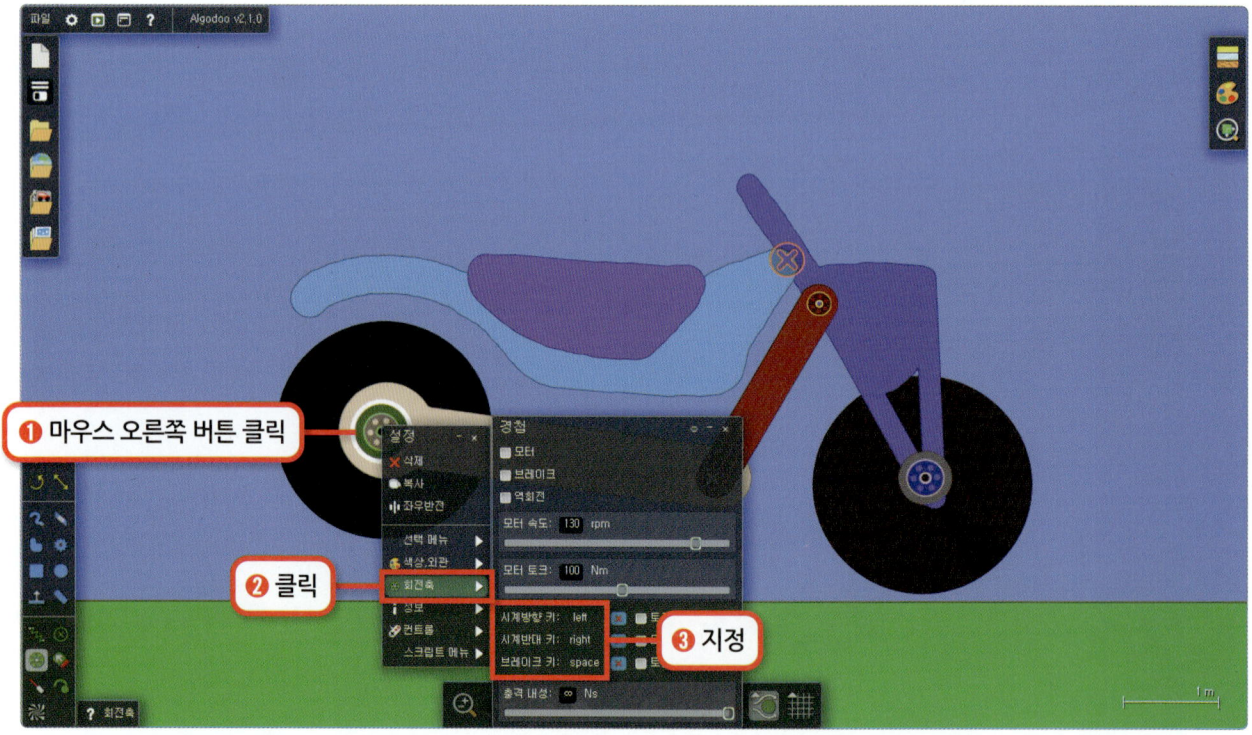

❹ '용수철( )' 툴을 클릭한 후 마우스를 드래그하여 그림과 같이 오토바이 곳곳에 용수철을 설치합니다.

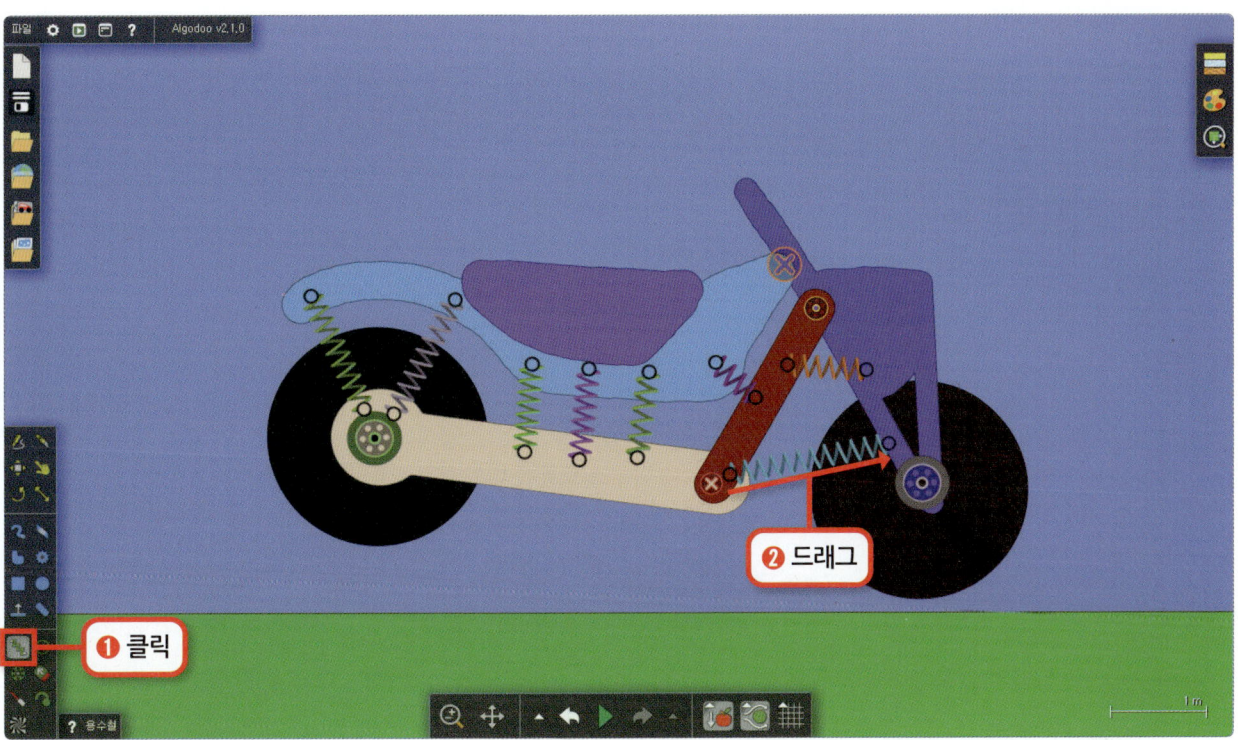

❺ 시점이 오토바이의 이동 경로를 따라 이동하도록 하기 위해 오토바이 안장을 마우스 오른쪽 버튼으로 클릭한 후 [선택 메뉴]-[뒤따라 보기]에 체크합니다.

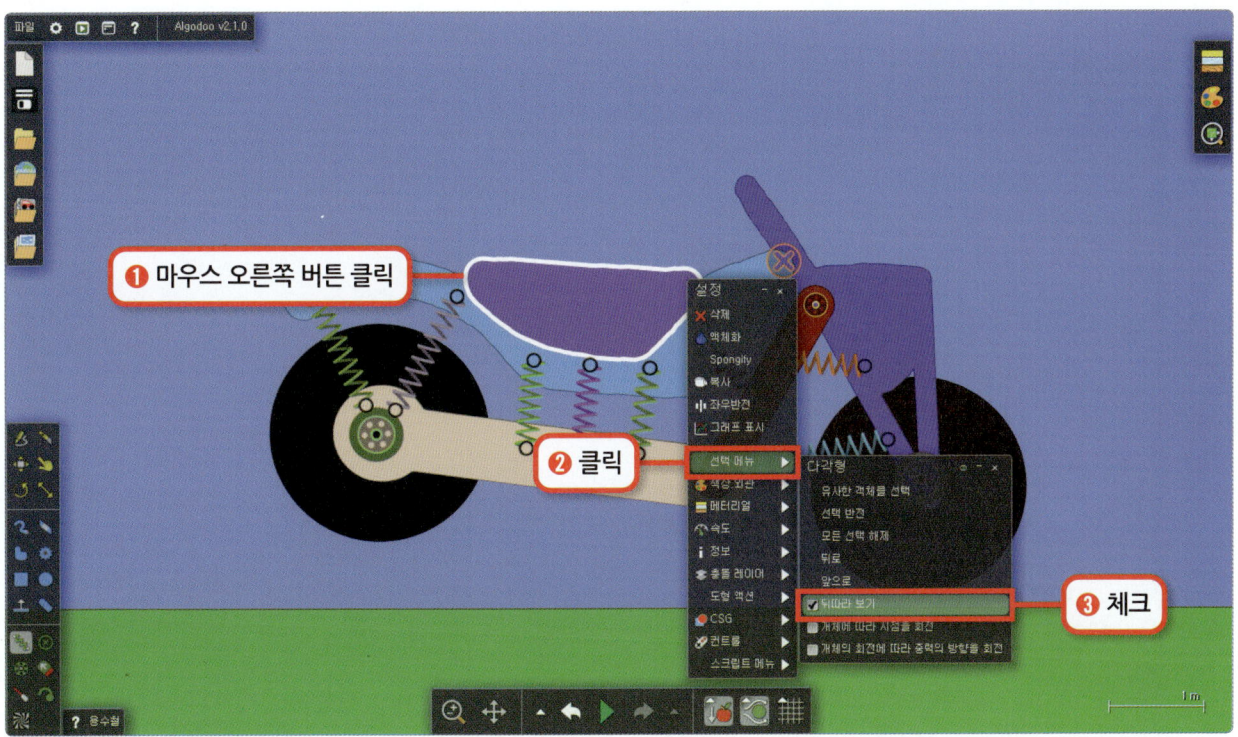

Chapter 11 산악 오토바이 만들기

❻ 오토바이가 울퉁불퉁한 산길을 이동하도록 하기 위해 '브러시( )' 툴을 이용하여 그림과 같이 울퉁불퉁한 산을 그리고 산을 마우스 오른쪽 버튼으로 클릭하여 [도형 액션]-[배경에 고정]을 클릭합니다.

❼ [시뮬레이션 컨트롤] 툴바의 '실행( )'을 클릭하여 시뮬레이션을 실행한 후 활성 키를 이용하여 오토바이를 운행해 봅니다.

○ 예제 파일 없음   ○ 완성 파일 11강 미션(완성).phz

01 알고두(Algodoo) 아이콘( )을 더블클릭하여 프로그램을 실행한 후 그림과 같이 완충 장치가 있는 의자를 만들어 봅니다.

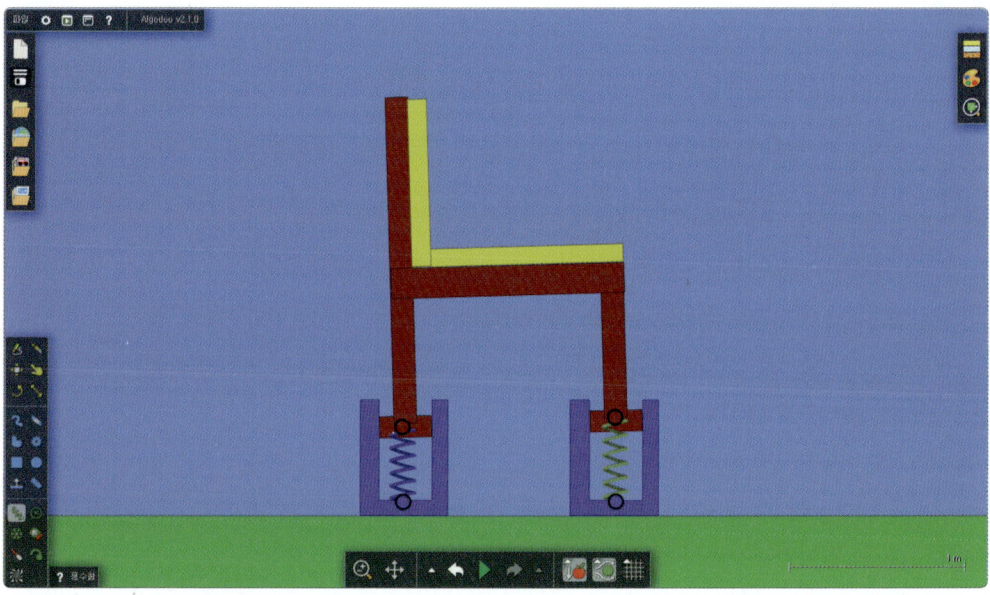

hint 용수철의 힘과 용수철의 길이를 변경해 봅니다.

02 시뮬레이션을 실행하고 의자 위에 물체를 떨어뜨려 의자의 완충 장치가 작동하는지 확인해 봅니다.

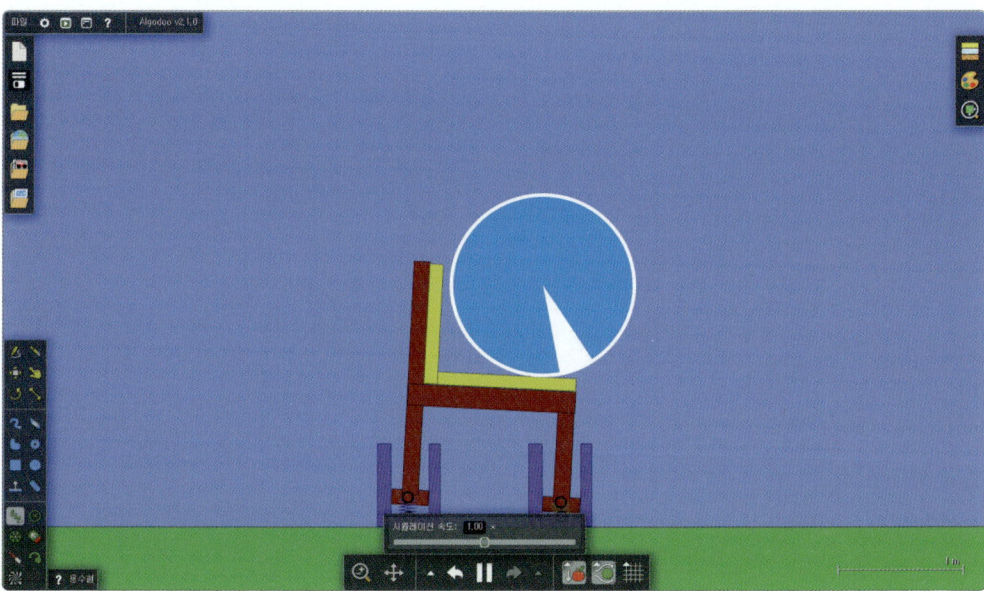

Chapter 11 산악 오토바이 만들기

Chapter 12 자동화 디딜방아 만들기

학습내용 알아보기
- 미션을 확인하고 미션을 해결할 수 있습니다.
- 오류를 찾아 수정하고 테스트를 완료할 수 있습니다.

미션

1. 무게 추가 1개씩 떨어질 수 있도록 무게 추를 담을 통을 만들고 기어를 설치합니다.
2. 기어를 이용해 무게 추가 위쪽으로 이동할 수 있도록 만듭니다.
3. 무게 추가 위쪽에서 아래쪽으로 떨어지도록 통로를 만들고 기어를 이용해 방아 공이를 만듭니다.
4. 용수철을 이용하여 방아 판을 만듭니다.
5. 무게 추가 위쪽으로 이동하도록 통로를 만듭니다.
6. 무게 추가 통로를 따라 아래쪽에서 위쪽으로 이동하도록 기어를 설치합니다.
7. 시뮬레이션을 실행한 후 방아를 작동해 봅니다.

◆ 예제 파일 | 없음 ◆ 완성 파일 | 12강 본문(완성).phz

미션 완료 화면

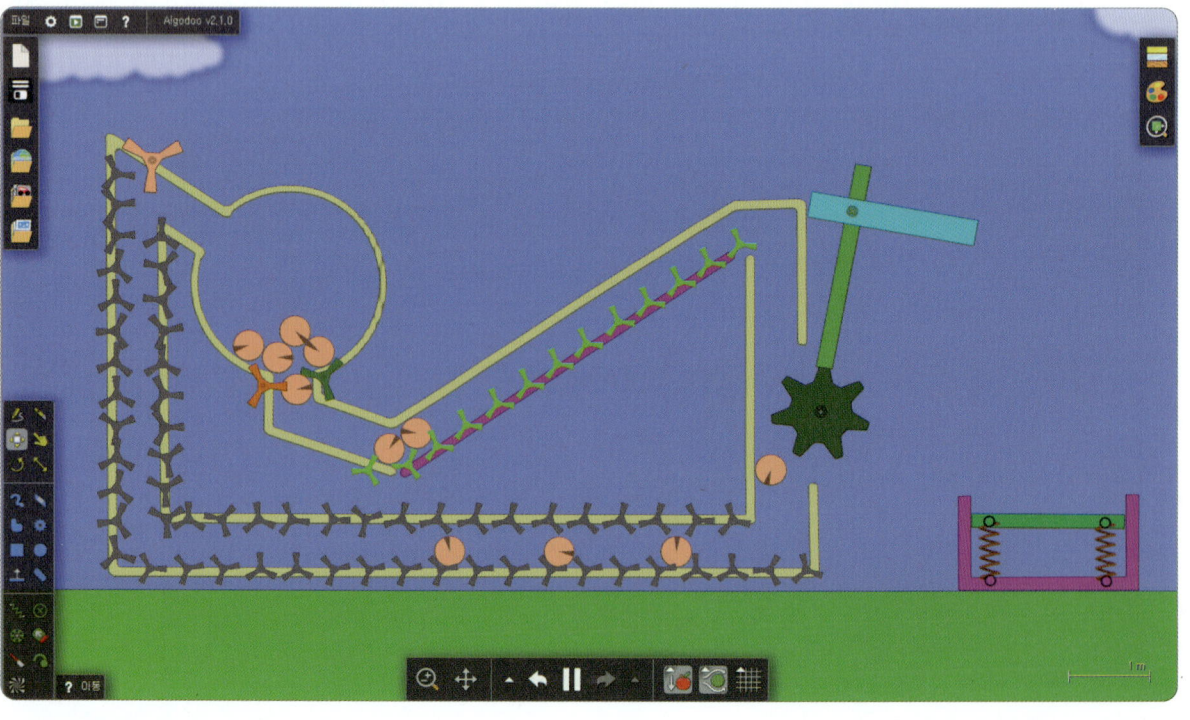

 무게 추가 1개씩 떨어질 수 있도록 무게 추를 담을 통을 만들고 기어를 설치합니다.

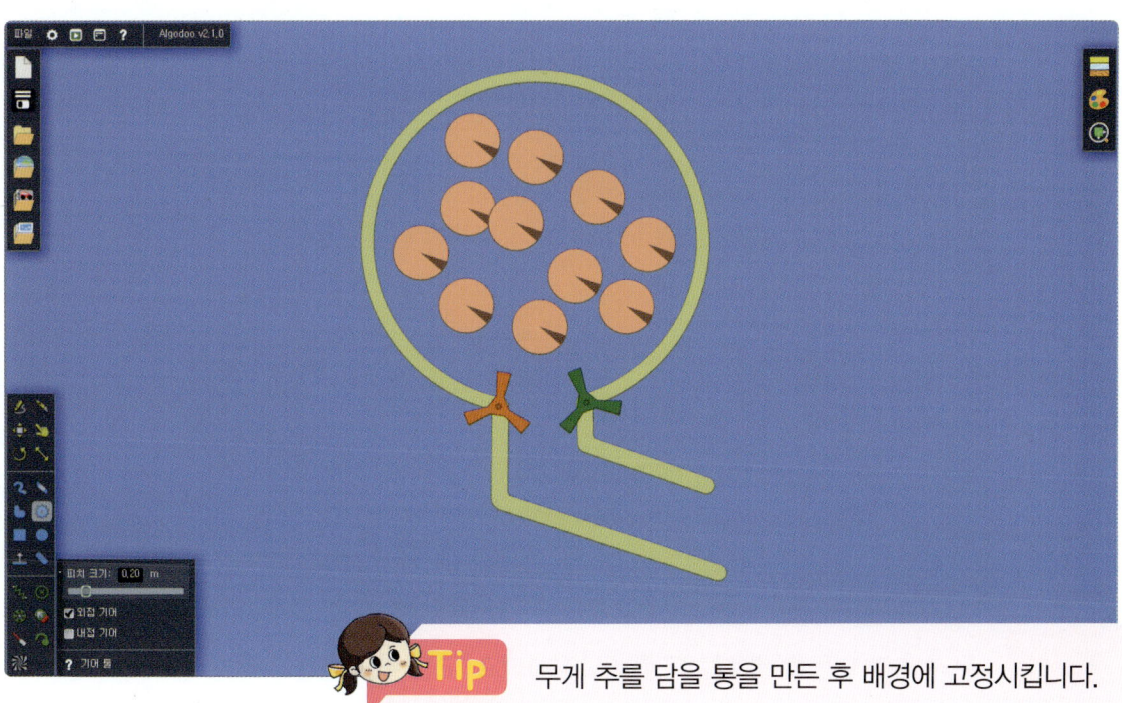

Tip 무게 추를 담을 통을 만든 후 배경에 고정시킵니다.

 기어를 이용해 무게 추가 위쪽으로 이동할 수 있도록 만듭니다.

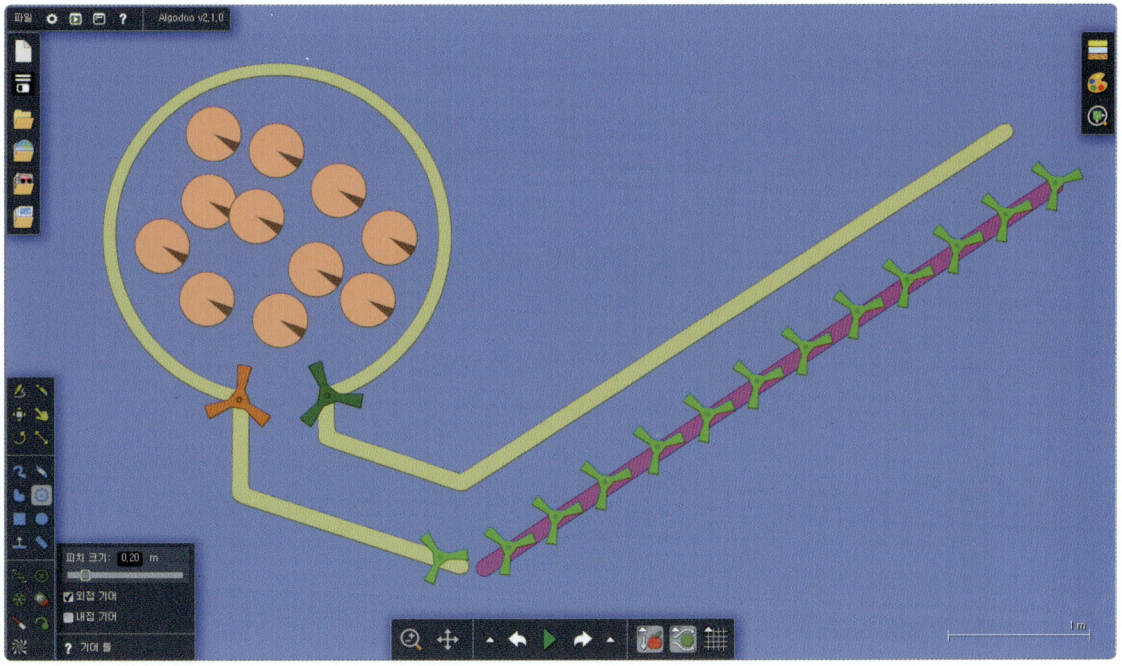

Tip 기어의 간격과 방향이 일정하도록 작업해야 무게 추를 이동시킬 수 있습니다.

Chapter 12 자동화 디딜방아 만들기

 무게 추가 위쪽에서 아래쪽으로 떨어지도록 통로를 만들고 기어를 이용해 방아 공이를 만듭니다.

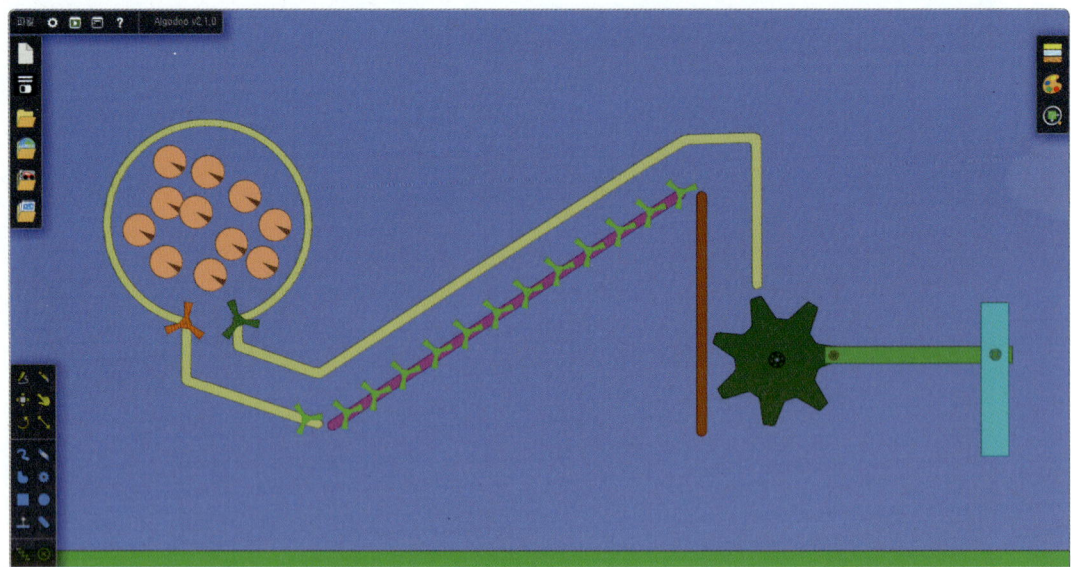

 무게 추가 이동할 통로는 배경에 고정시키고 '고정(⊗)' 툴을 이용하여 기어와 공이의 각 부분을 고정시킵니다.

 용수철을 이용하여 방아 판을 만듭니다.

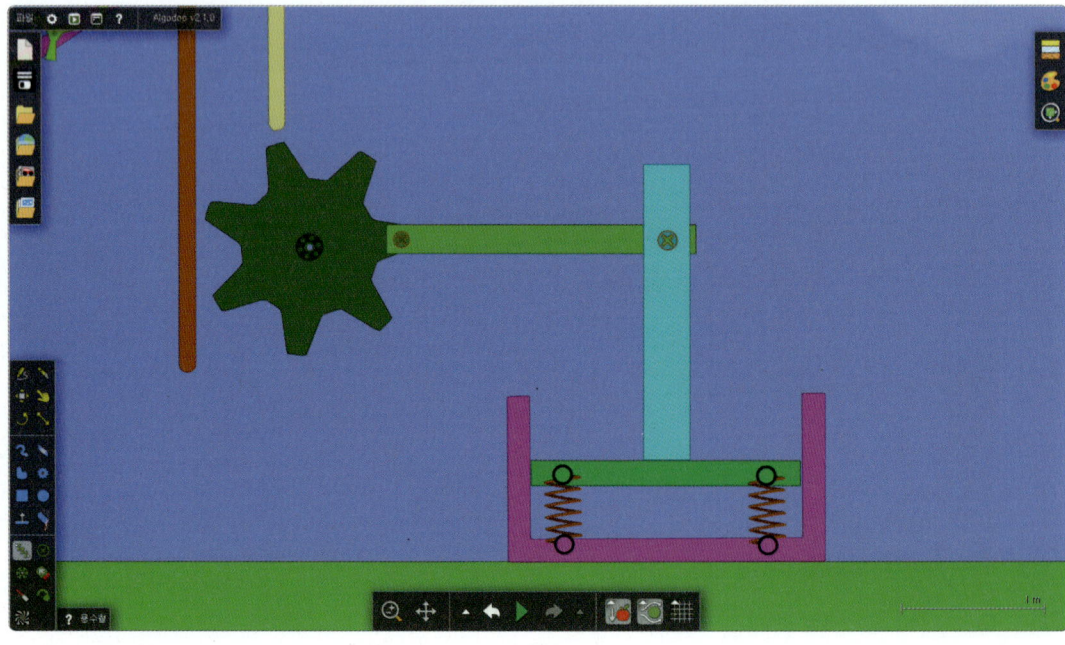

 방아 판의 테두리는 배경에 고정하고 용수철은 방아 공이의 무게에 따라 힘과 길이를 조절합니다.

 무게 추가 위쪽으로 이동하도록 통로를 만듭니다.

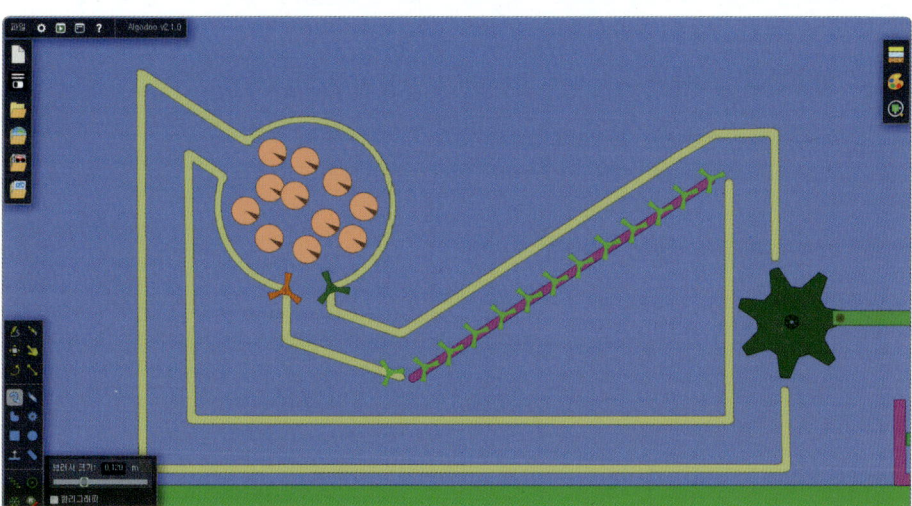

Tip
- '브러시( )' 툴을 사용할 때 [병합]에 체크한 후 무게 추가 이동할 통로를 그립니다.
- '사각형( )' 툴과 [CSG]-[차집합]을 이용하여 무게 추가 담긴 통을 뚫습니다.

 무게 추가 통로를 따라 아래쪽에서 위쪽으로 이동하도록 기어를 설치합니다.

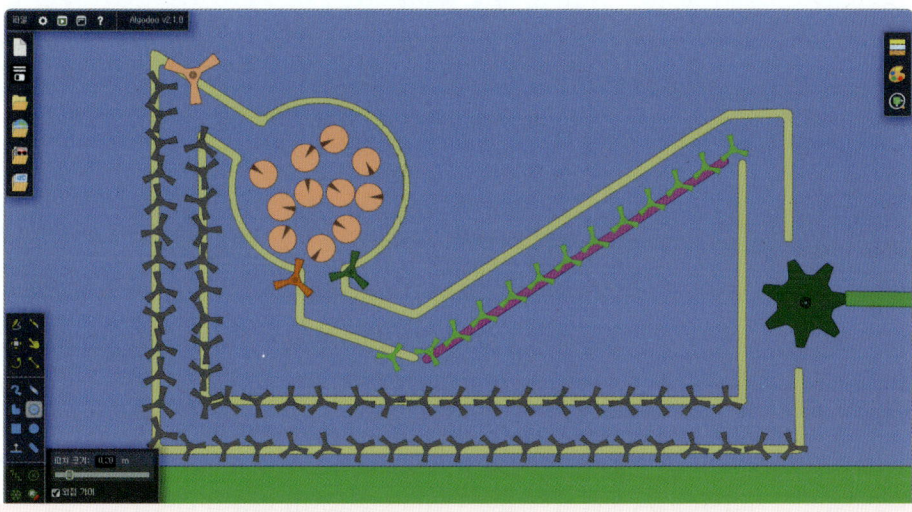

Tip
- 무게 추의 이동 방향을 고려하여 어떠한 기어에 역회전을 설정해야 할지 생각해 봅니다.
- [메터리얼 메뉴( )]에서 공이의 질량을 확인한 후 무게 추의 질량을 변경합니다.
- 무게 추의 질량에 따라 기어의 질량 및 모터 토크를 변경합니다.

 시뮬레이션을 실행한 후 방아를 작동해 봅니다.

Chapter 12 자동화 디딜방아 만들기

Chapter 13 회전체로 물 이동시키기

학습내용 알아보기

- 사각형 툴과 CSG를 이용하여 수조를 만들 수 있습니다.
- 기어를 이용하여 회전체를 만들고 모터의 속도를 설정할 수 있습니다.
- 사각형 툴을 이용하여 물을 퍼올릴 바구니를 만들 수 있습니다.
- 고정 툴을 이용하여 바구니와 회전체를 고정시킬 수 있습니다.
- 개체를 액체화시켜 수조에 물을 채울 수 있습니다.

◆ 예제 파일 | 없음 ◆ 완성 파일 | 13강 본문(완성).phz

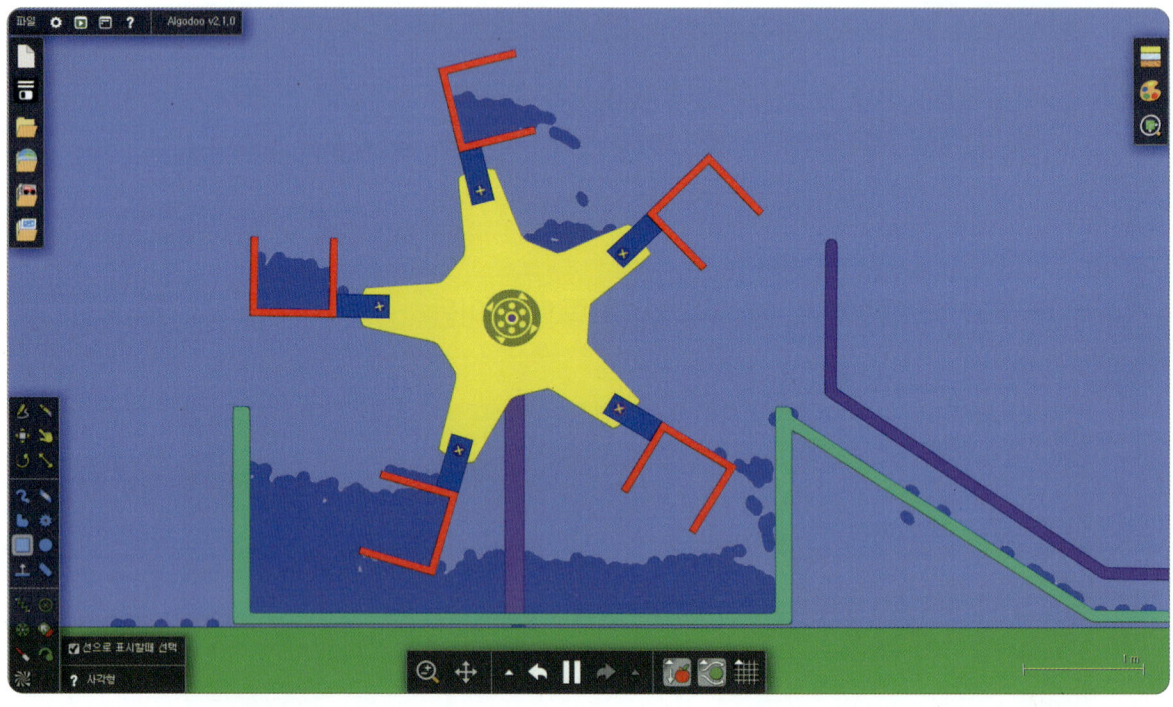

알고두's 쏙쏙 물리

모터는 전기 에너지를 회전 운동 에너지로 전환하는 장치로, 우리 주변에서 흔히 볼 수 있는 선풍기, 모터 보트, 전동 드릴 등에 사용되고 있습니다. 이번 시간에는 알고두를 통해 물을 퍼올리는 회전체를 만들고 기어를 설치한 후 모터의 속도를 지정하여 수조의 물을 이동시켜 봅니다.

01 수조 만들기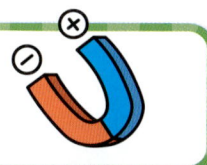

① 바탕화면의 알고두(Algodoo) 아이콘()을 더블클릭하여 프로그램을 실행합니다.

② 알고두가 실행되면 '사각형( )' 툴과 [색상, 외관 메뉴( )]를 이용하여 그림과 같이 큰 사각형과 작은 사각형을 1개씩 그립니다.

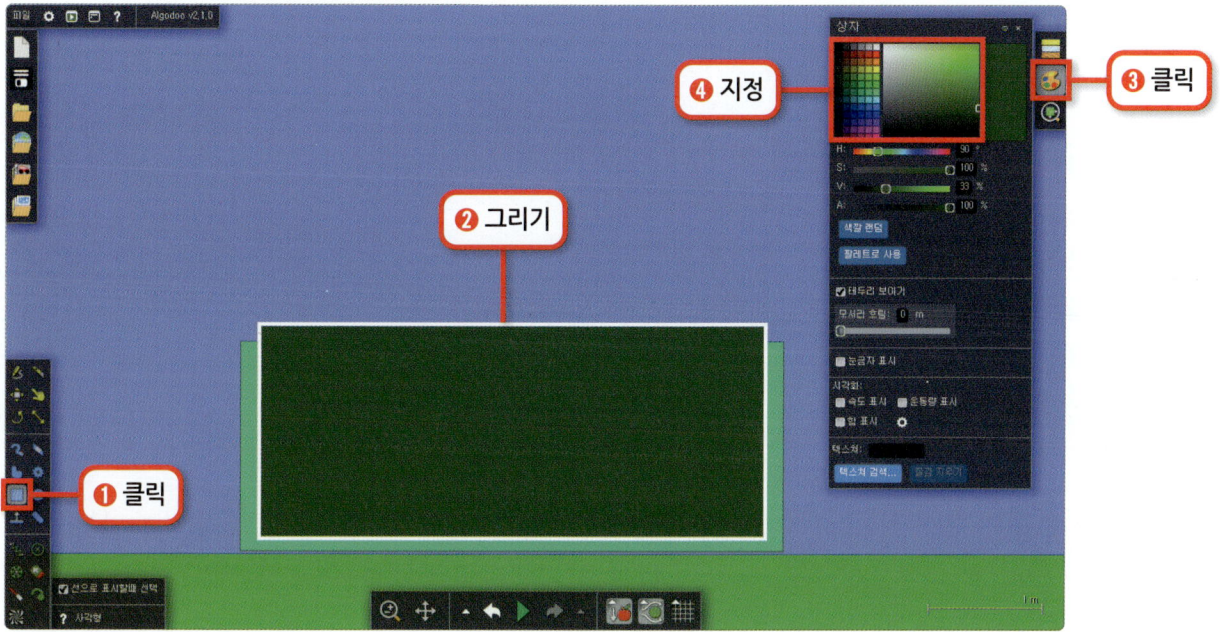

③ 작은 사각형을 마우스 오른쪽 버튼으로 클릭한 후 [CSG]-[차집합]을 클릭하고 작은 사각형을 삭제하여 물을 채울 수조를 만듭니다.

Chapter 13 회전체로 물 이동시키기　99

❹ 수조를 마우스 오른쪽 버튼으로 클릭하여 [도형 액션]-[배경에 고정]을 클릭하여 수조를 배경에 고정시킵니다.

❺ '사각형(■)' 툴과 [색상, 외관 메뉴(🎨)]를 이용하여 회전체를 설치할 기둥을 만들고 기둥을 마우스 오른쪽 버튼으로 클릭하여 [도형 액션]-[배경에 고정]을 클릭합니다.

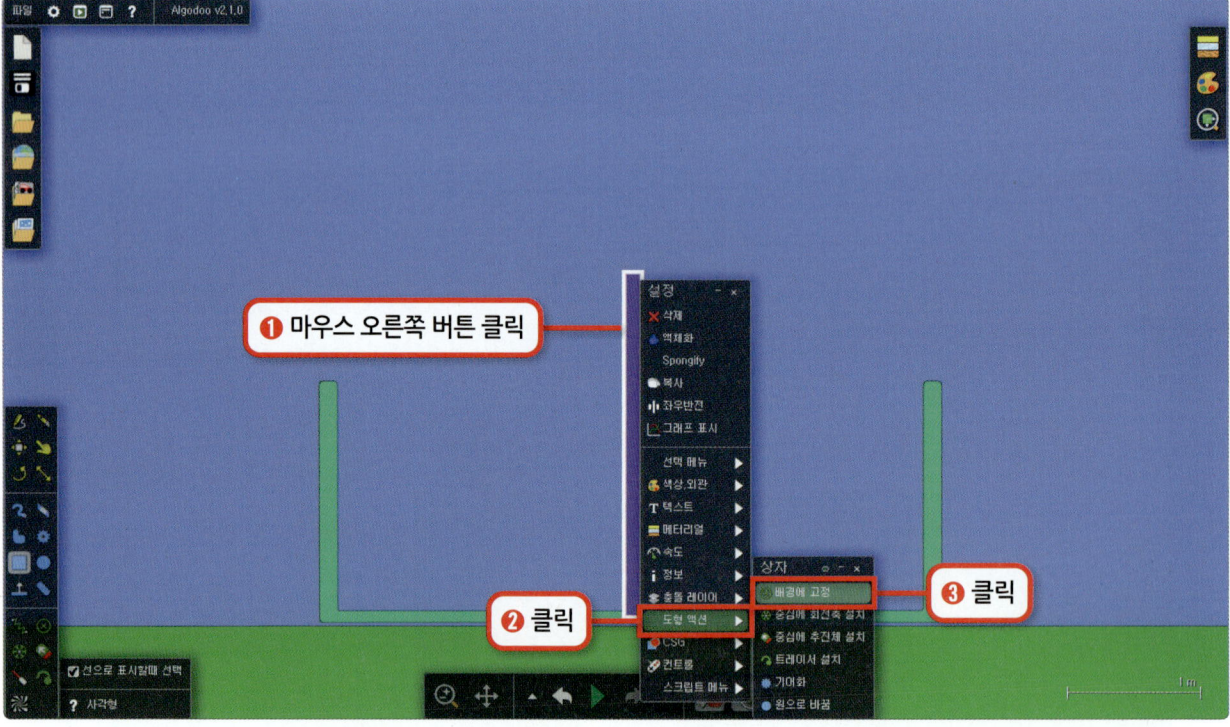

02 회전체 만들기

❶ 기둥이 물과 회전체에 충돌하지 않도록 하기 위해 기둥을 마우스 오른쪽 버튼으로 클릭하여 [충돌 레이어]-[충돌 그룹 A], [물과 충돌]을 체크 해제합니다.

Tip 기둥은 물과 회전체에 부딪혀도 충돌이 없도록 해야 하기 때문에 모든 충돌을 해제합니다.

❷ '기어( )' 툴을 클릭한 후 그림과 같이 톱니바퀴가 '5'개인 기어를 설치합니다.

❸ 기어를 마우스 오른쪽 버튼으로 클릭한 후 [회전축]-[모터]에 체크하고 모터 속도를 변경합니다.

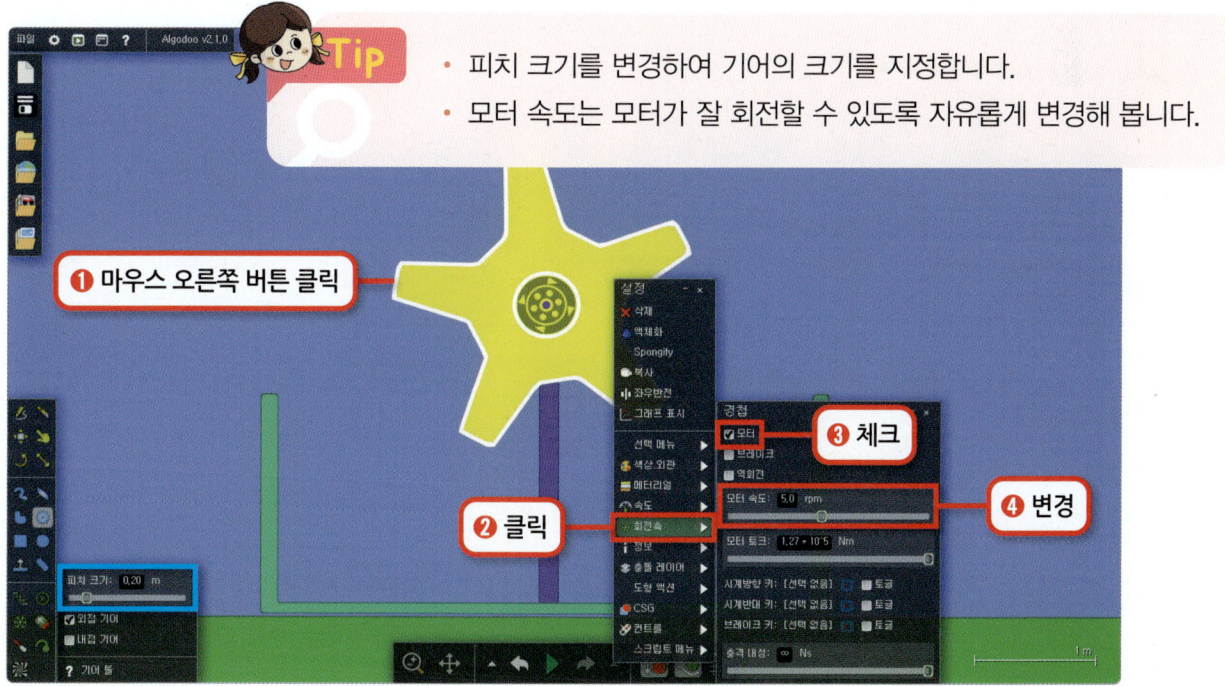

Tip
- 피치 크기를 변경하여 기어의 크기를 지정합니다.
- 모터 속도는 모터가 잘 회전할 수 있도록 자유롭게 변경해 봅니다.

❹ '사각형(■)' 툴과 [색상, 외관 메뉴(🎨)]를 이용하여 그림과 같이 물을 담을 바구니와 바구니와 회전체를 연결할 연결선을 만들어 봅니다.

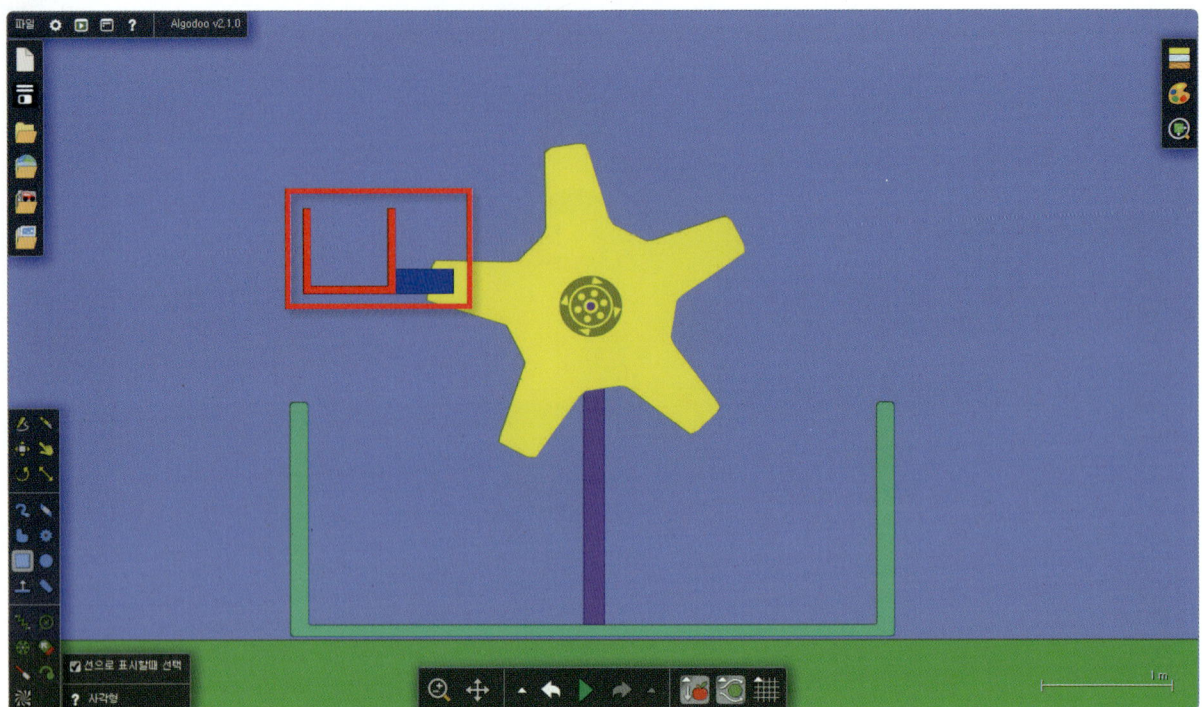

 [CSG]-[차집합]을 이용하여 물을 담을 바구니를 만듭니다.

❺ Ctrl 키를 누른 상태로 바구니와 연결선을 각각 클릭한 후 마우스 오른쪽 버튼을 클릭하여 [도형 액션]-[도형 고정]을 클릭합니다.

❻ 바구니를 회전체에 고정시키기 위해 '고정( )' 툴을 클릭한 후 그림과 같이 고정시킵니다. 같은 방법으로 각 톱니바퀴에 바구니와 연결선을 설치합니다.

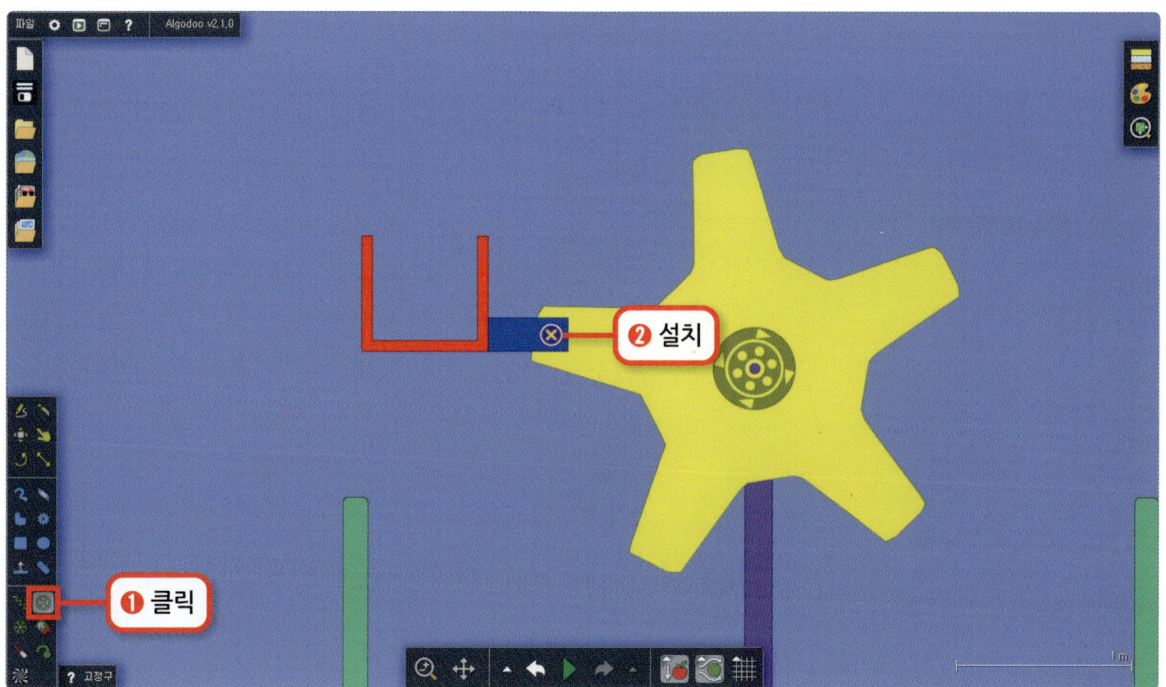

Tip 고정 툴을 설치할 때 기어의 톱니바퀴에 고정 툴이 닿으면 기어가 배경에 고정되기 때문에 사각형 위쪽에 고정 툴이 설치될 수 있도록 합니다.

❼ '브러시()' 툴을 이용하여 그림과 같이 물이 흐를 통로를 만든 후 마우스 오른쪽 버튼으로 클릭하여 [도형 액션]-[배경에 고정]을 클릭합니다.

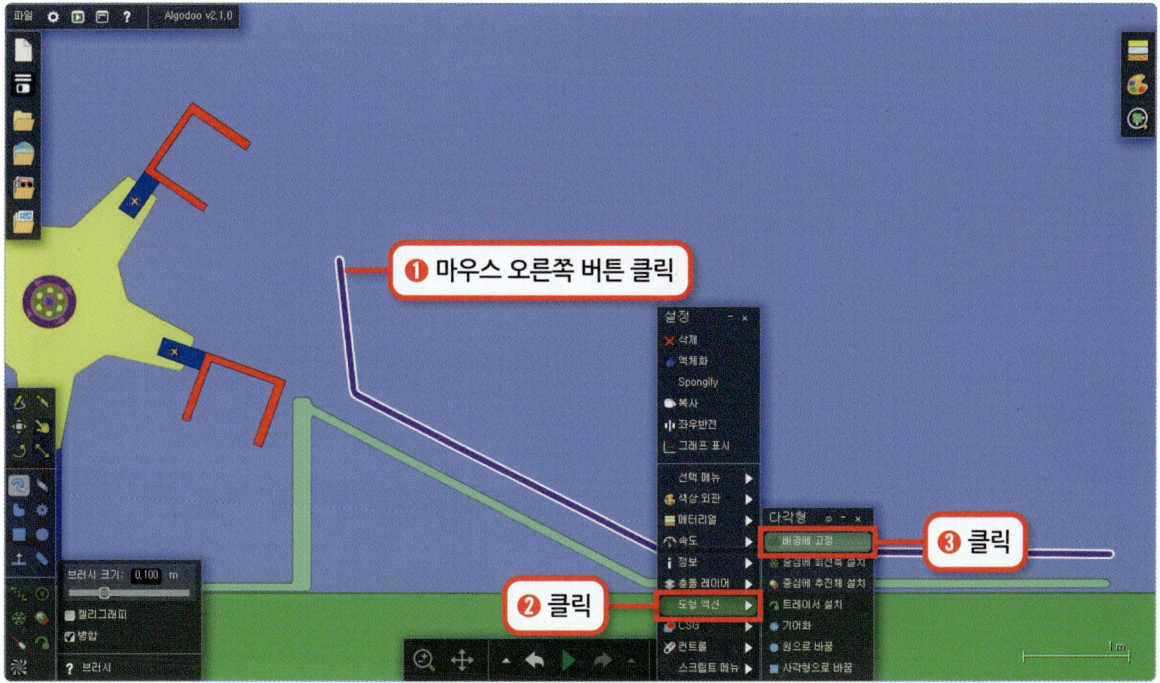

03 수조에 물 채우기

❶ '사각형(■)' 툴을 이용하여 수조 안쪽에 그림과 같이 사각형을 그린 후 사각형을 마우스 오른쪽 버튼으로 클릭하여 [액체화]를 클릭합니다.

Tip 사각형을 그릴 때 다른 개체에 닿으면 사각형이 그려지지 않습니다. 다른 개체와 닿지 않도록 마우스를 드래그하여 사각형을 그립니다.

❷ [시뮬레이션 컨트롤] 툴바의 '실행(▶)'을 클릭하여 시뮬레이션을 실행한 후 회전체가 물을 퍼올려 이동시키는지 확인해 봅니다.

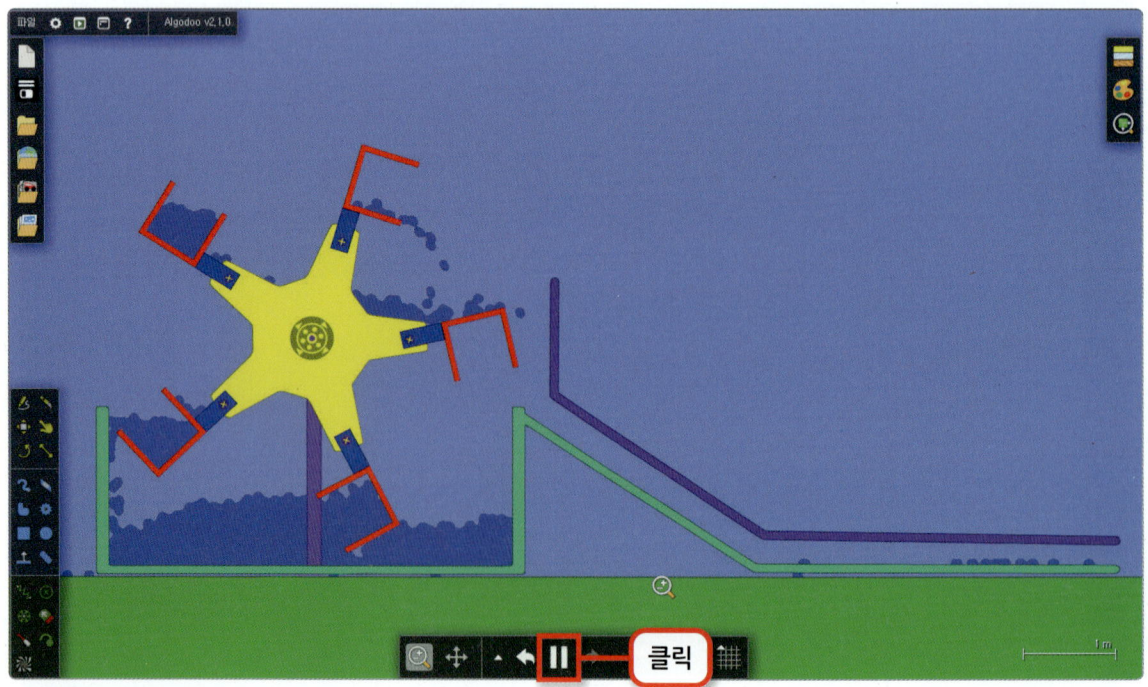

차근차근 실력 UP!

○ 예제 파일 없음 ○ 완성 파일 13강 미션(완성).phz

01 알고두(Algodoo) 아이콘( )을 더블클릭하여 프로그램을 실행한 후 그림과 같이 회전 놀이기구를 만들어 봅니다.

02 회전체와 탑승 의자 연결 부분에 회전축을 설치하여 모터가 회전하면 탑승 의자가 흔들리도록 만들어 봅니다.

> hint 탑승 의자와 사람을 마우스 오른쪽 버튼으로 클릭한 후 [충돌 레이어]-[충돌 그룹 A]를 체크 해제합니다.

Chapter 14 무대 조명 만들기

학습내용 알아보기
- 도형 툴을 이용하여 무대를 만들 수 있습니다.
- 브러시 툴을 이용하여 무대 위에 사람을 만들 수 있습니다.
- 기어를 설치하고 활성 키를 지정할 수 있습니다.
- 레이저 포인터 툴을 이용하여 기어에 레이저를 설치할 수 있습니다.
- 레이저가 다른 개체에 가리지 않도록 만들 수 있습니다.

◆ 예제 파일 | 없음 ◆ 완성 파일 | 14강 본문(완성).phz

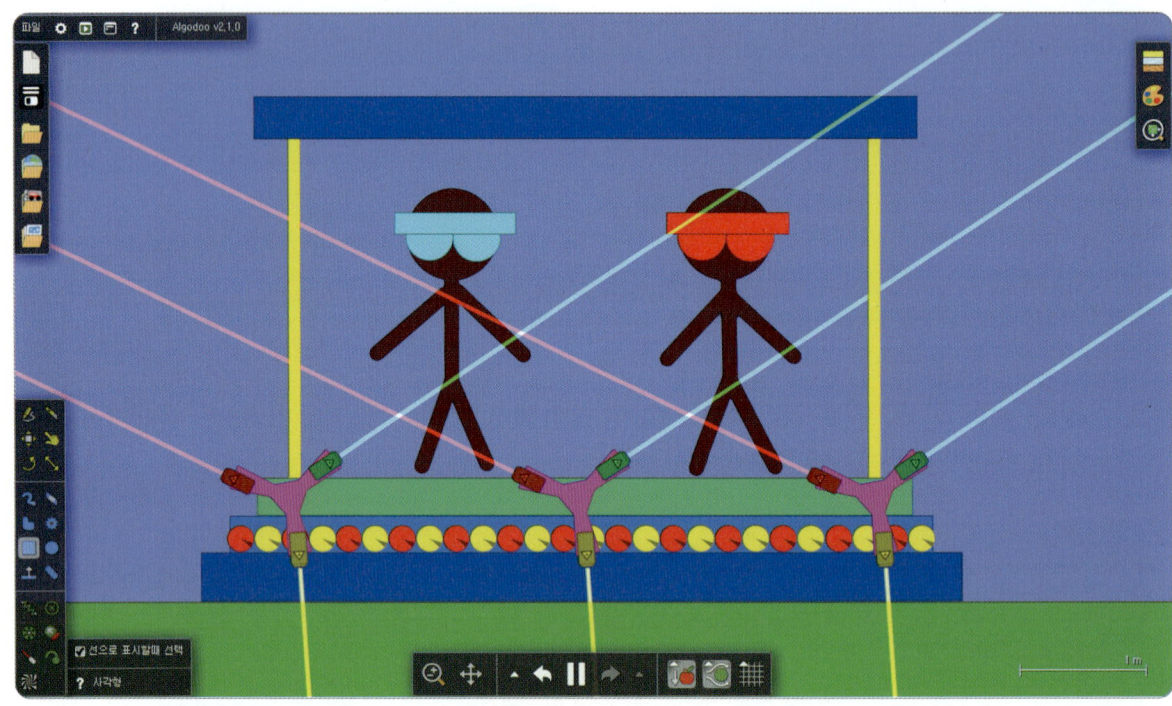

알고두's 쏙쏙 물리

레이저란 빛의 증폭이라는 물리적 현상을 활용하여 만든 강하고 퍼지지 않으며 멀리 전달되는 빛을 의미하는 것으로, 우리 주변의 바코드 스캐너, 리모콘, 레이저 포인터 등 다양한 곳에서 사용되고 있습니다. 이번 시간에는 알고두를 통해 무대 주변에 기어를 설치한 후 기어에 레이저를 설치하여 화려한 무대 조명을 만들어 봅니다.

01 무대 만들기

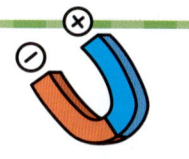

❶ 바탕화면의 알고두(Algodoo) 아이콘()을 더블클릭하여 프로그램을 실행합니다.

❷ 알고두가 실행되면 '원( )' 툴과 '사각형( )' 툴, [색상, 외관 메뉴( )]를 이용하여 그림과 같이 무대를 만들어 봅니다.

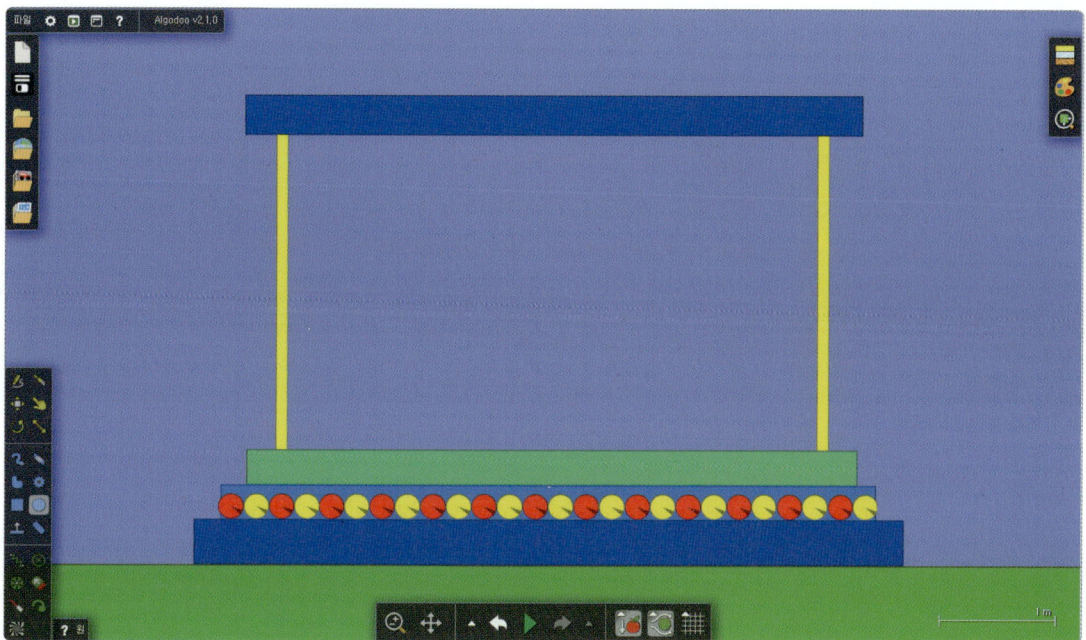

❸ '브러시( )' 툴을 이용하여 그림과 같이 사람을 만들고 '원( )' 툴과 '사각형( )' 툴을 이용하여 선글라스를 만들어 봅니다.

Chapter 14 무대 조명 만들기

❹ '이동( )' 툴을 클릭한 후 마우스를 드래그하여 무대와 사람을 전부 선택합니다.

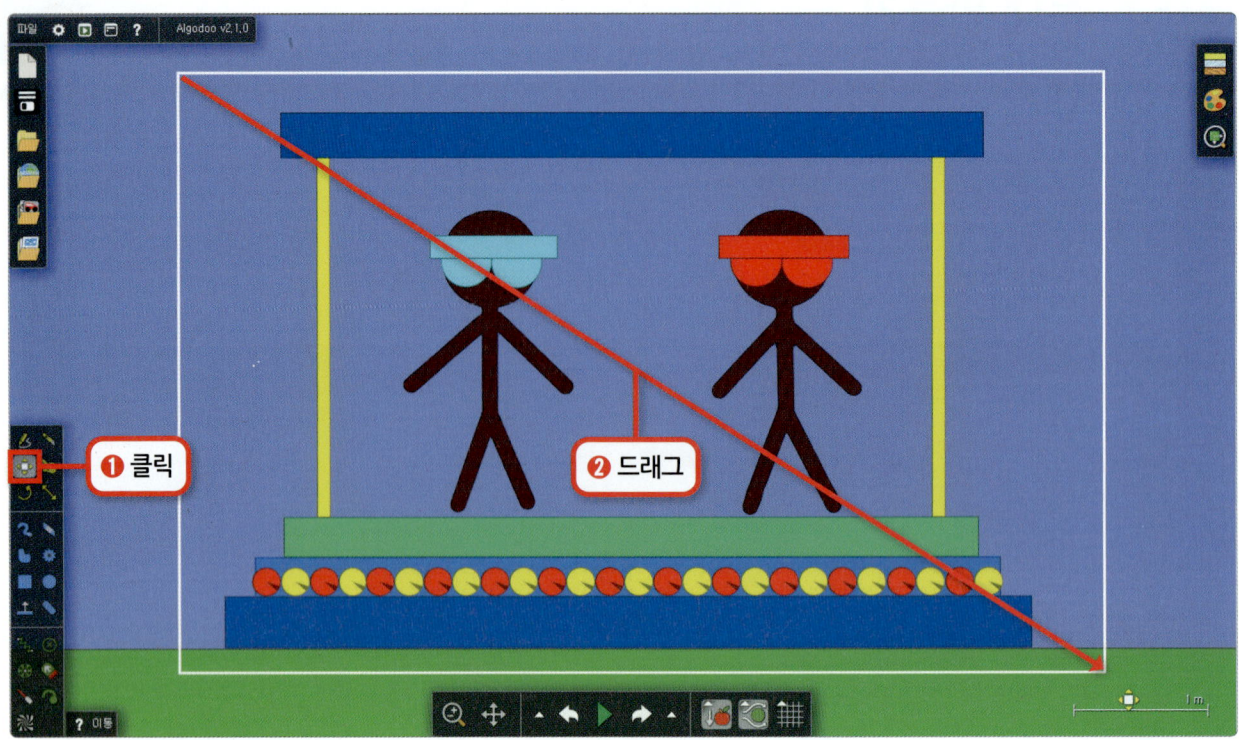

❺ 마우스 오른쪽 버튼을 클릭하여 [도형 액션]-[배경에 고정]을 클릭합니다.

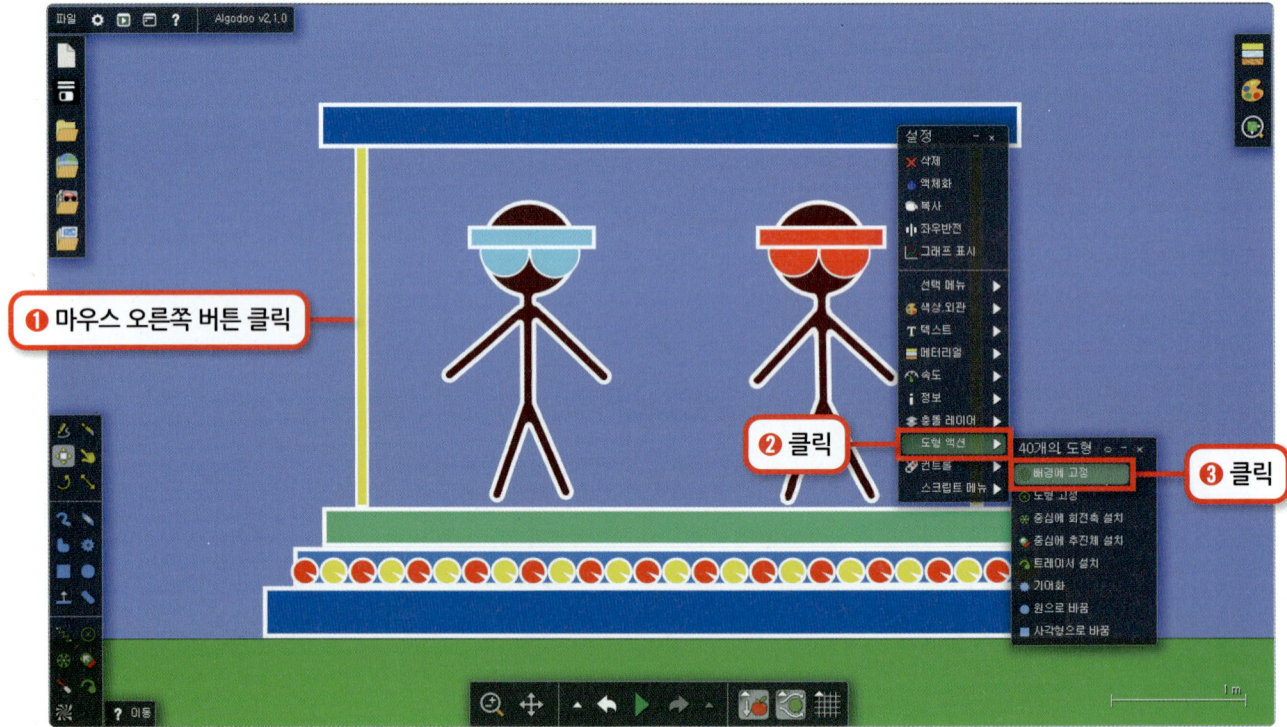

02 무대 조명 만들기

❶ 회전하는 조명을 만들기 위해 '기어( )' 툴을 클릭한 후 그림과 같이 톱니바퀴가 3개인 기어를 설치합니다.

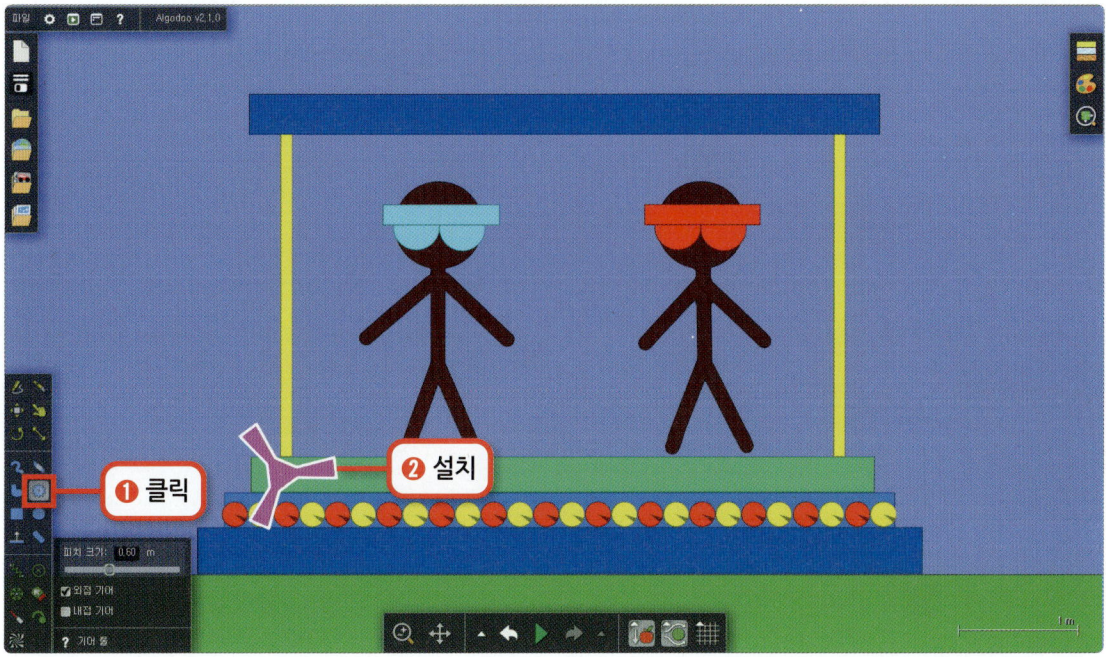

❷ 기어가 회전할 때 다른 개체에 충돌하지 않도록 하기 위해 기어를 마우스 오른쪽 버튼으로 클릭한 후 [충돌 레이어]-[모두 해제]를 클릭합니다.

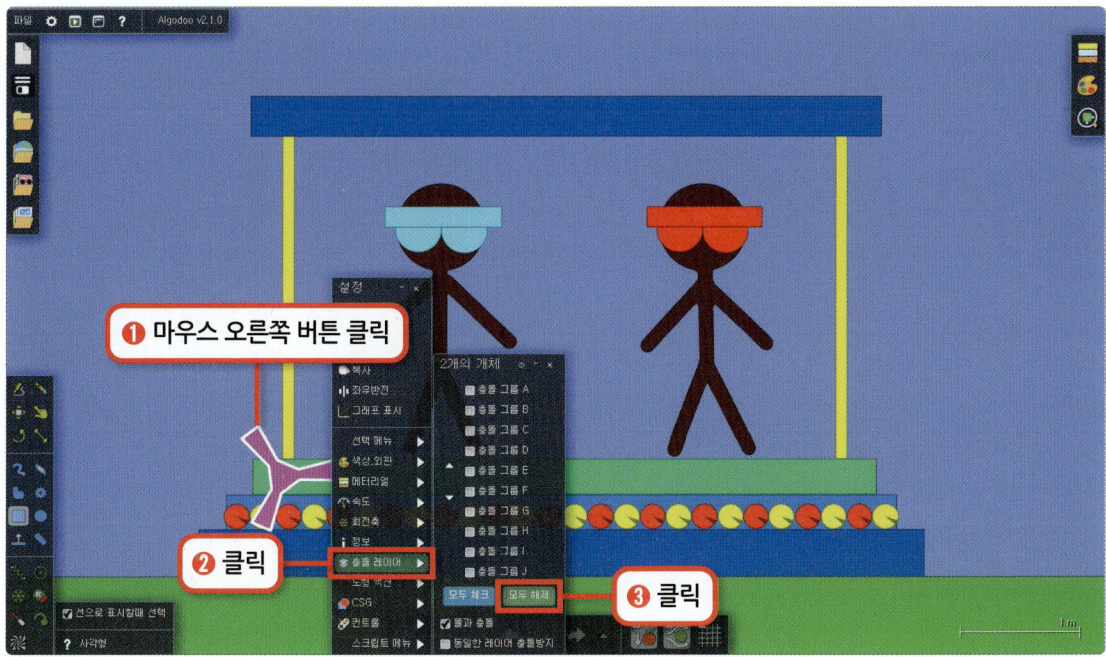

Chapter 14 무대 조명 만들기 109

❸ 기어를 마우스 오른쪽 버튼으로 클릭하여 [회전축]에서 '시계방향 키(→)', '시계반대 키(←)'를 활성 키로 지정합니다.

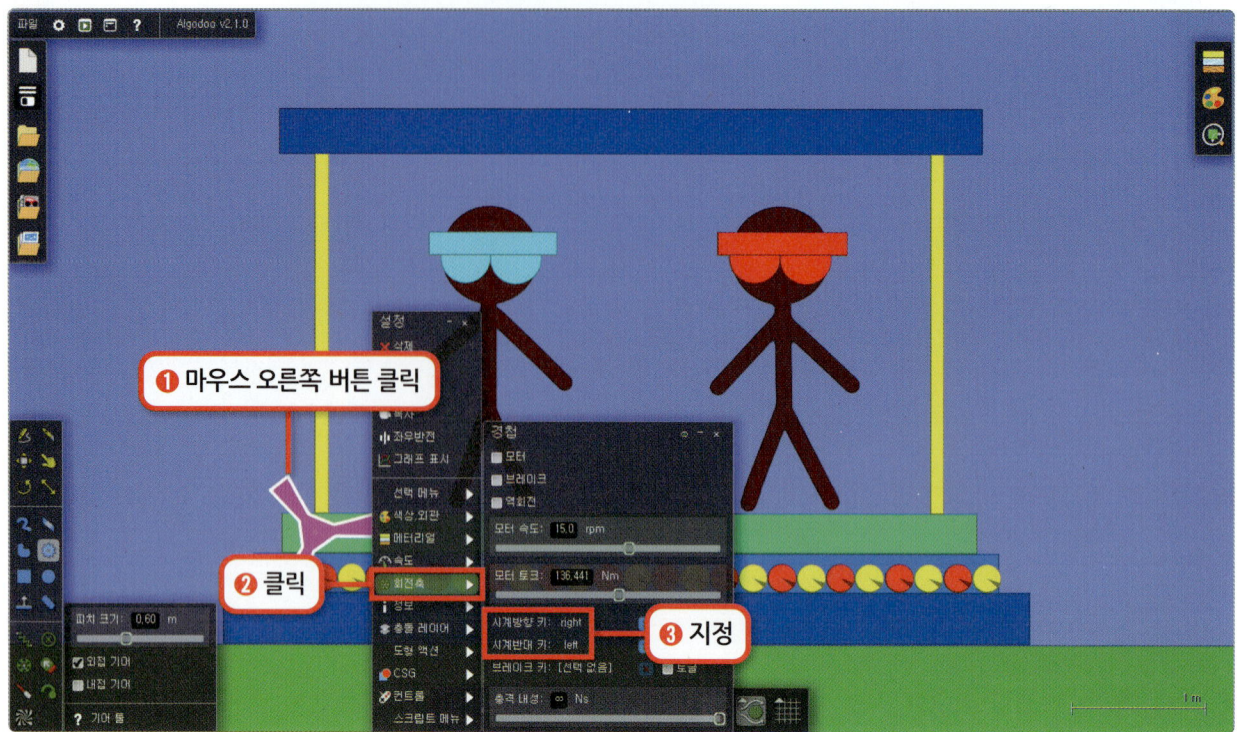

❹ '레이저 포인터(🔦)' 툴을 클릭한 후 기어의 톱니바퀴 위에서 마우스를 드래그하여 그림과 같이 레이저를 설치합니다.

❺ 레이저를 선택한 후 [색상, 외관 메뉴(🎨)]를 이용하여 색상을 지정합니다.

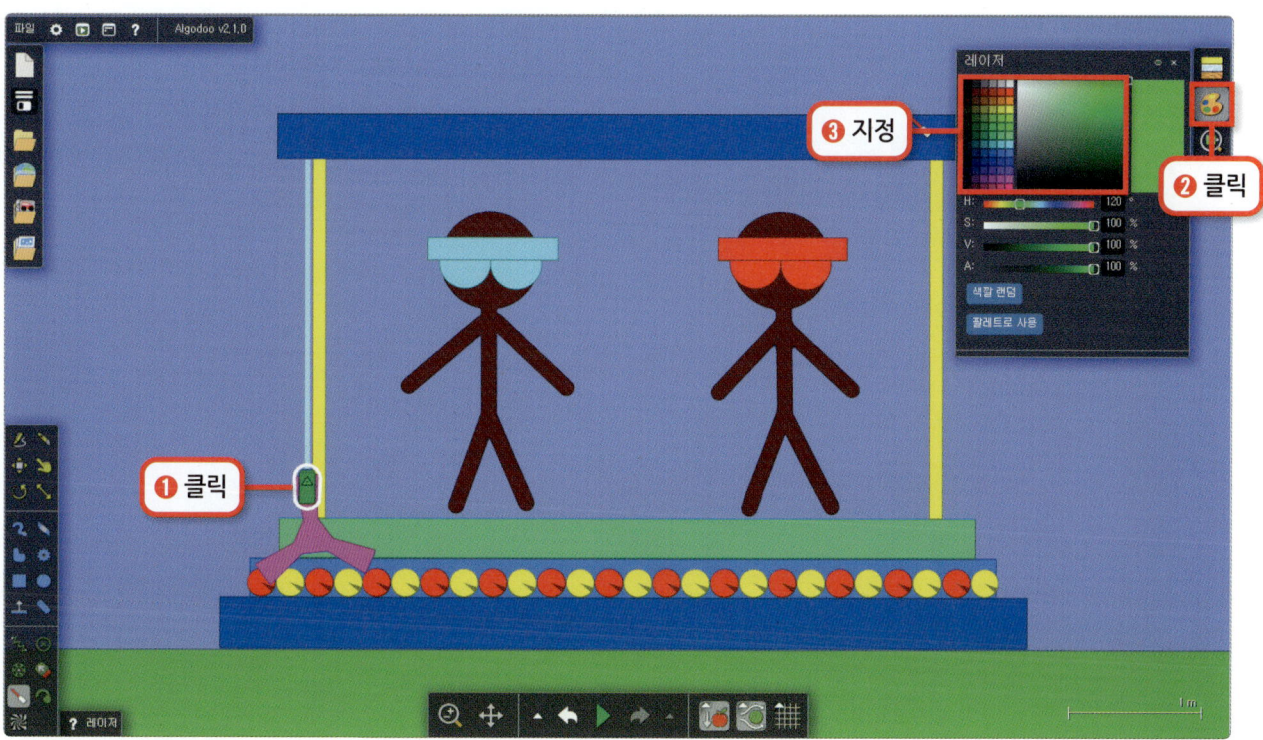

❻ 조명이 다른 개체에 가려지지 않도록 하기 위해 레이저를 마우스 오른쪽 버튼으로 클릭한 후 [충돌 레이어]-[모두 해제]를 클릭합니다.

Chapter 14 **무대 조명 만들기**

❼ 같은 방법으로 기어에 레이저를 설치하고 조명 색상을 다양하게 지정해 봅니다.

❽ [시뮬레이션 컨트롤] 툴바의 '실행(▶)'을 클릭하여 시뮬레이션을 실행한 후 활성 키를 이용하여 레이저의 방향을 변경해 봅니다.

Tip 레이저를 마우스 오른쪽 버튼으로 클릭한 후 [레이저 포인터]에서 레이저 키를 지정하면 활성 키를 눌렀을 때만 빛이 나오도록 할 수 있습니다.

차근차근 실력 UP!

○ 예제 파일 없음 ○ 완성 파일 14강 미션(완성).phz

01 알고두(Algodoo) 아이콘( )을 더블클릭하여 프로그램을 실행한 후 그림과 같이 볼록렌즈를 만들고 레이저를 설치하여 빛이 굴절되는 모습을 확인해 봅니다.

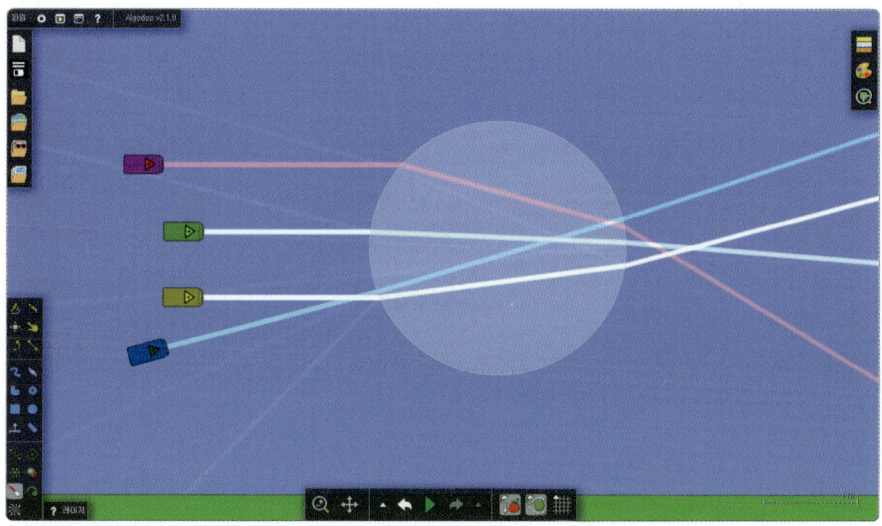

hint
- [메터리얼 메뉴( )]에서 재질을 '유리'로 지정합니다.
- 볼록렌즈를 상하좌우로 움직이며 빛의 굴절 모습을 확인합니다.

02 볼록렌즈를 삭제한 후 그림과 같이 오목렌즈를 만들고 레이저를 설치하여 빛이 굴절되는 모습을 확인해 봅니다.

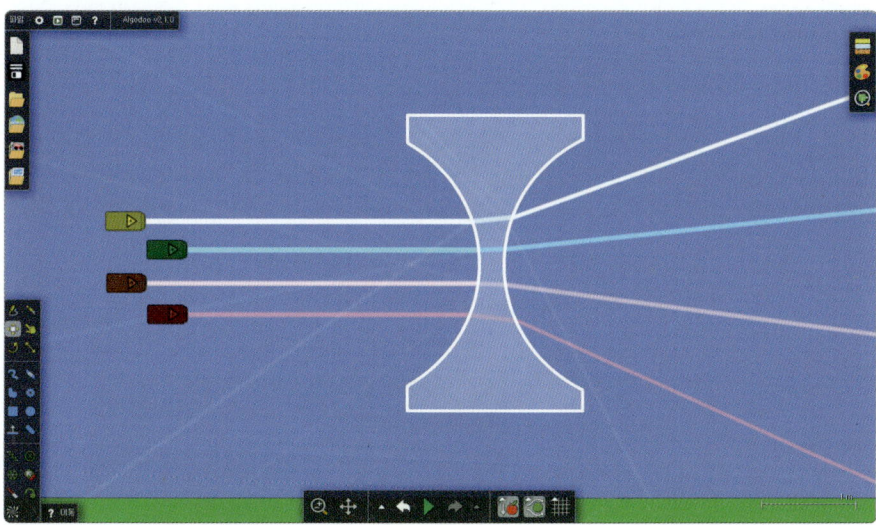

hint [CSG]-[차집합]을 이용하여 오목렌즈를 완성해 봅니다.

Chapter 15 별 획득하기

학습내용 알아보기
- 공 보관함이 공에 닿아도 사라지지 않도록 설정할 수 있습니다.
- 별이 공에 닿으면 사라지도록 설정할 수 있습니다.
- 공을 팅겨낼 팅김판을 만들고 반발 계수를 조절할 수 있습니다.
- 팅김판에 회전축을 설치하고 활성 키를 지정할 수 있습니다.
- 외부 이미지를 추가한 후 크기를 조절하고 복사할 수 있습니다.

◆ 예제 파일 | 별.png ◆ 완성 파일 | 15강 본문(완성).phz

알고두's 쏙쏙 물리

탄력이란 외부의 힘에 대항하여 원래의 형태로 돌아가려는 힘을 말하며 우리가 알고 있는 트램폴린, 농구공, 고무줄 등이 탄력을 활용한 물체입니다. 이번 시간에는 알고두를 통해 팅김판을 만들고 팅김판에 탄력을 적용하여 공을 팅겨내 별을 획득하는 게임을 만들어 봅니다.

01 공 보관함 만들기

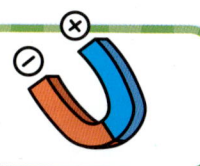

❶ 바탕화면의 알고두(Algodoo) 아이콘()을 더블클릭하여 프로그램을 실행합니다.

❷ 알고두가 실행되면 [도구] 툴바에서 '원( )' 툴과 '사각형( )' 툴, '기어( )' 툴을 이용하여 그림과 같이 공 보관함을 만들어 봅니다.

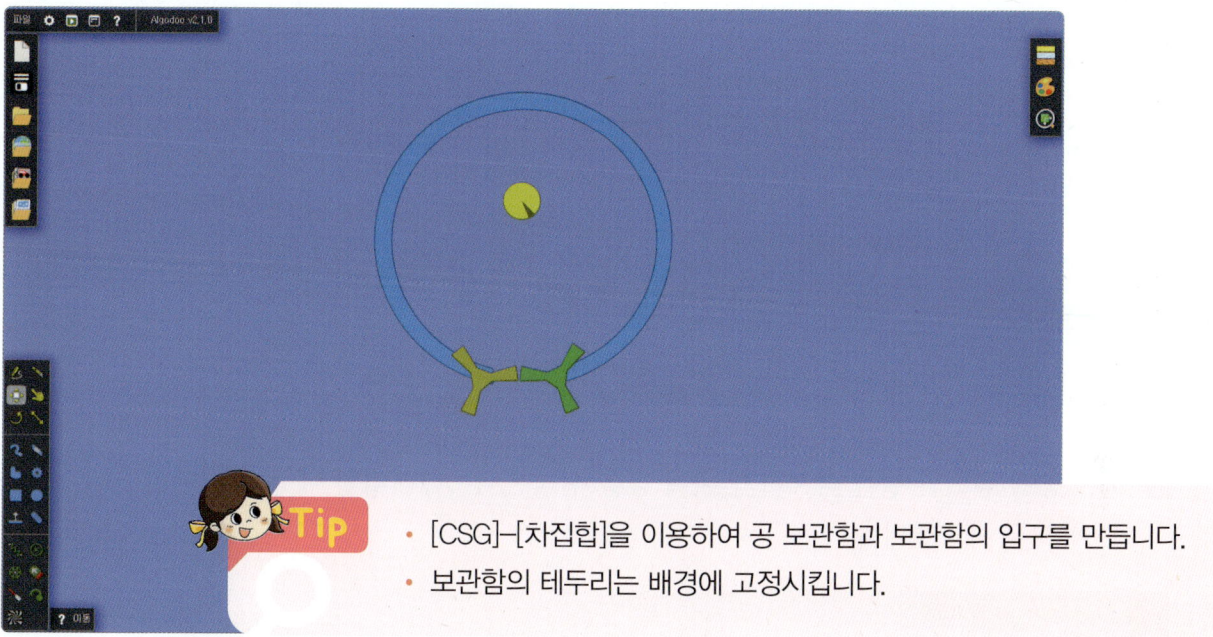

Tip
- [CSG]-[차집합]을 이용하여 공 보관함과 보관함의 입구를 만듭니다.
- 보관함의 테두리는 배경에 고정시킵니다.

❸ 공 보관함이 공에 맞아도 사라지지 않도록 하기 위해 공 보관함을 선택한 후 [메터리얼 메뉴( )]-[불사자]에 체크합니다.

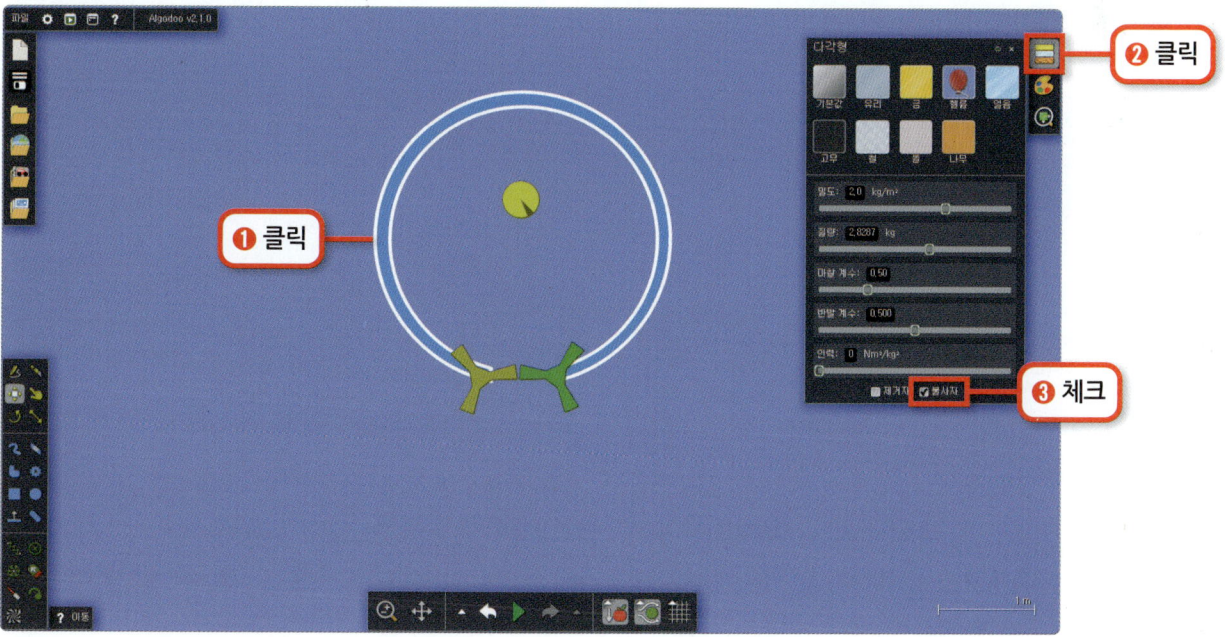

Chapter 15 별 획득하기 **115**

❹ 같은 방법으로 2개의 기어를 선택한 후 [메터리얼 메뉴(▦)]-[불사자]에 체크합니다.

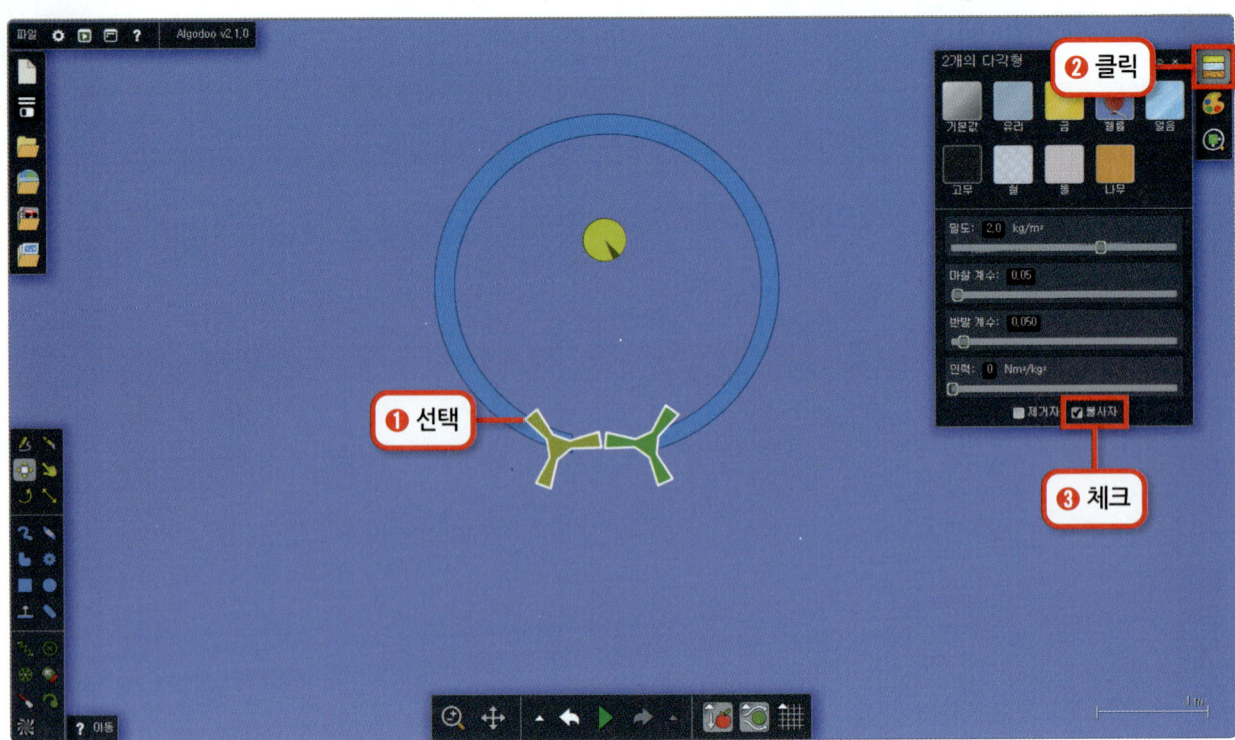

❺ 별이 공에 닿으면 별을 삭제하기 위해 공을 선택한 후 [메터리얼 메뉴(▦)]에서 [제거자], [불사자]에 모두 체크합니다.

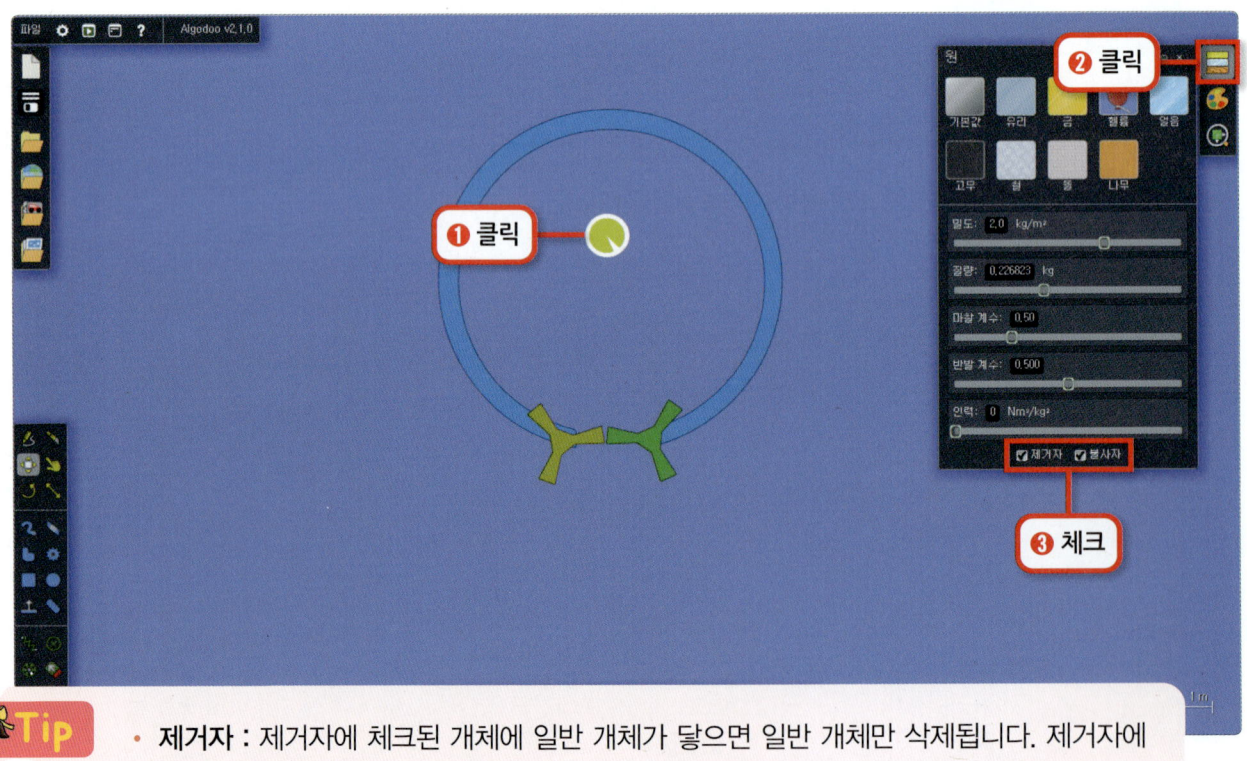

> **Tip**
> - **제거자** : 제거자에 체크된 개체에 일반 개체가 닿으면 일반 개체만 삭제됩니다. 제거자에 체크된 개체가 제거자에 체크된 다른 개체에 닿으면 두 개체 모두 삭제됩니다.
> - **불사자** : 불사자에 체크된 개체는 제거자에 체크된 개체에 닿더라도 삭제되지 않습니다.

02 튕김판 만들기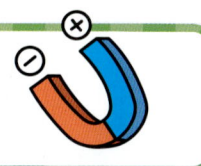

❶ 반원을 만들기 위해 '원( )' 툴과 '사각형( )' 툴을 이용하여 그림과 같이 원과 사각형을 그린 후 사각형을 마우스 오른쪽 버튼으로 클릭하여 [CSG]-[차집합]을 클릭하고 사각형을 삭제합니다.

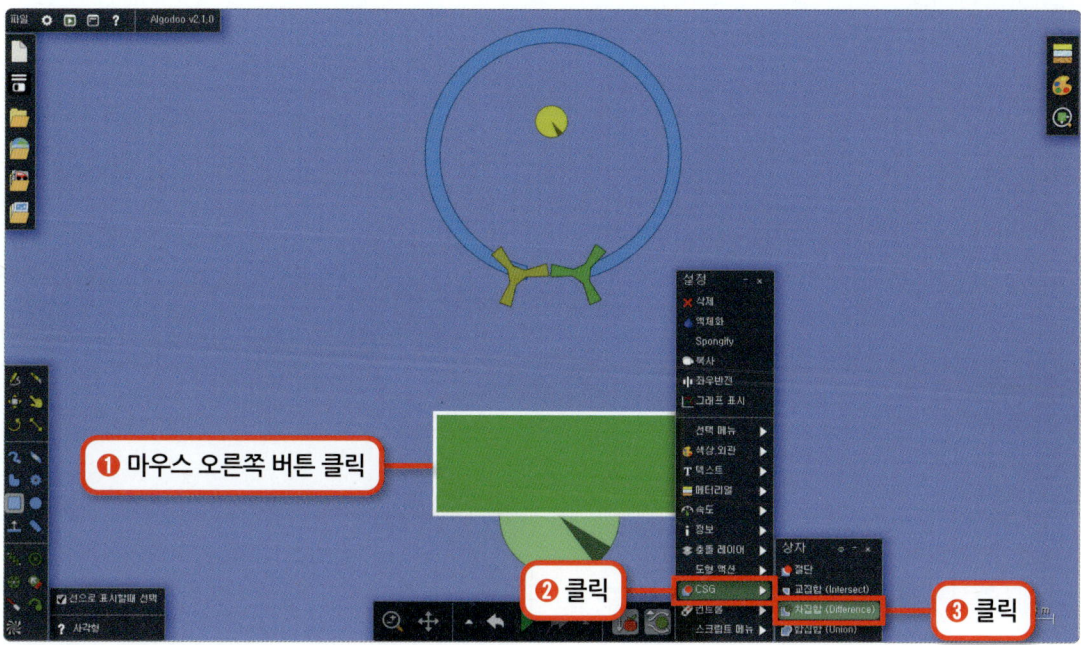

❷ 튕김판에 탄력을 주기 위해 튕김판을 선택하고 [메터리얼 메뉴( )]에서 반발 계수를 '5'로 지정한 후 [불사자]에 체크합니다.

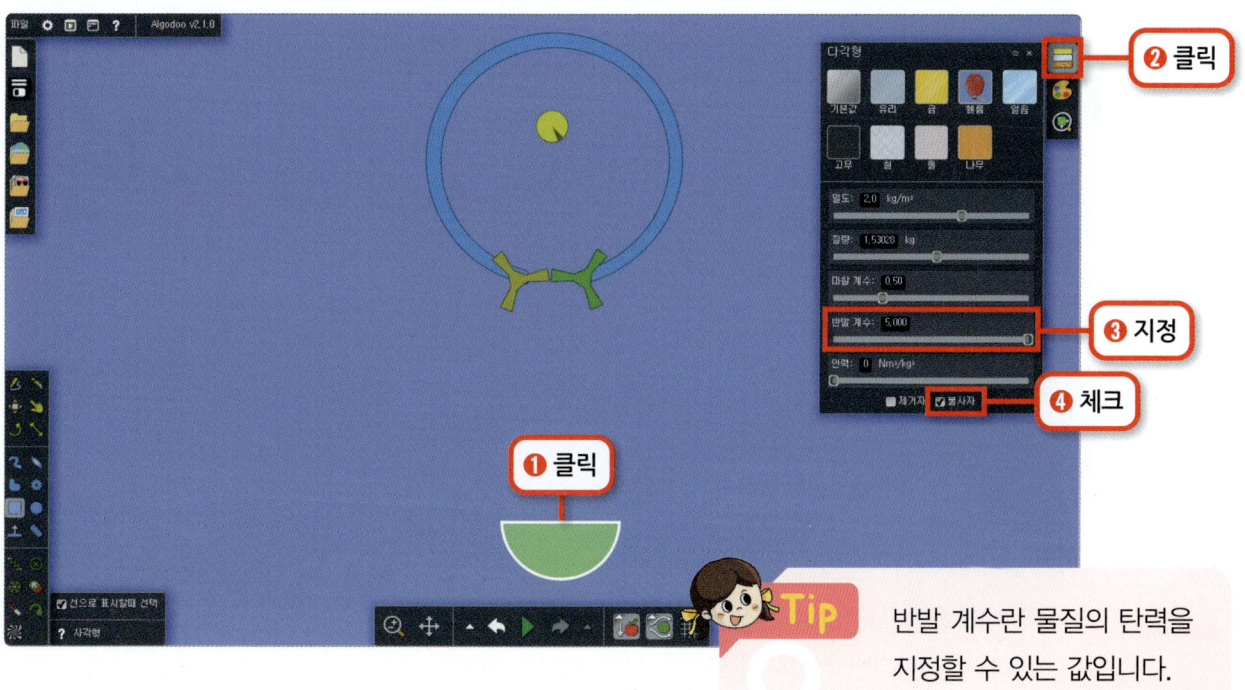

Tip 반발 계수란 물질의 탄력을 지정할 수 있는 값입니다.

Chapter 15 별 획득하기 **117**

❸ 이어서 팅김판을 마우스 오른쪽 버튼으로 클릭한 후 [도형 액션]-[중심에 회전축 설치]를 클릭합니다.

❹ 회전축에 활성 키를 지정하기 위해 팅김판을 마우스 오른쪽 버튼으로 클릭한 후 [회전축]에서 '시계방향 키(→)', '시계반대 키(←)', '브레이크 키(↓)'를 활성 키로 지정합니다.

Tip 시뮬레이션을 실행하여 활성 키를 눌렀을 때 팅김판이 빠르게 회전한다면 회전축의 모터 속도를 조절합니다.

03 하늘에 별 만들기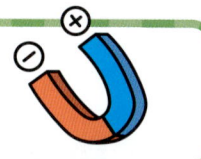

❶ [장면 모음] 툴바에서 [씬렛( )]을 클릭합니다. '폴더( )' 아이콘을 클릭한 후 [예제 파일]-[15강] 폴더를 선택하고 [Choose]를 클릭합니다. 이어서 '별.png' 파일을 클릭합니다.

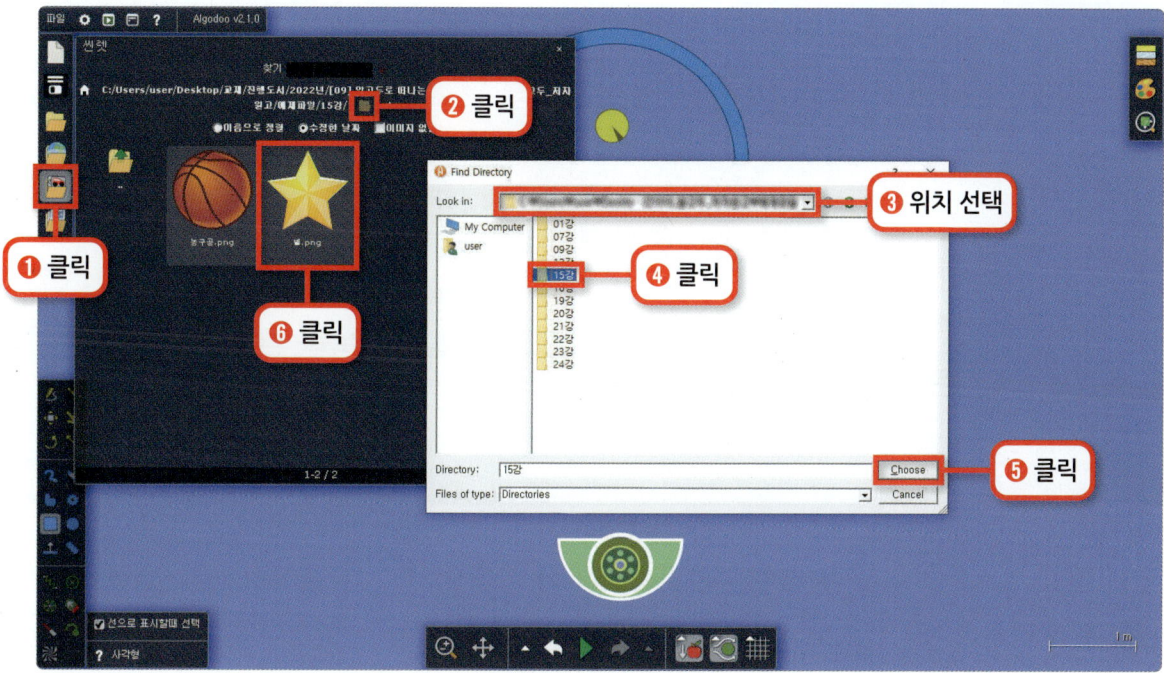

❷ 별이 장면에 추가되면 '스케일( )' 툴을 이용하여 별의 크기를 조절하고 별을 마우스 오른쪽 버튼으로 클릭한 후 [도형 액션]-[배경에 고정]을 클릭합니다.

Chapter 15 별 획득하기

❸ 별을 마우스 오른쪽 버튼으로 클릭한 후 [복사]를 클릭하여 그림과 같이 여러 개의 별을 만듭니다.

❹ ❸과 같은 방법으로 공을 복사하여 공 보관함을 가득 채운 후 [시뮬레이션 컨트롤] 툴바의 '실행(▶)'을 클릭하여 튕김판으로 공을 튕겨내 별을 획득해 봅니다.

 공이 잘 튕겨지지 않을 경우 튕김판의 반발 계수를 변경해 봅니다.

차근 차근 실력 UP!

○ 예제 파일 농구공.png ○ 완성 파일 15강 미션(완성).phz

01 알고두(Algodoo) 아이콘(🅐)을 더블클릭하여 프로그램을 실행한 후 그림과 같이 농구 게임을 만들어 봅니다.

02 시뮬레이션을 실행하고 튕김판으로 농구공을 튕겨내 골대에 넣어 봅니다.

hint 농구공이 골대에 들어가지 않는다면 골대 혹은 공 보관함의 위치를 조절해 봅니다.

Chapter 15 별 획득하기 121

Chapter 16 우주 관광하기

학습내용 알아보기

- 장면의 팔레트를 변경할 수 있습니다.
- 외부 이미지를 불러와 우주 배경을 꾸밀 수 있습니다.
- 우주인의 질량을 변경하여 무중력 상태로 만들 수 있습니다.
- 우주인의 상하좌우에 추진체를 설치할 수 있습니다.
- 활성 키로 우주인을 이동시킬 수 있습니다.

◆ 예제 파일 | '우주선.png', '우주인.png', '행성1.png'~'행성3.png'   ◆ 완성 파일 | 16강 본문(완성).phz

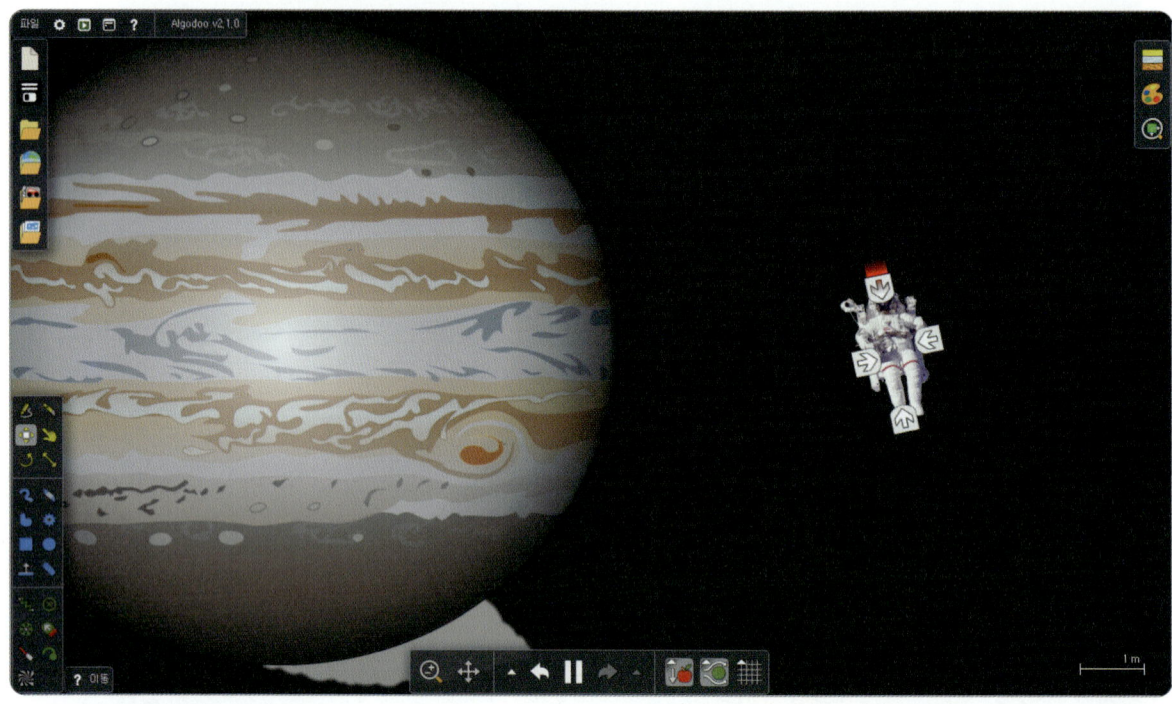

알고두's 쏙쏙 물리

중력이란 질량을 가진 두 물체 사이에서 작용하는 힘을 말하는 것으로, 우리가 둥근 지구에서 우주로 떨어지지 않고 땅을 밟으며 살아갈 수 있는 것은 이러한 중력이 작용하기 때문입니다. 이번 시간에는 알고두를 통해 우주 공간을 만들고 우주인의 질량을 조절하여 무중력 상태로 만든 후 추진체를 이용하여 우주인이 우주를 관광할 수 있도록 만들어 봅니다.

01 우주 공간 꾸미기

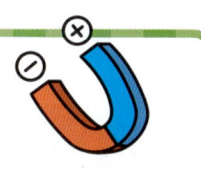

❶ 바탕화면의 알고두(Algodoo) 아이콘()을 더블클릭하여 프로그램을 실행합니다.

❷ 알고두가 실행되면 [장면 모음] 툴바에서 [새로운 장면(📄)]-[회색 톤]을 클릭합니다.

❸ 외부 이미지를 불러오기 위해 [씬렛(🖼️)]을 클릭한 후 '폴더(📁)' 아이콘을 클릭하여 [예제 파일]-[16강] 폴더를 선택하고 [Choose]를 클릭합니다. 이어서 '행성1.png' 파일을 클릭합니다.

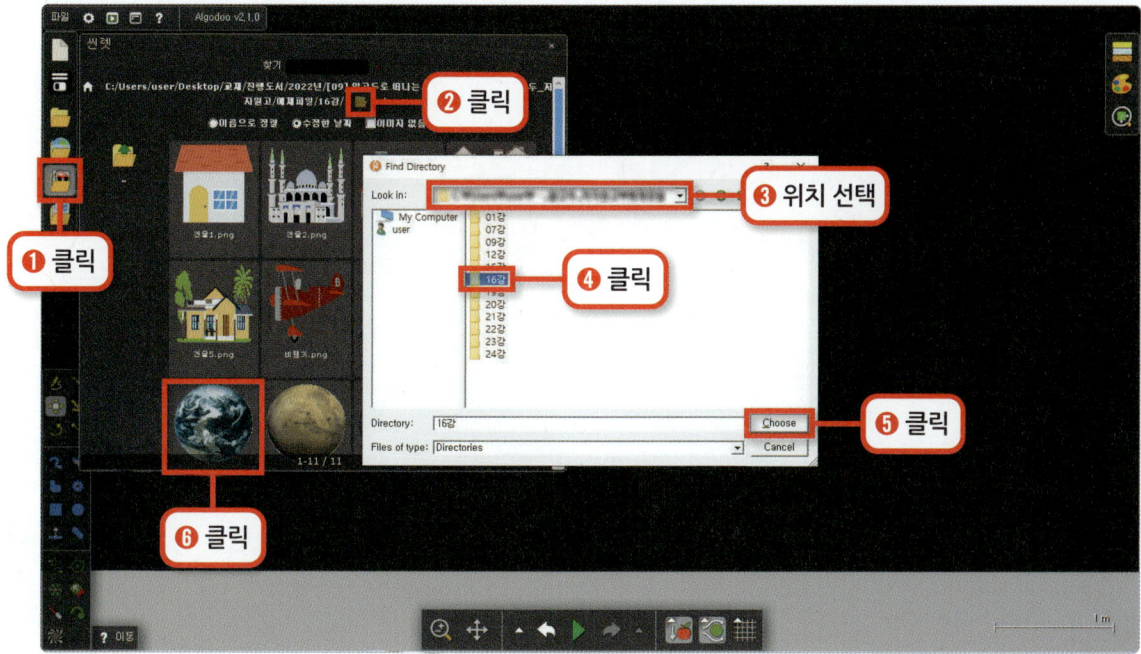

Chapter 16 우주 관광하기 **123**

④ 바닥을 삭제하기 위해 바닥을 클릭하고 마우스 오른쪽 버튼을 클릭하여 [삭제]를 클릭합니다.

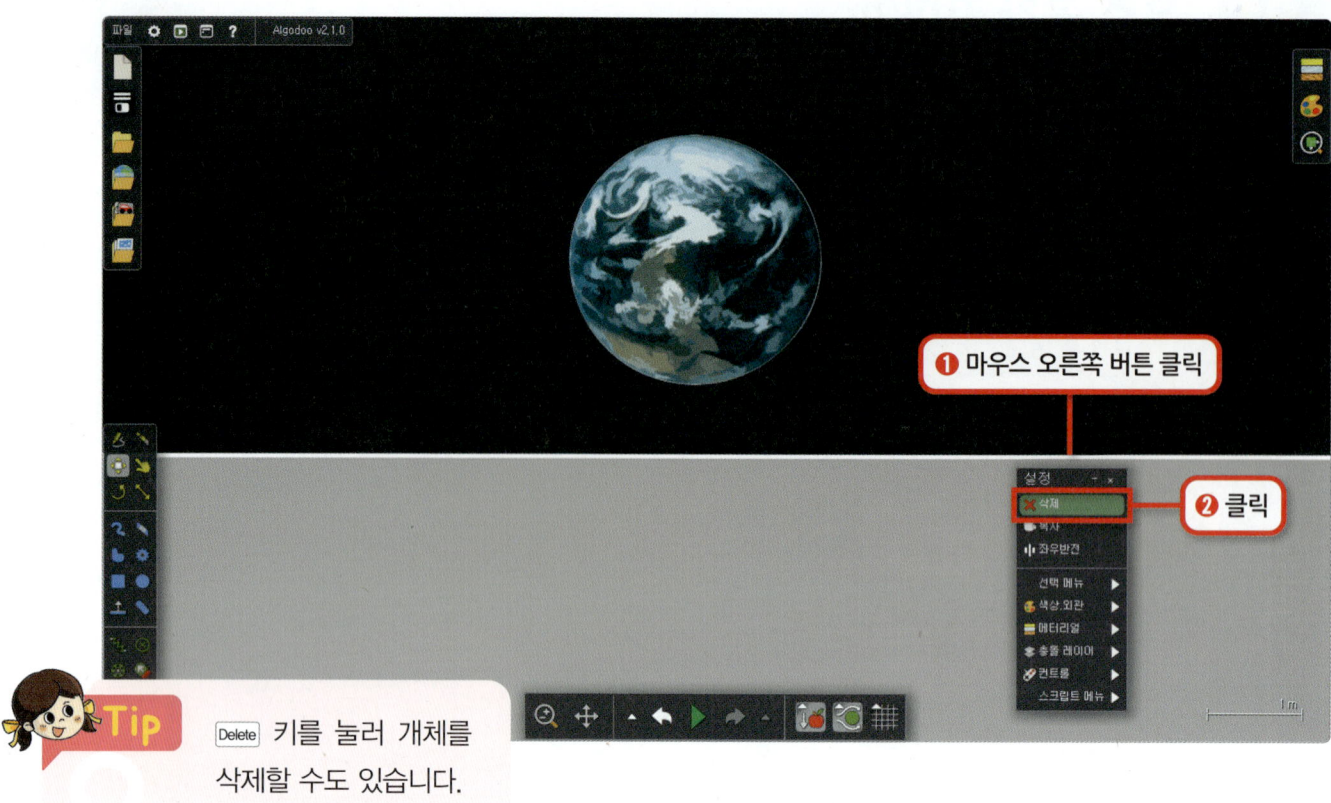

Tip Delete 키를 눌러 개체를 삭제할 수도 있습니다.

⑤ ③과 같은 방법으로 '우주선.png' 파일을 불러와 그림과 같이 '행성1' 위쪽에 위치시킨 후 Ctrl 키를 누른 상태로 '우주선'과 '행성1'을 각각 클릭하고 마우스 오른쪽 버튼을 클릭하여 [도형 액션]-[배경에 고정]을 클릭합니다.

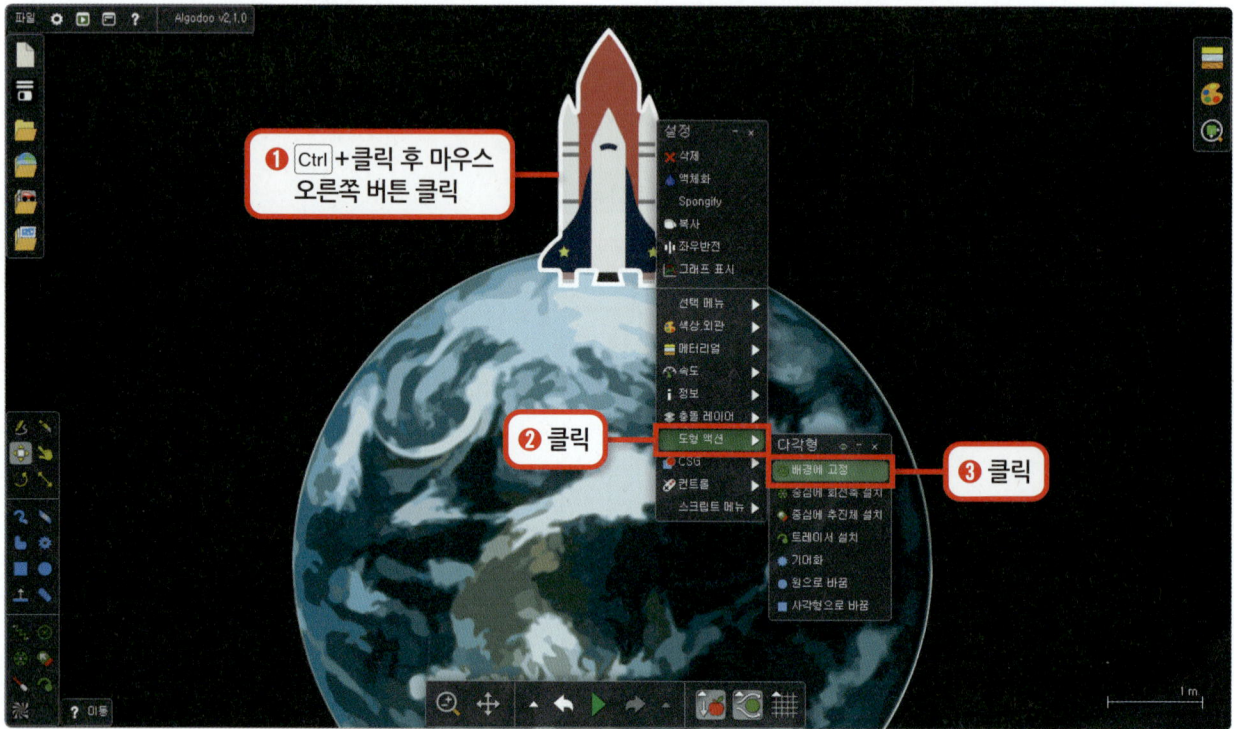

❻ '행성2.png' 파일을 불러와 크기를 조절한 후 우주인이 행성에 닿으면 우주인이 사라지도록 하기 위해 '행성2'를 선택하고 [메터리얼 메뉴(🟫)]에서 [제거자]에 체크합니다.

❼ 이어서 행성이 바닥에 떨어지지 않도록 하기 위해 '행성2'를 마우스 오른쪽 버튼으로 클릭한 후 [도형 액션]-[배경에 고정]을 클릭합니다.

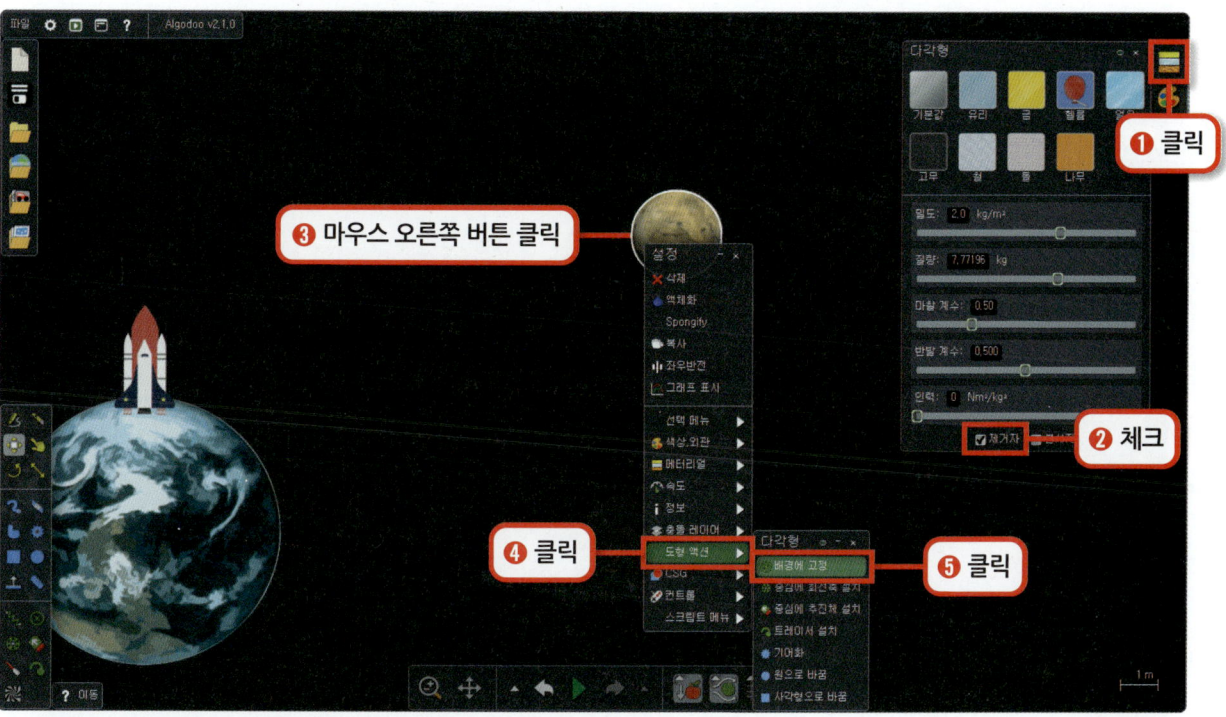

❽ ❻~❼과 같은 방법으로 '행성3.png' 파일을 불러온 후 '행성2', '행성3'을 복사하여 그림과 같이 우주 배경을 꾸며 봅니다.

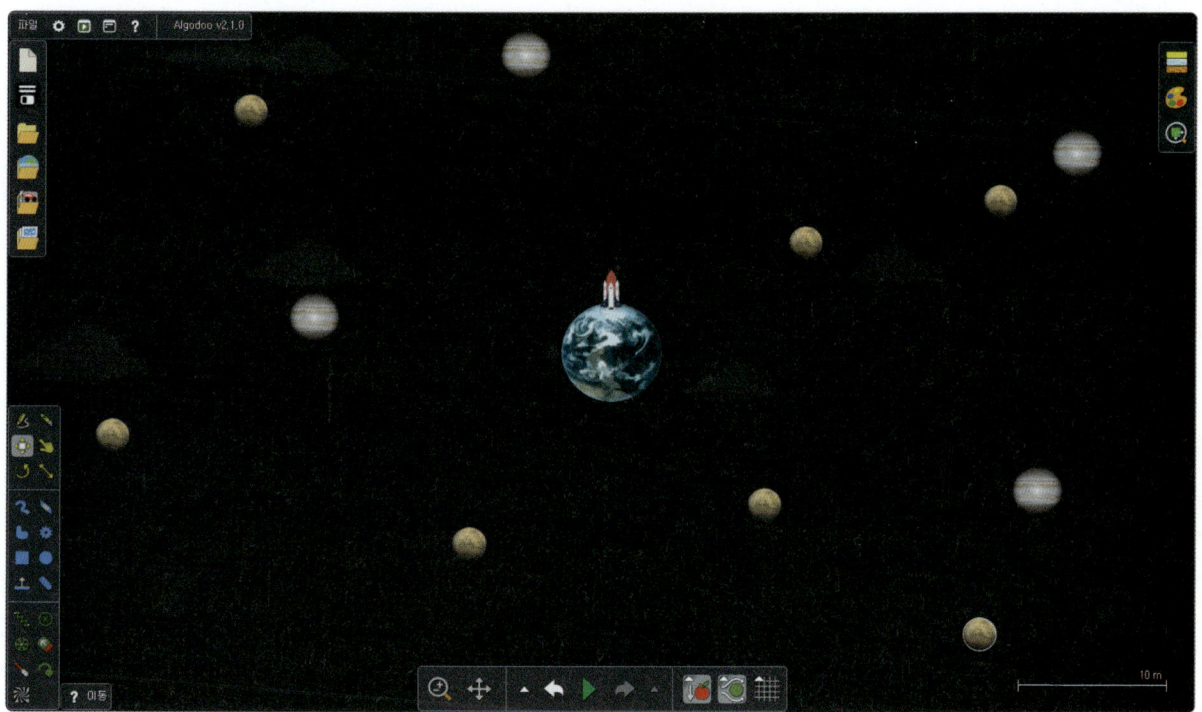

Chapter 16 **우주 관광하기**

02 추진체로 우주인 이동시키기

❶ '우주인.png' 파일을 불러와 크기를 조절한 후 '회전( )' 툴을 이용하여 그림과 같이 회전시킵니다.

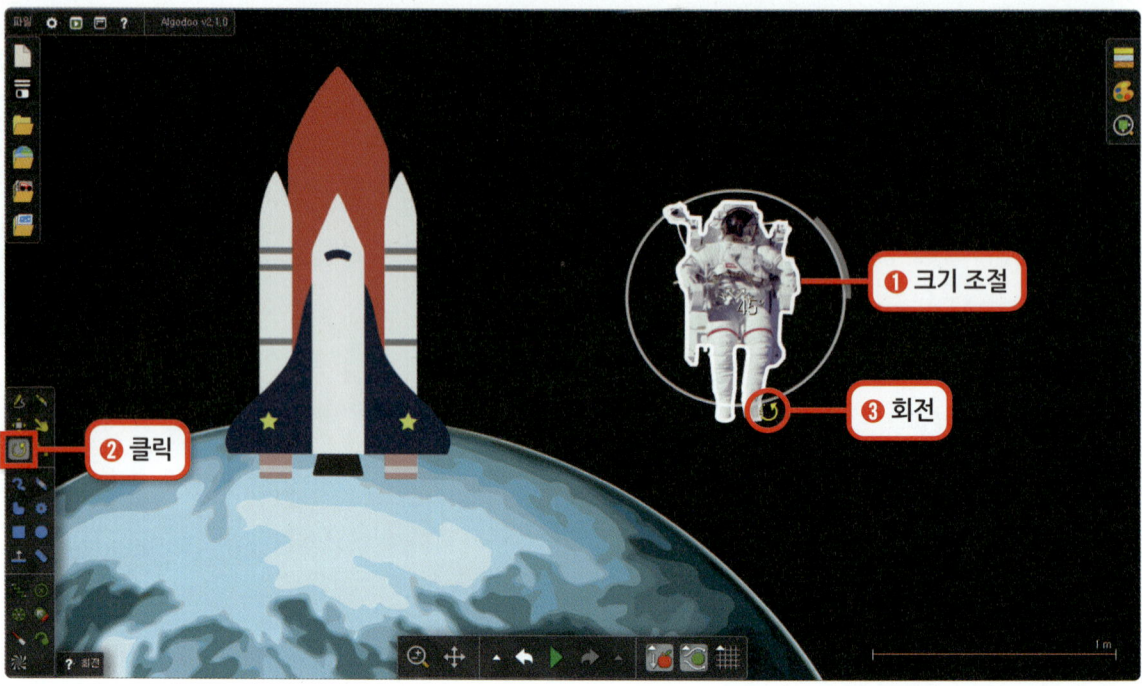

❷ 무중력 상태를 표현하기 위해 우주인을 선택한 후 [메터리얼 메뉴( )]에서 질량을 조절해 봅니다.

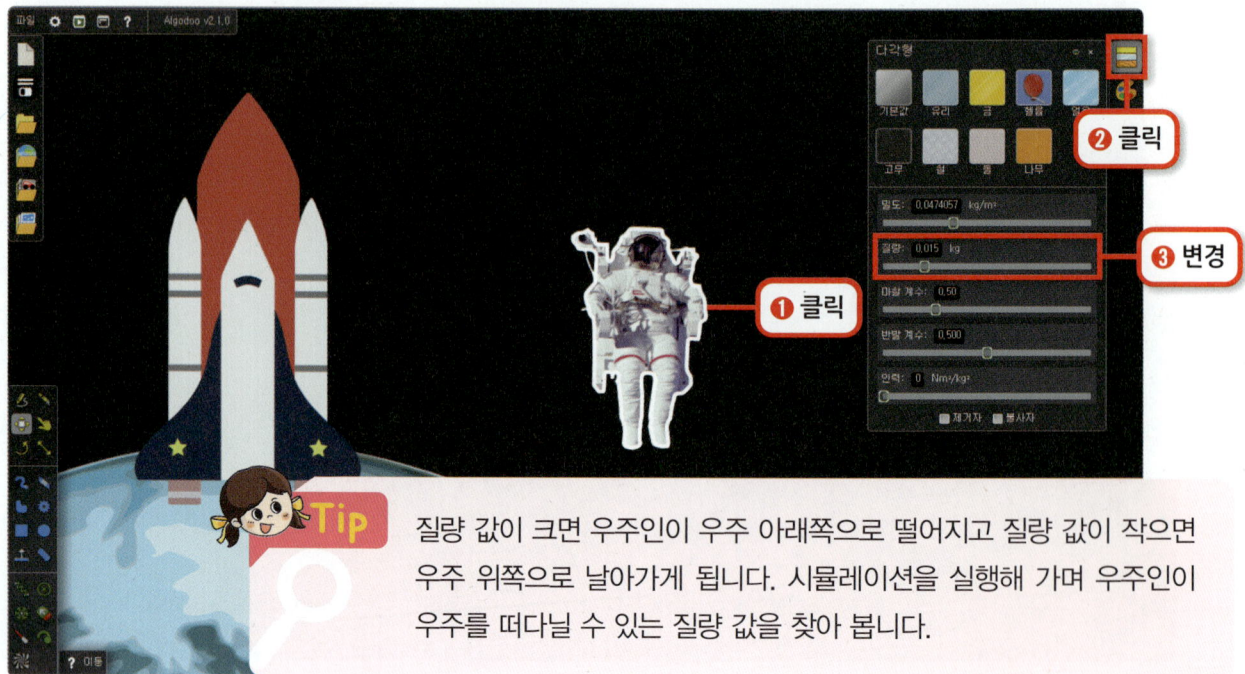

Tip 질량 값이 크면 우주인이 우주 아래쪽으로 떨어지고 질량 값이 작으면 우주 위쪽으로 날아가게 됩니다. 시뮬레이션을 실행해 가며 우주인이 우주를 떠다닐 수 있는 질량 값을 찾아 봅니다.

❸ '추진체(🌀)' 툴을 클릭한 후 우주인 아래쪽에서 마우스를 위쪽으로 드래그하여 그림과 같이 추진체를 설치합니다.

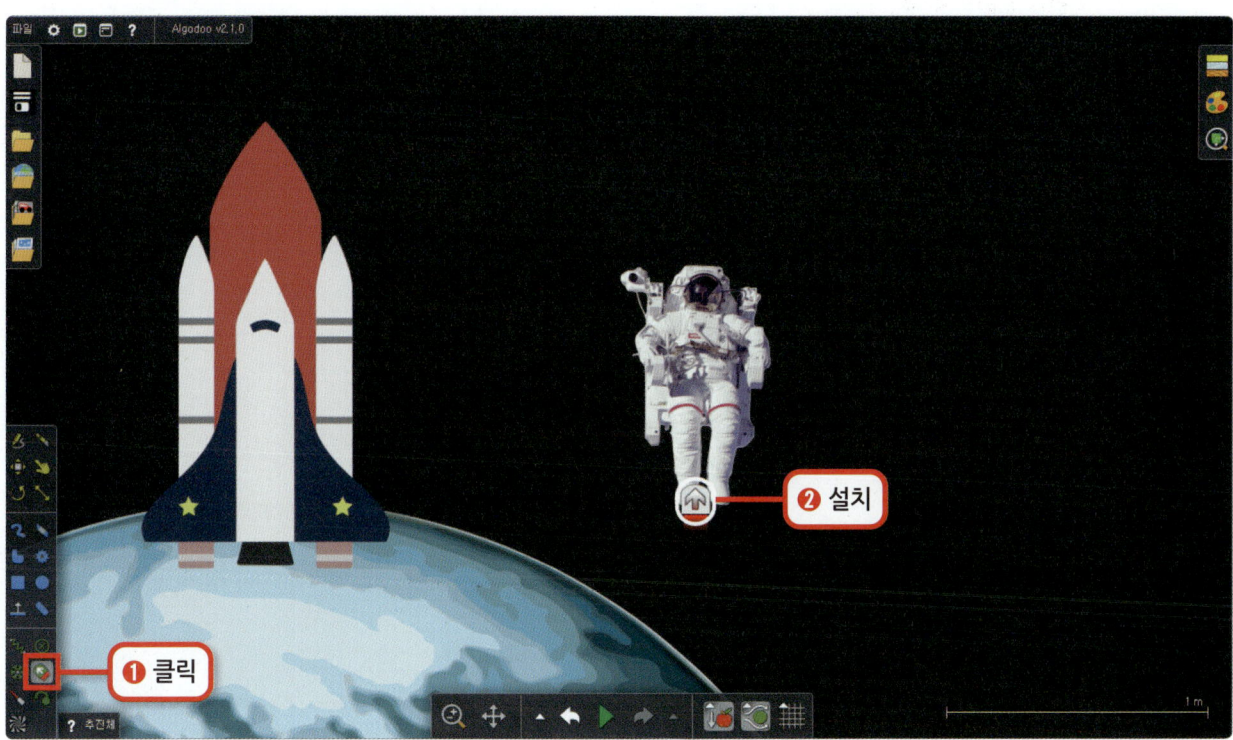

❹ 추진체를 마우스 오른쪽 버튼으로 클릭한 후 [추진체]에서 힘을 '0.1'로 변경하고 활성 키를 ↑ 키로 지정합니다.

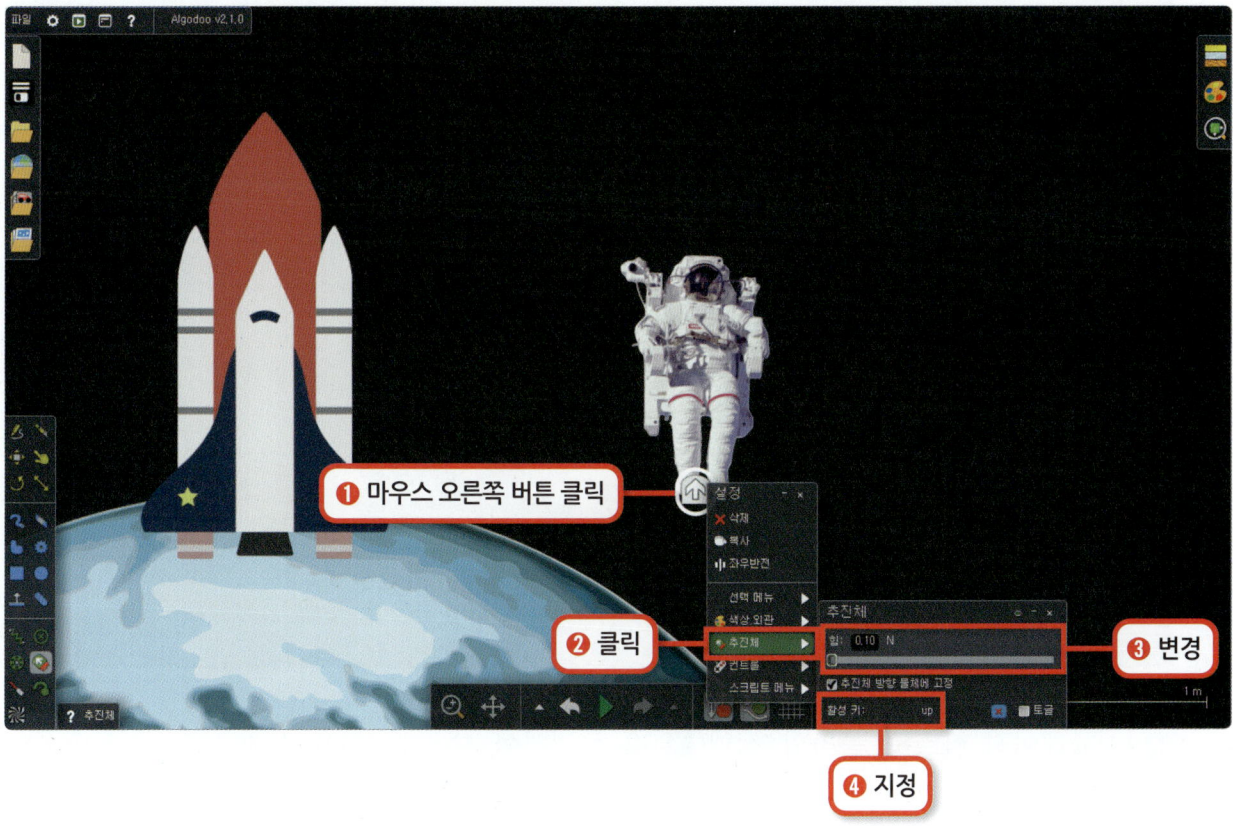

Chapter 16 **우주 관광하기**

❺ ❸~❹와 같은 방법으로 우주인의 왼쪽, 오른쪽, 위쪽에도 추진체를 설치하고 추진체의 힘을 변경한 후 활성 키를 각 방향키로 지정해 봅니다.

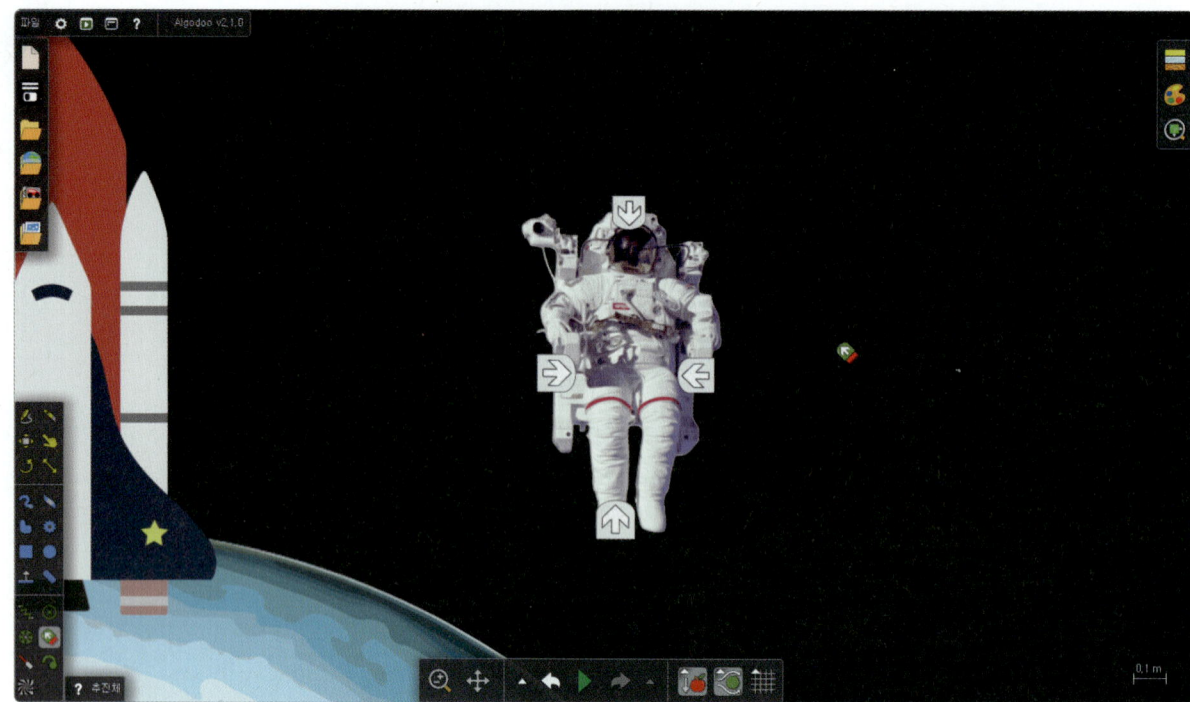

❻ 시점이 우주인의 이동 경로를 따라 이동하도록 하기 위해 우주인을 마우스 오른쪽 버튼으로 클릭한 후 [선택 메뉴]-[뒤따라 보기]에 체크합니다.

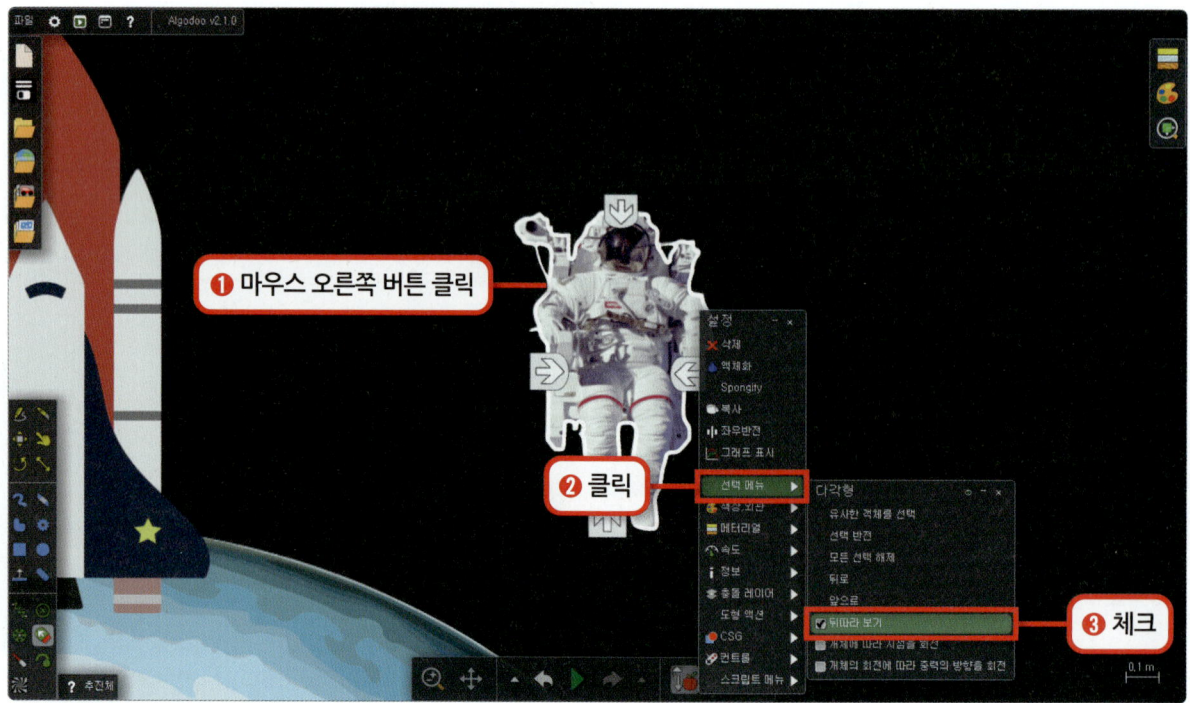

❼ [시뮬레이션 컨트롤] 툴바의 '실행(▶)'을 클릭하여 시뮬레이션을 실행한 후 우주인이 행성에 닿지 않도록 주의하며 우주인을 이동시켜 봅니다.

차근차근 실력 UP!

○ 예제 파일 '비행기.png', '건물1.png'~'건물5.png'   ○ 완성 파일 16강 미션(완성).phz

01 알고두(Algodoo) 아이콘( )을 더블클릭하여 프로그램을 실행한 후 외부 이미지를 불러와 그림과 같이 마을을 꾸며 봅니다.

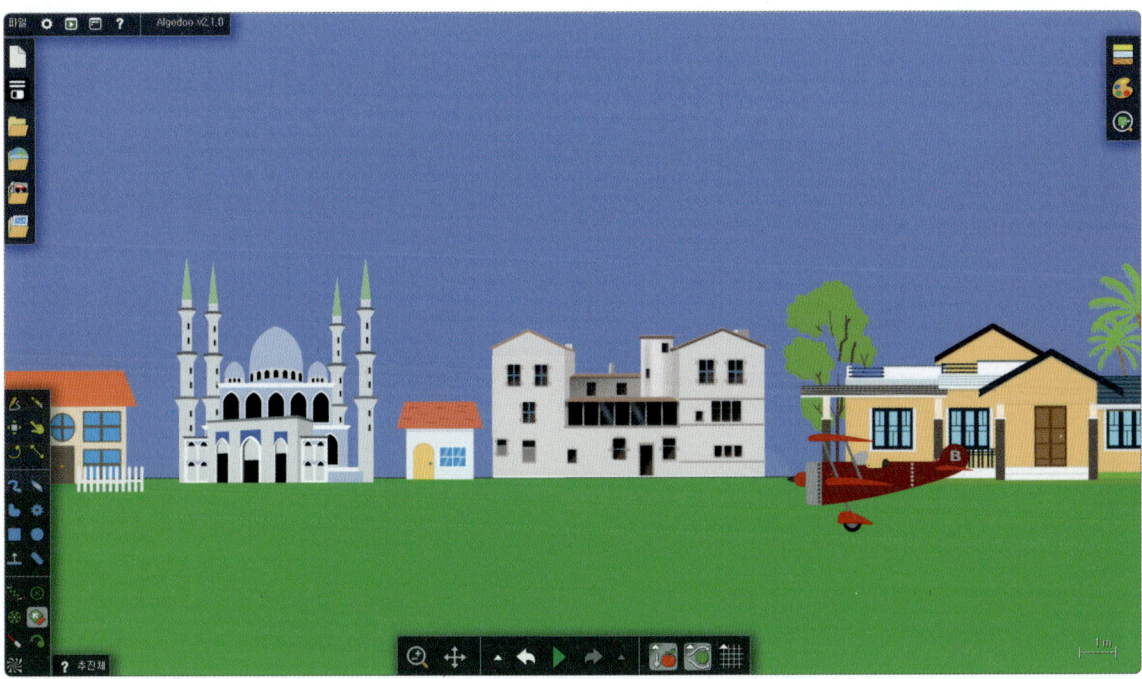

02 비행기에 추진체를 설치한 후 비행기를 조종하여 마을을 구경해 봅니다.

Chapter 17 대포 만들기

학습내용 알아보기

- 사각형 툴을 이용하여 대포의 목표물을 만들 수 있습니다.
- 대포 바퀴에 회전축을 설치하고 활성 키를 지정할 수 있습니다.
- 대포 테두리가 포탄에 충돌되지 않도록 만들 수 있습니다.
- 반발 계수를 이용하여 대포의 위력을 조절할 수 있습니다.

◆ 예제 파일 | 없음 ◆ 완성 파일 | 17강 본문(완성).phz

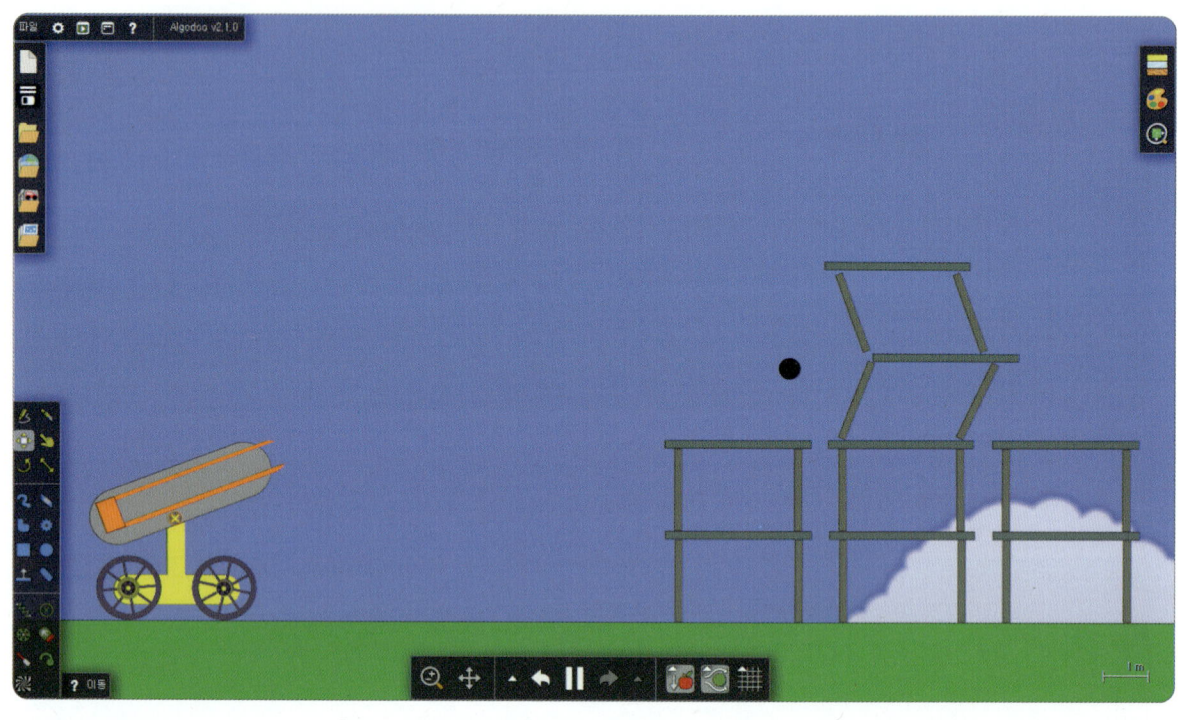

알고두's 쏙쏙 물리

대포는 화약의 힘으로 포탄을 멀리 쏘아 올리는 무기로, 화약이 터지며 발생하는 폭발 에너지를 이용하여 포탄을 발사합니다. 이번 시간에는 알고두를 통해 대포를 만들고 반발 계수를 이용하여 대포의 위력을 조절한 후 포탄을 쏘아 목표물을 무너뜨려 봅니다.

01 목표물 만들기

❶ 바탕화면의 알고두(Algodoo) 아이콘()을 더블클릭하여 프로그램을 실행합니다.

❷ 알고두가 실행되면 [도구] 툴바에서 '사각형(■)' 툴을 클릭하여 대포의 목표물 1층을 만듭니다.

❸ ❷와 같은 방법으로 그림과 같이 대포의 목표물을 완성해 봅니다.

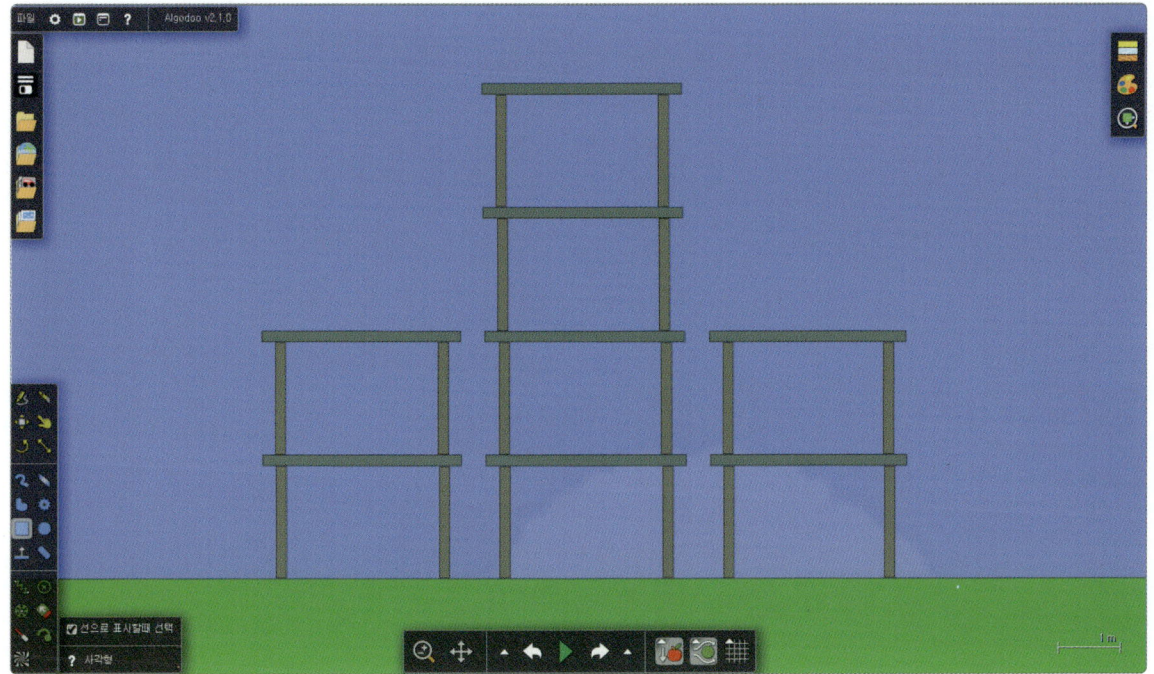

 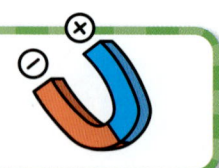

02 대포 만들기

❶ '원( )' 툴을 이용하여 큰 원과 작은 원을 1개씩 그린 후 작은 원을 마우스 오른쪽 버튼으로 클릭하여 [CSG]-[차집합]을 클릭합니다.

❷ '스케일( )' 툴을 이용하여 작은 원의 크기를 그림과 같이 조절합니다.

❸ '브러시()' 툴을 클릭한 후 Shift 키를 누른 상태로 마우스를 드래그하여 그림과 같이 바퀴살을 그립니다.

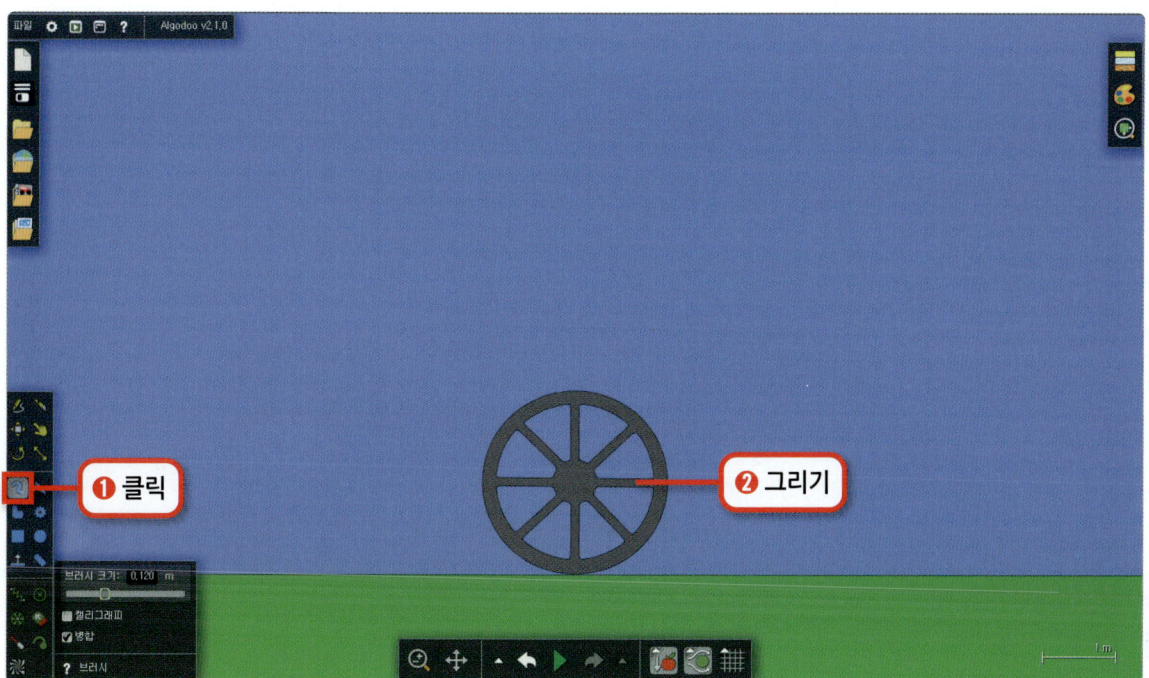

Tip 바퀴살을 그릴 때 '브러시()' 툴 [속성] 창에서 [병합]에 체크한 후 작업합니다.

❹ '이동( )' 툴을 클릭한 후 마우스를 드래그하여 바퀴를 전체 선택하고 마우스 오른쪽 버튼을 클릭하여 [복사]를 클릭합니다.

Chapter 17 대포 만들기 **133**

❺ '브러시(　)' 툴 [속성] 창에서 브러시 크기를 조절한 후 그림과 같이 두 바퀴를 연결할 연결선을 그리고 연결선을 마우스 오른쪽 버튼으로 클릭하여 [선택 메뉴]-[뒤로]를 클릭합니다.

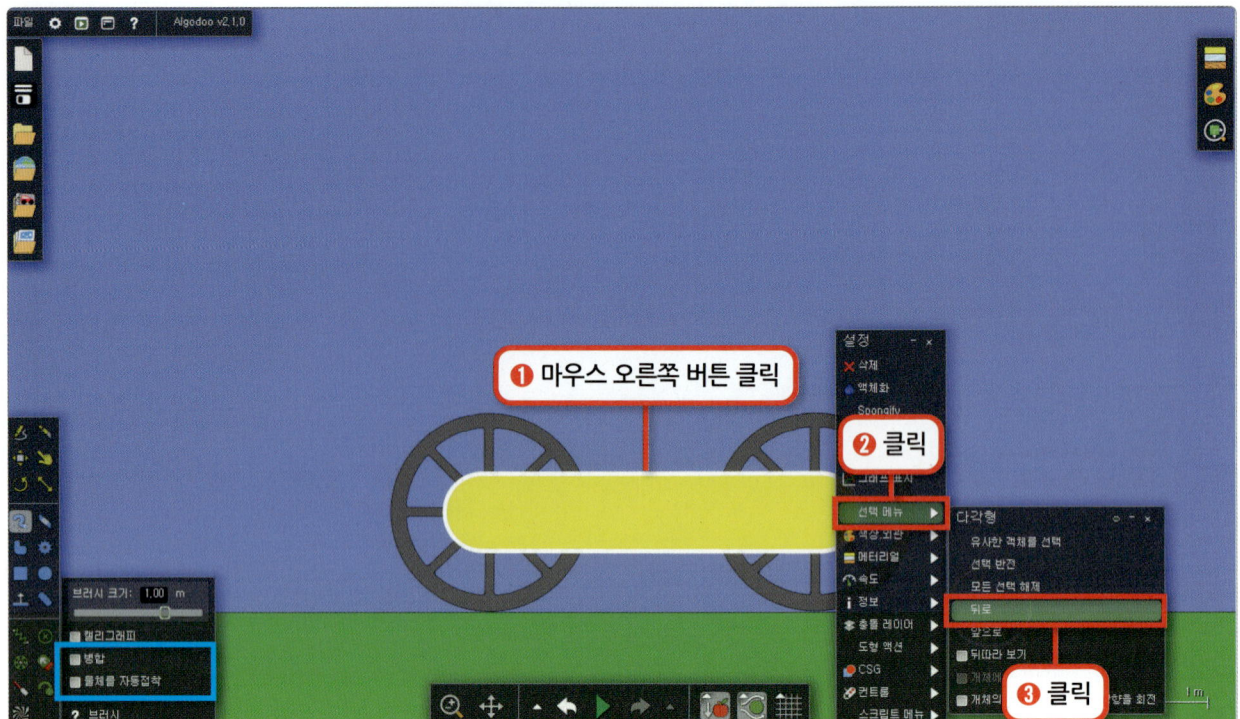

 Tip '브러시(　)' 툴 [속성] 창에서 [병합], [물체를 자동접착]을 체크 해제한 후 작업합니다.

❻ 이어서 브러시 크기를 조절한 후 대포를 연결할 기둥을 그립니다.

Tip '브러시(　)' 툴 [속성] 창에서 [병합]에 체크한 후 작업합니다.

❼ 바퀴에 회전축을 설치하기 위해 Ctrl 키를 누른 상태로 두 바퀴를 각각 선택하고 마우스 오른쪽 버튼을 클릭한 후 [도형 액션]-[중심에 회전축 설치]를 클릭합니다.

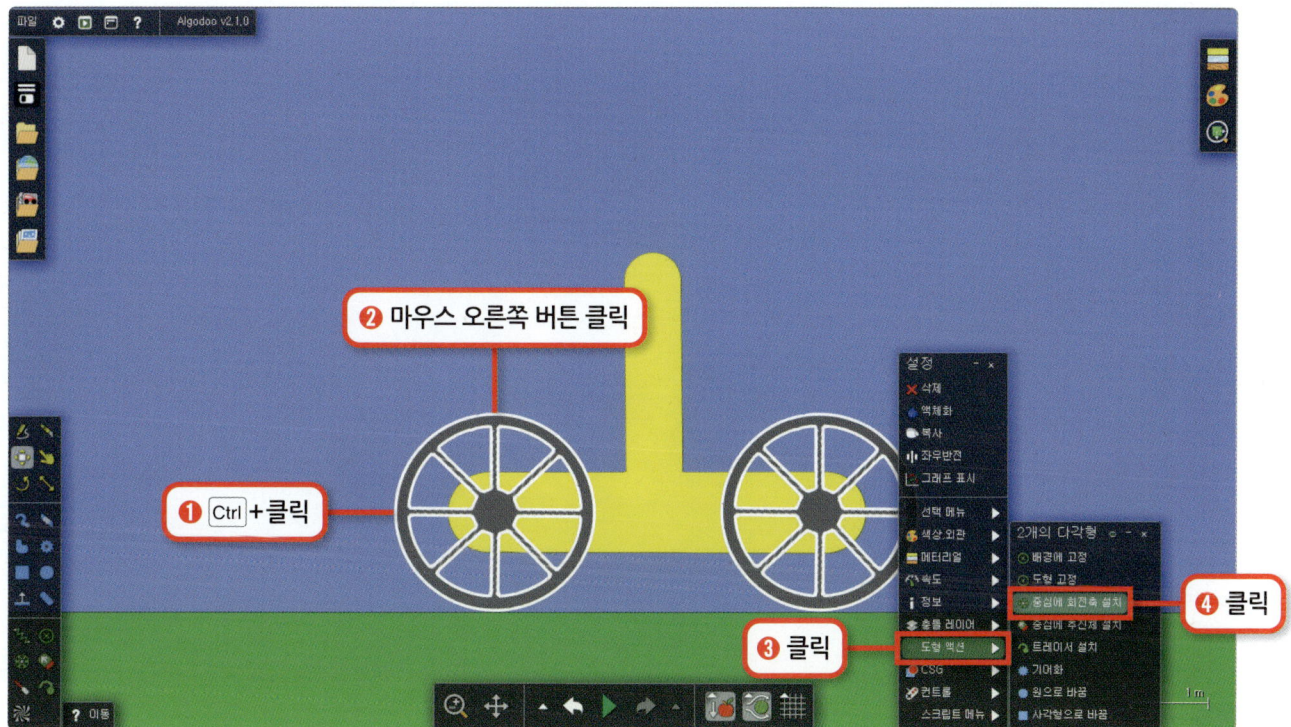

❽ 뒷바퀴의 회전축을 마우스 오른쪽 버튼으로 클릭한 후 [회전축]에서 '시계방향 키(→)', '시계반대 키(←)', '브레이크 키(↓)'를 활성 키로 지정합니다.

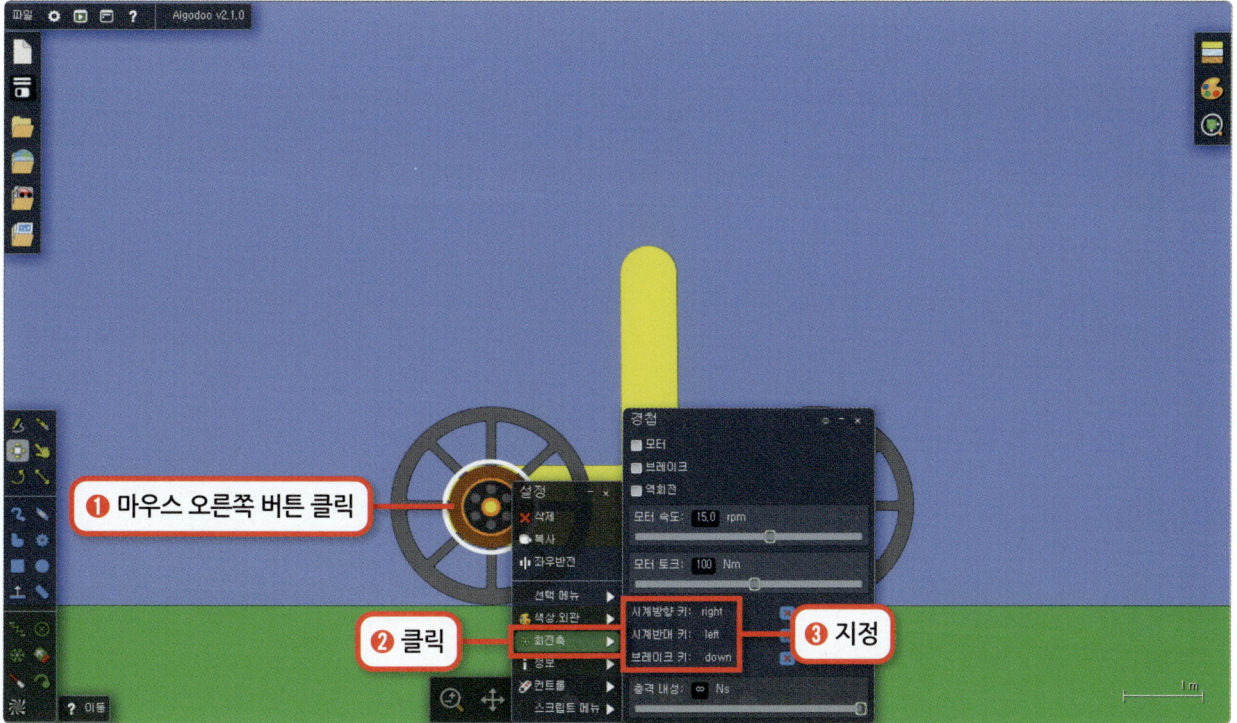

Chapter 17 대포 만들기

❾ 대포를 만들기 위해 '브러시()' 툴을 클릭한 후 마우스를 드래그하여 대포의 테두리를 그립니다.

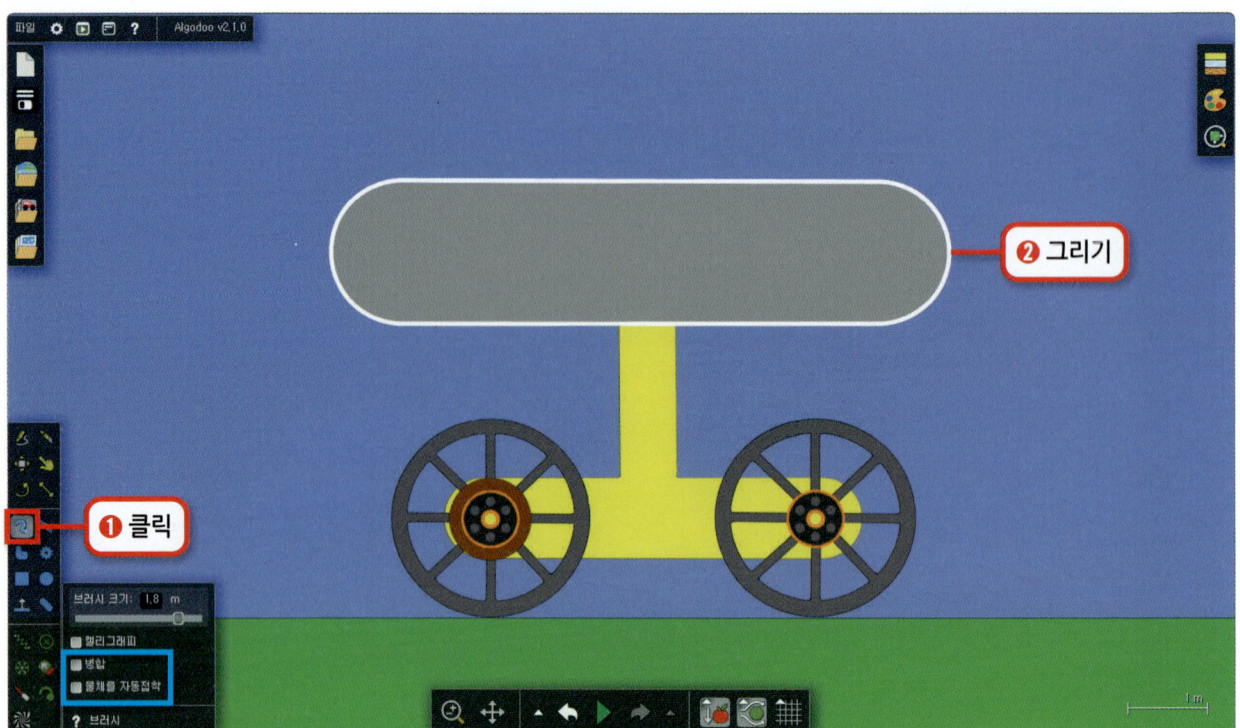

Tip '브러시()' 툴 [속성] 창에서 [병합], [물체를 자동접착]을 체크 해제한 후 작업합니다.

❿ 대포의 테두리가 포탄에 닿아도 충돌하지 않도록 하기 위해 테두리를 마우스 오른쪽 버튼으로 클릭한 후 [충돌 레이어]-[모두 해제]를 클릭합니다.

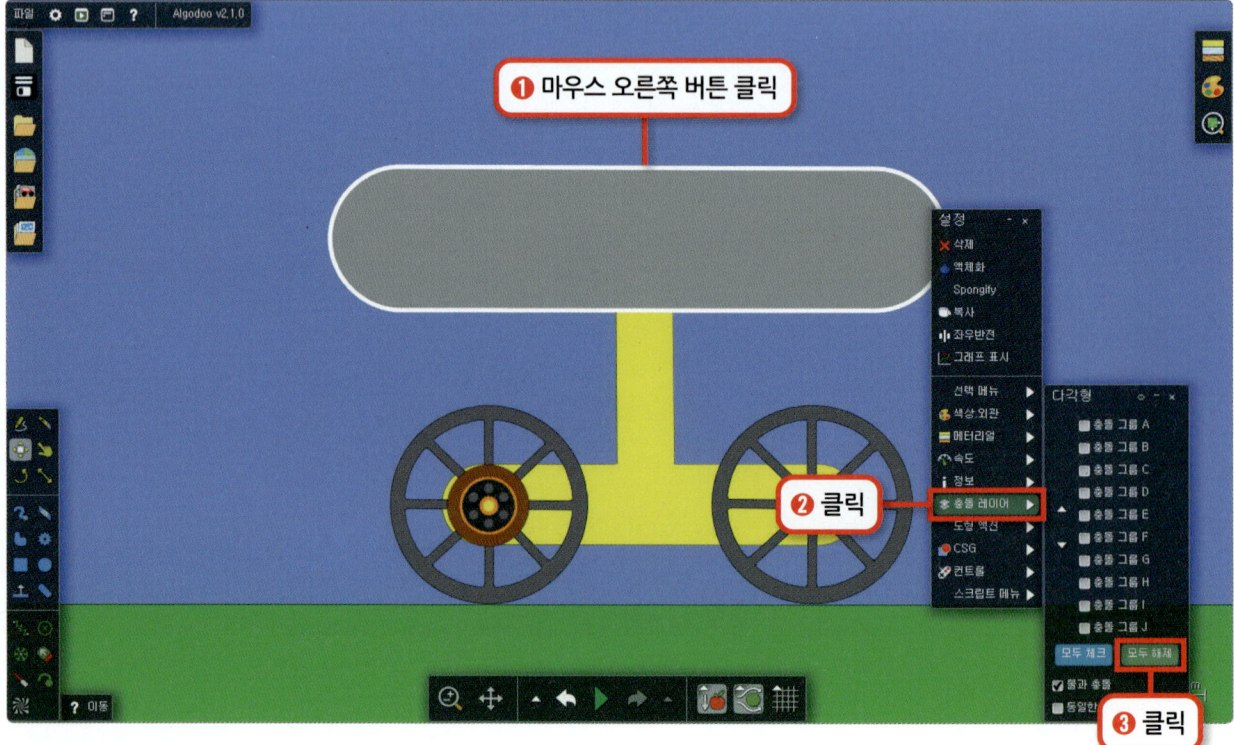

⑪ 포탄이 날아갈 통로를 만들기 위해 '브러시( )' 툴을 이용하여 그림과 같이 통로를 만들고 '지우개( )' 툴을 이용하여 통로 중간을 삭제합니다.

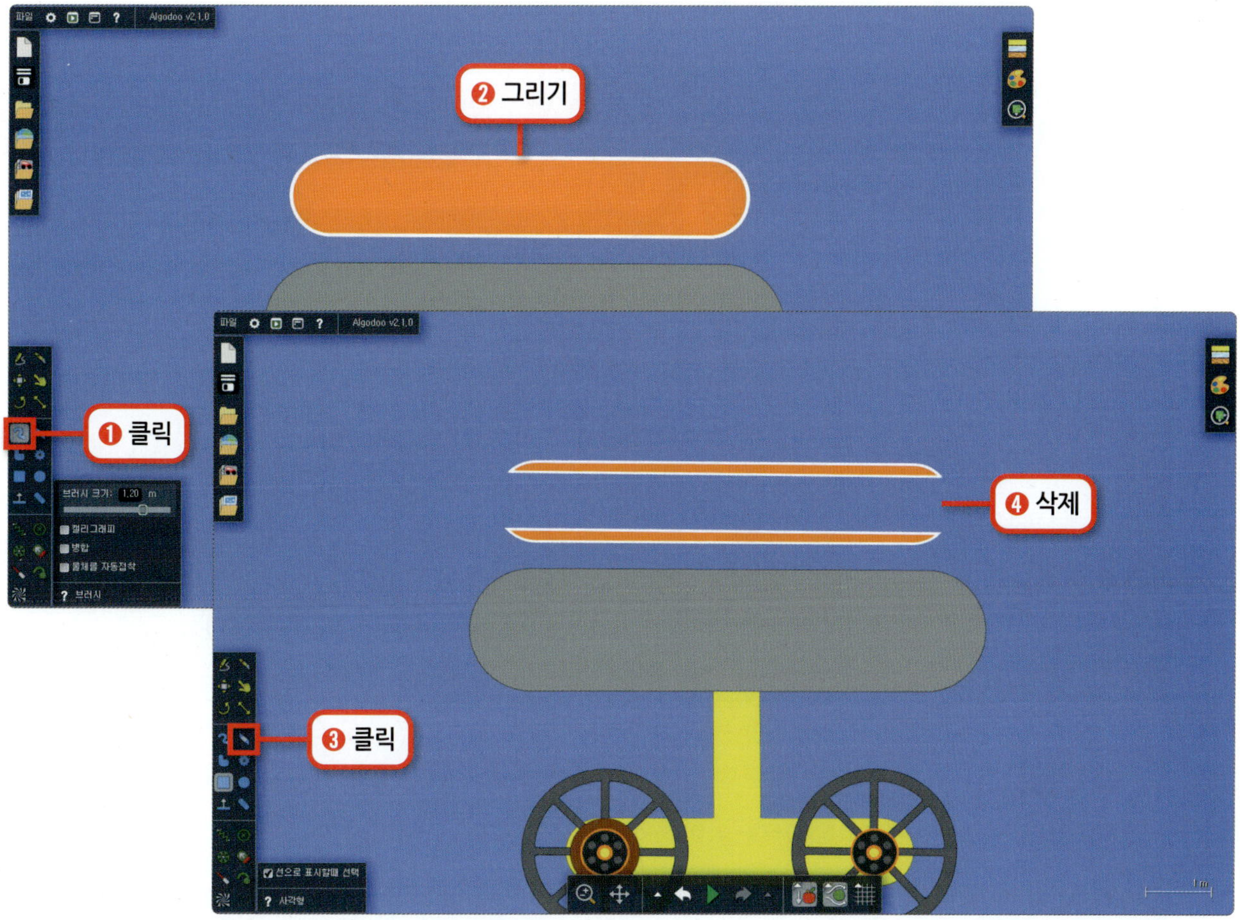

⑫ 탄력을 이용해 포탄을 발사하기 위해 '사각형( )' 툴을 이용하여 그림과 같이 장치를 그린 후 [메터리얼 메뉴( )]에서 반발 계수를 변경합니다.

Tip 반발 계수가 크면 탄력이 커지므로 대포의 위력을 높이기 위해서는 반발 계수를 크게 변경합니다.

⑬ '이동( )' 툴을 클릭합니다. 마우스를 드래그하여 포탄이 발사될 통로와 발사 장치를 선택하고 그림과 같이 위치를 이동시킨 후 대포, 포탄 발사 통로, 발사 장치를 각각 선택하고 마우스 오른쪽 버튼을 클릭하여 [도형 액션]-[도형 고정]을 클릭합니다.

⑭ '회전( )' 툴을 이용하여 대포의 각도를 변경한 후 '고정( )' 툴을 이용하여 대포와 기둥을 연결합니다. 이어서 '원( )' 툴을 이용하여 포탄 발사 통로 안쪽에 포탄을 그립니다.

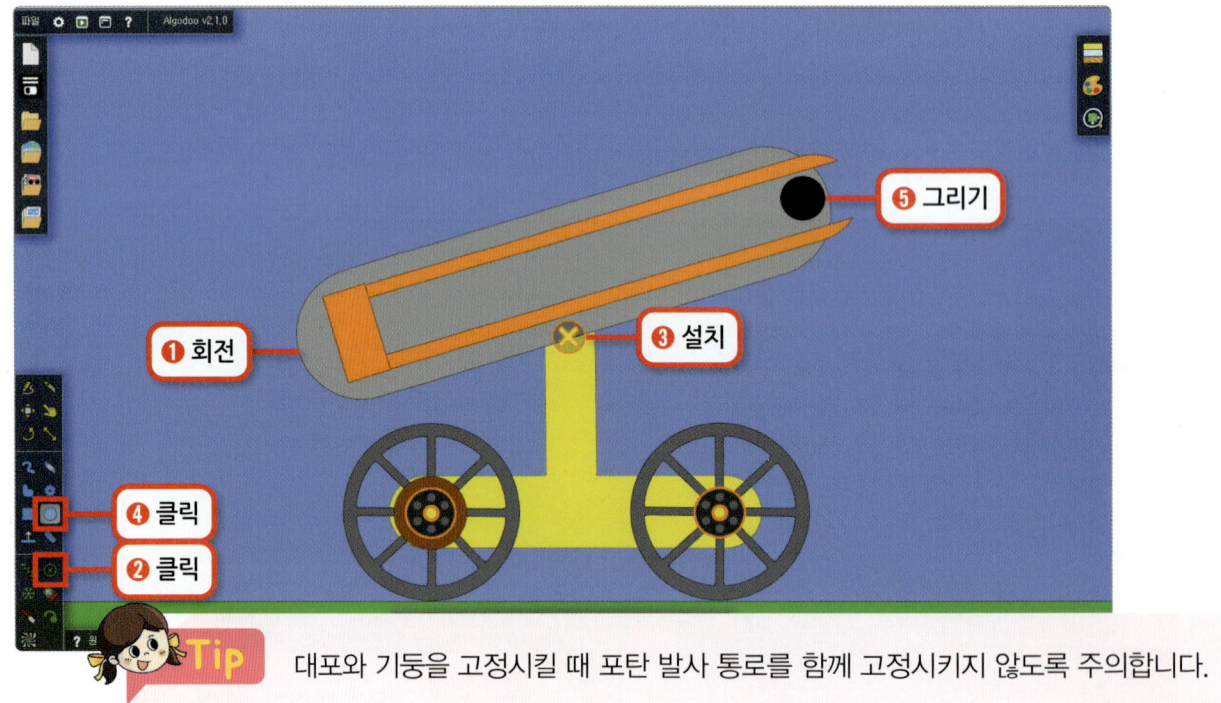

⑮ [시뮬레이션 컨트롤] 툴바의 '실행( )'을 클릭하여 시뮬레이션을 실행한 후 포탄을 발사하여 목표물을 무너뜨려 봅니다.

차근차근 실력 UP!

○ 예제 파일 없음　○ 완성 파일 17강 미션(완성).phz

01 알고두(Algodoo) 아이콘( )을 더블클릭하여 프로그램을 실행한 후 대포에 포탄이 자동으로 공급되도록 만들어 봅니다.

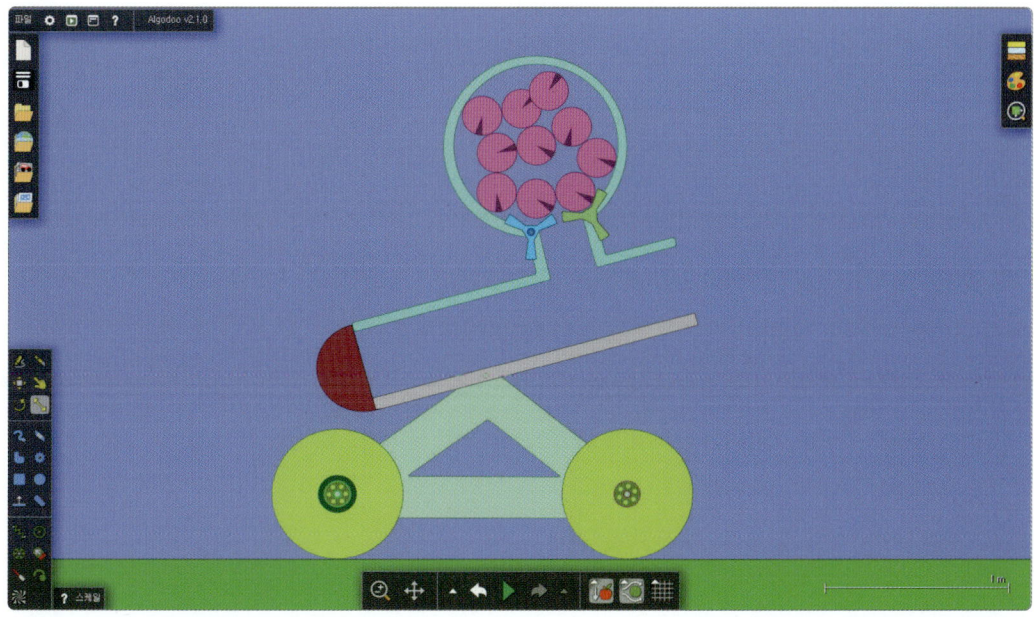

hint　'기어( )' 툴을 이용하여 포탄이 자동으로 공급되도록 만들어 봅니다.

02 활성 키를 이용하여 대포를 앞뒤로 이동시키며 포탄을 발사해 목표물을 무너뜨려 봅니다.

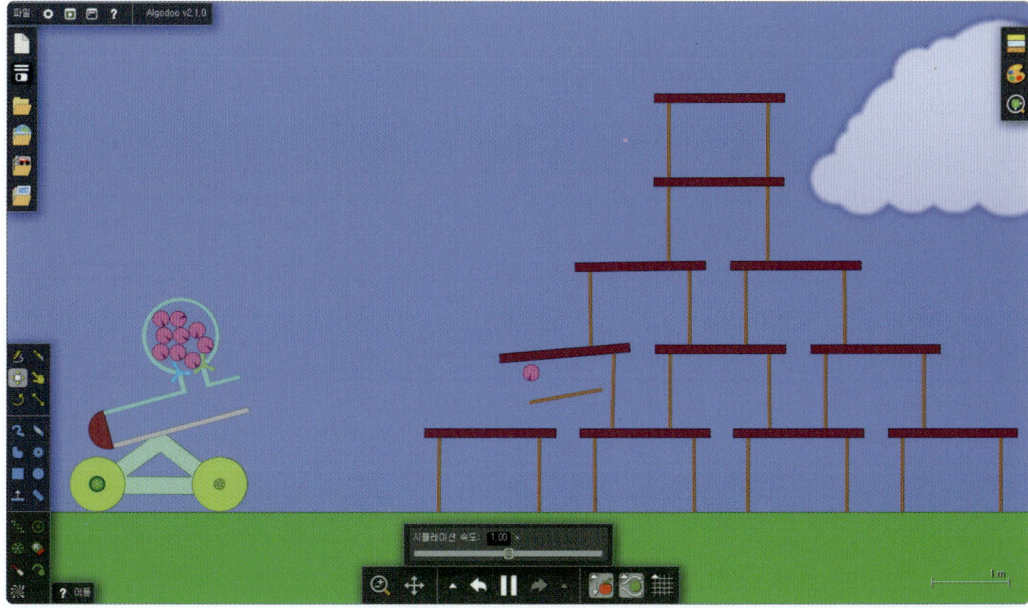

Chapter 17 대포 만들기

Chapter 18 핀볼 게임 만들기

학습내용 알아보기
- 미션을 확인하고 미션을 해결할 수 있습니다.
- 오류를 찾아 수정하고 테스트를 완료할 수 있습니다.

 미션

1. 사각형 툴을 이용하여 핀볼 게임장을 만듭니다.
2. 용수철을 이용하여 왼쪽, 오른쪽 방향키로 핀볼 바를 제어하도록 만듭니다.
3. 반발 계수를 조절하여 탄력이 있는 장애물을 만듭니다.
4. 공 보관함을 만들고 기어를 이용하여 공이 핀볼 게임장 안쪽으로 떨어지도록 만듭니다.
5. 핀볼 게임장 안쪽에 다양한 장애물을 설치합니다.
6. 시뮬레이션을 실행한 후 핀볼 게임을 진행해 봅니다.

◆ 예제 파일 | 없음　◆ 완성 파일 | 18강 본문(완성).phz

미션 완료 화면

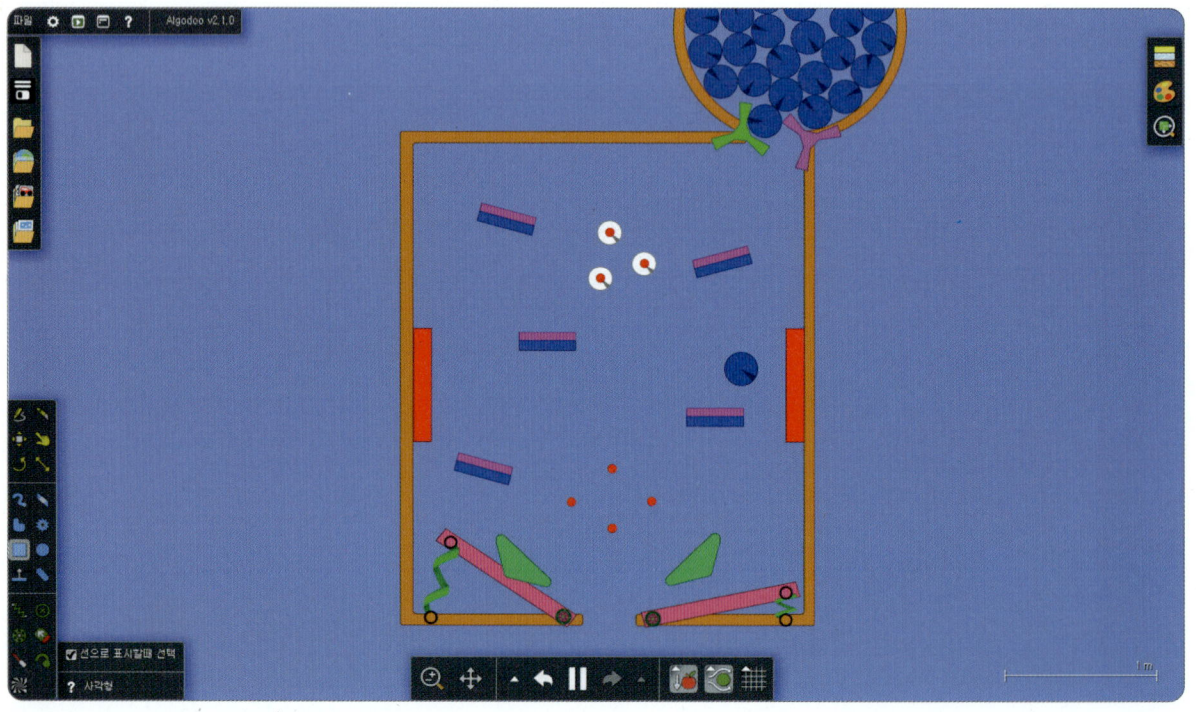

 **미션 01** 사각형 툴을 이용하여 핀볼 게임장을 만듭니다.

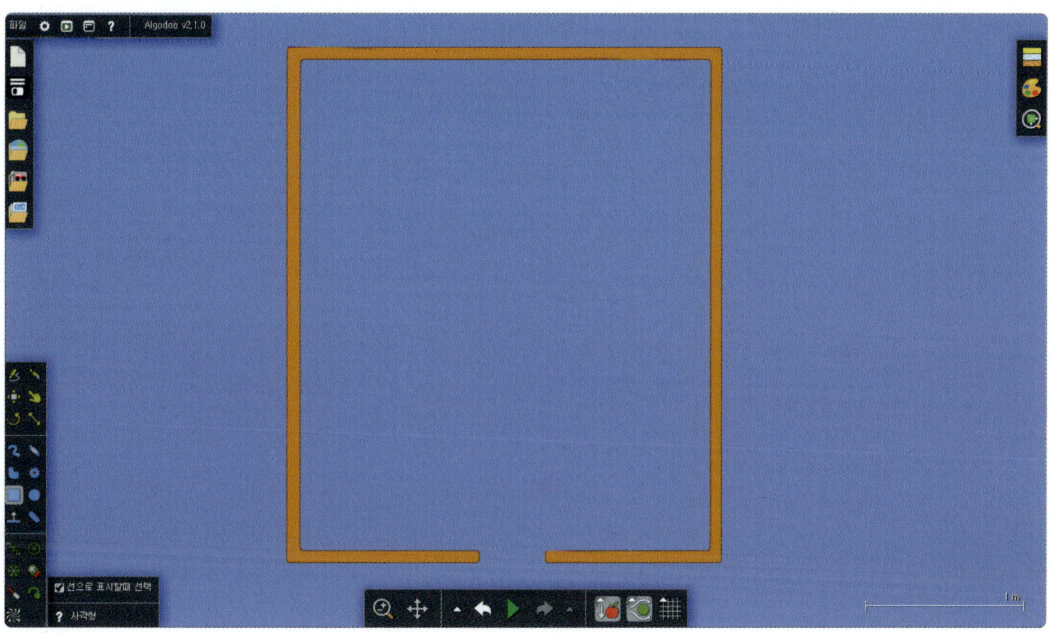

 핀볼 게임장 테두리는 시뮬레이션 실행 시 움직이지 않도록 배경에 고정시킵니다.

 **미션 02** 용수철을 이용하여 왼쪽, 오른쪽 방향키로 핀볼 바를 제어하도록 만듭니다.

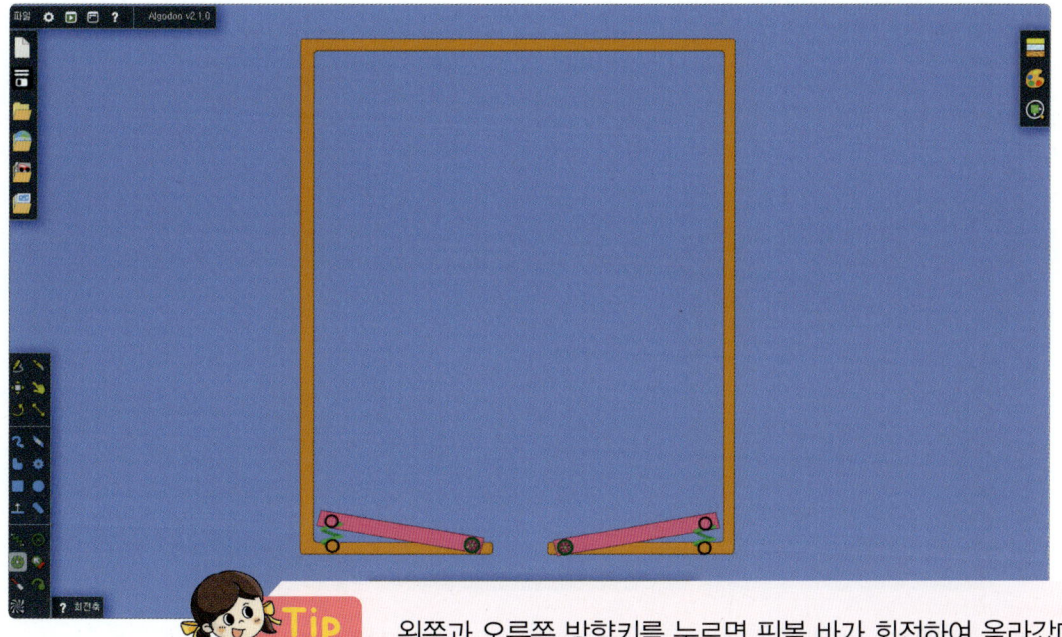

왼쪽과 오른쪽 방향키를 누르면 핀볼 바가 회전하여 올라갔다가 내려오며, 공이 핀볼 바에 닿으면 튕깁니다.

 반발 계수를 조절하여 탄력이 있는 장애물을 만듭니다.

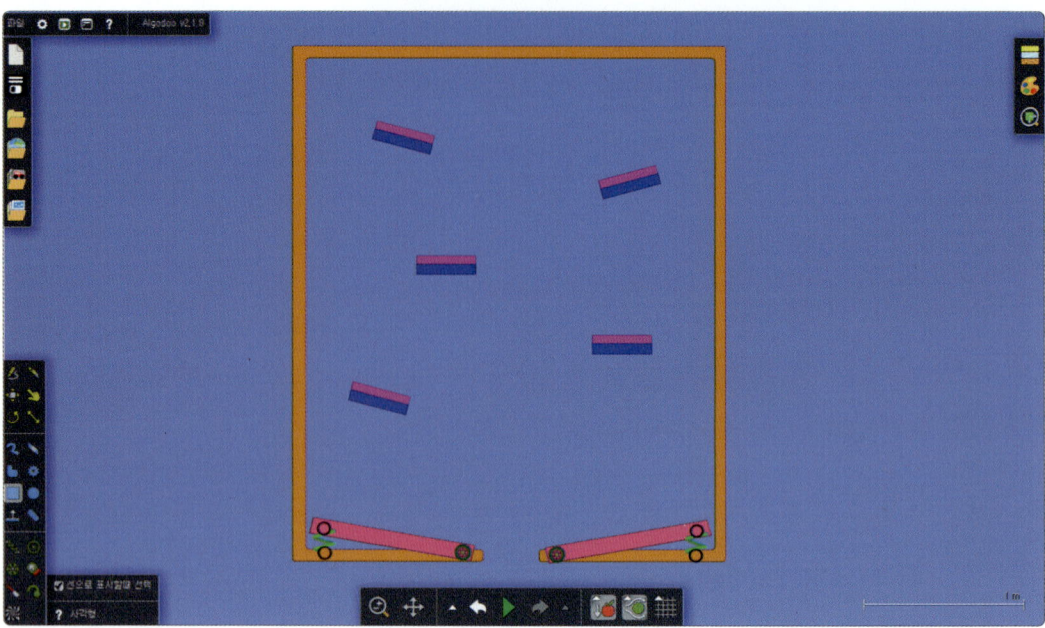

 장애물은 배경에 고정시킨 후 [메터리얼 메뉴(■)]에서 반발 계수를 다양하게 변경합니다.

 공 보관함을 만들고 기어를 이용하여 공이 핀볼 게임장 안쪽으로 떨어지도록 만듭니다.

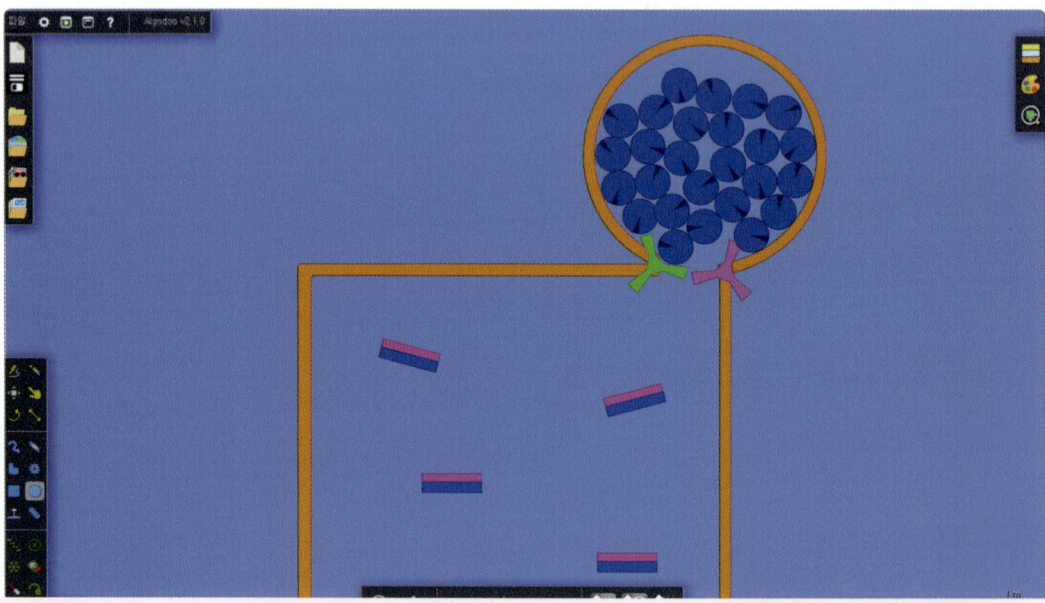

 [회전축]-[브레이크]에 체크하여 기어가 자동으로 작동하지 않고 아래쪽 방향키를 누를 때만 작동하도록 합니다.

 핀볼 게임장 안쪽에 다양한 장애물을 설치합니다.

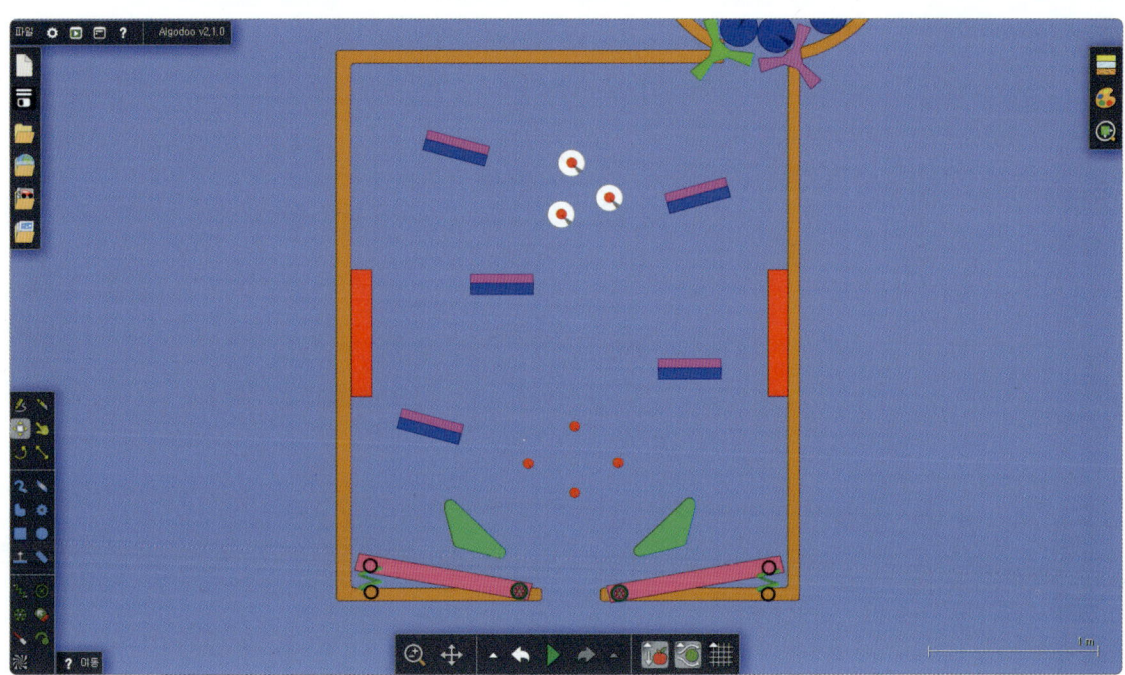

 시뮬레이션을 실행한 후 핀볼 게임을 진행해 봅니다.

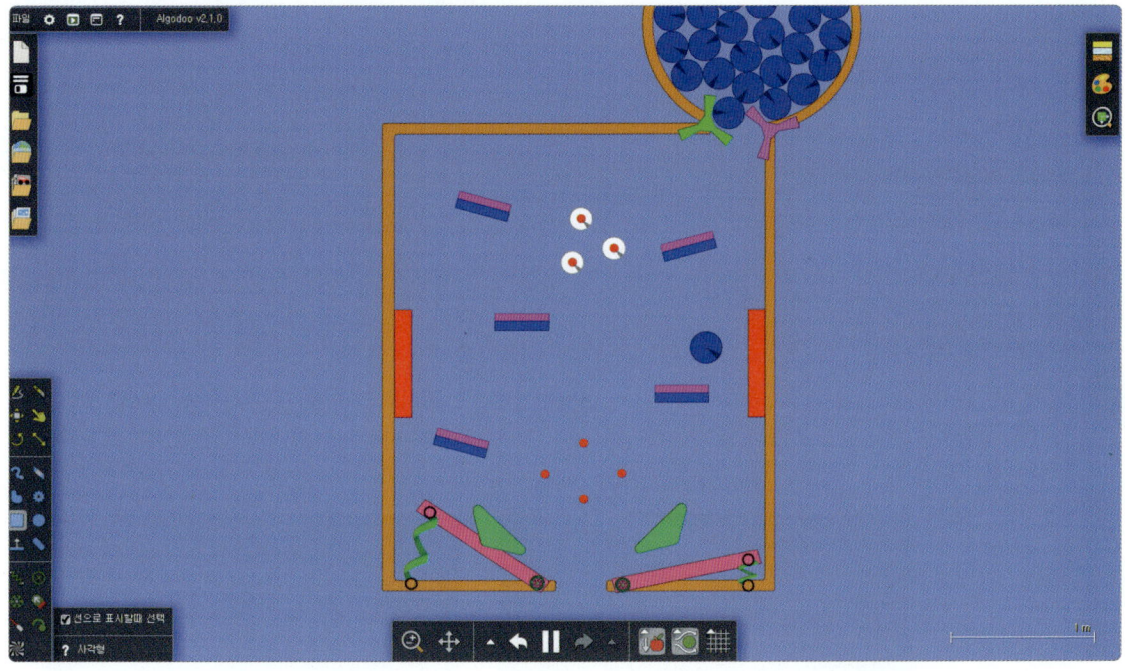

Chapter 19 계란 이동 장치 만들기

학습내용 알아보기
- 외부 이미지를 불러와 계란판을 만들 수 있습니다.
- 기어를 이용하여 이동 장치를 작동시킬 수 있습니다.
- 충돌 그룹을 변경하여 다른 충돌 그룹과의 충돌을 피할 수 있습니다.
- 인력을 이용하여 계란을 이동시킬 수 있습니다.

◆ 예제 파일 | 계란.png　◆ 완성 파일 | 19강 본문(완성).phz

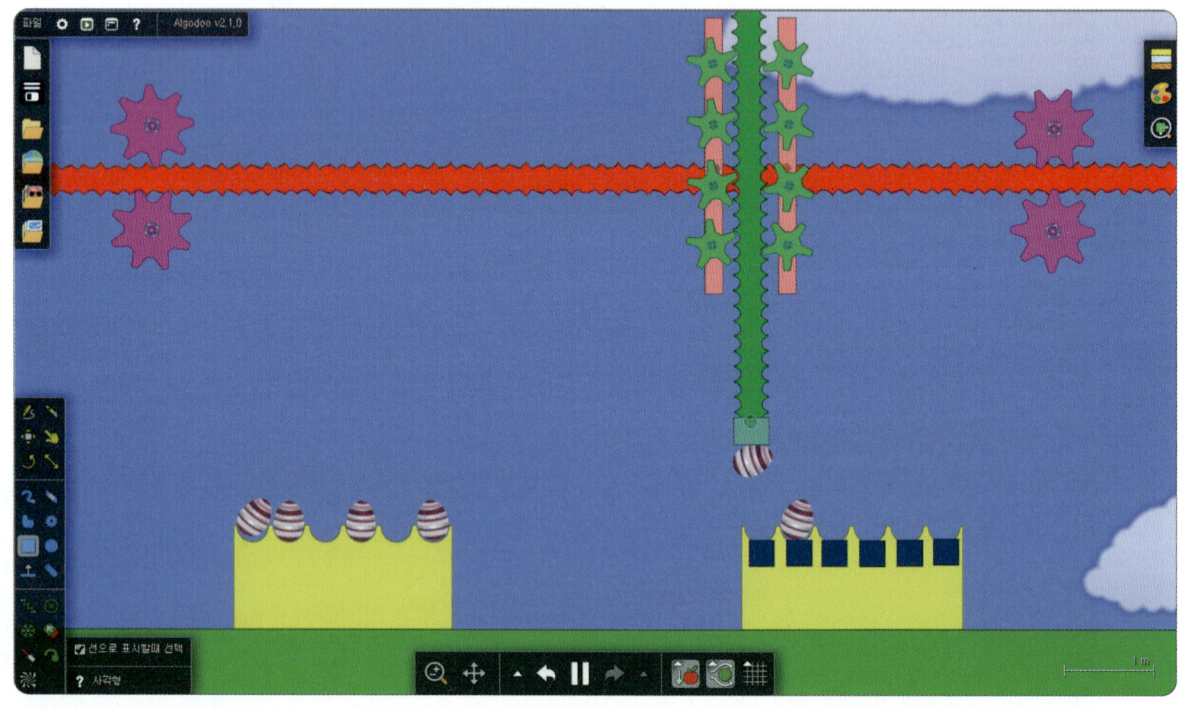

알고두's 쏙쏙 물리

인력이란 떨어져 있는 물체끼리 서로 끌어당기는 힘을 의미하며, 척력이란 두 물체가 서로 밀어내는 힘을 의미합니다. 행성 둘레를 계속해서 돌고 있는 위성도 행성의 인력에 의해 나타나는 현상입니다. 이번 시간에는 알고두를 통해 계란 이동 장치를 만들고 인력을 이용해 계란을 이동시켜 봅니다.

01 계란판 만들기

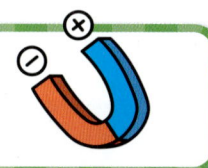

❶ 바탕화면의 알고두(Algoodoo) 아이콘()을 더블클릭하여 프로그램을 실행합니다.

❷ 알고두가 실행되면 '사각형(■)' 툴을 이용하여 계란을 올려놓을 판을 만들고 [장면 모음] 툴바에서 [씬렛(🎃)]을 클릭하여 '계란.png' 파일을 불러옵니다.

❸ 계란을 복사하여 그림과 같이 계란판 위에 올려놓은 후 '이동(🖐)' 툴을 클릭하고 마우스를 드래그하여 계란을 전부 선택하고 마우스 오른쪽 버튼을 클릭하여 [CSG]-[차집합]을 클릭합니다.

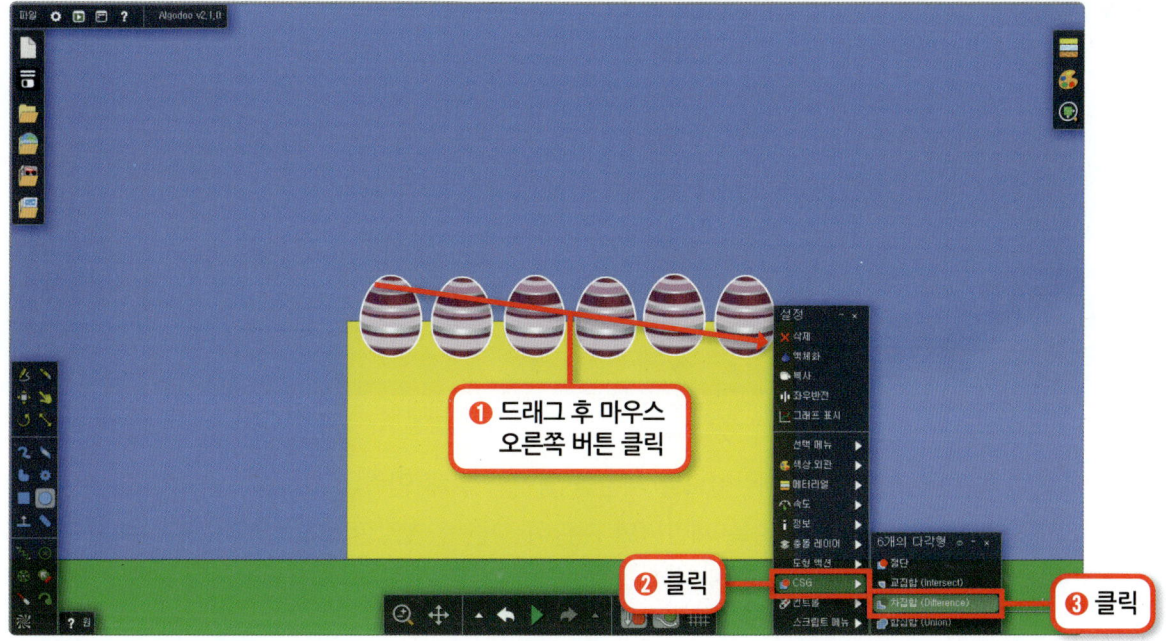

Chapter 19 계란 이동 장치 만들기 **145**

❹ 계란판을 마우스 오른쪽 버튼으로 클릭한 후 [복사]를 클릭하여 복사본을 만듭니다.

❺ 복사된 계란판을 오른쪽으로 드래그하여 그림과 같이 이동시킵니다.

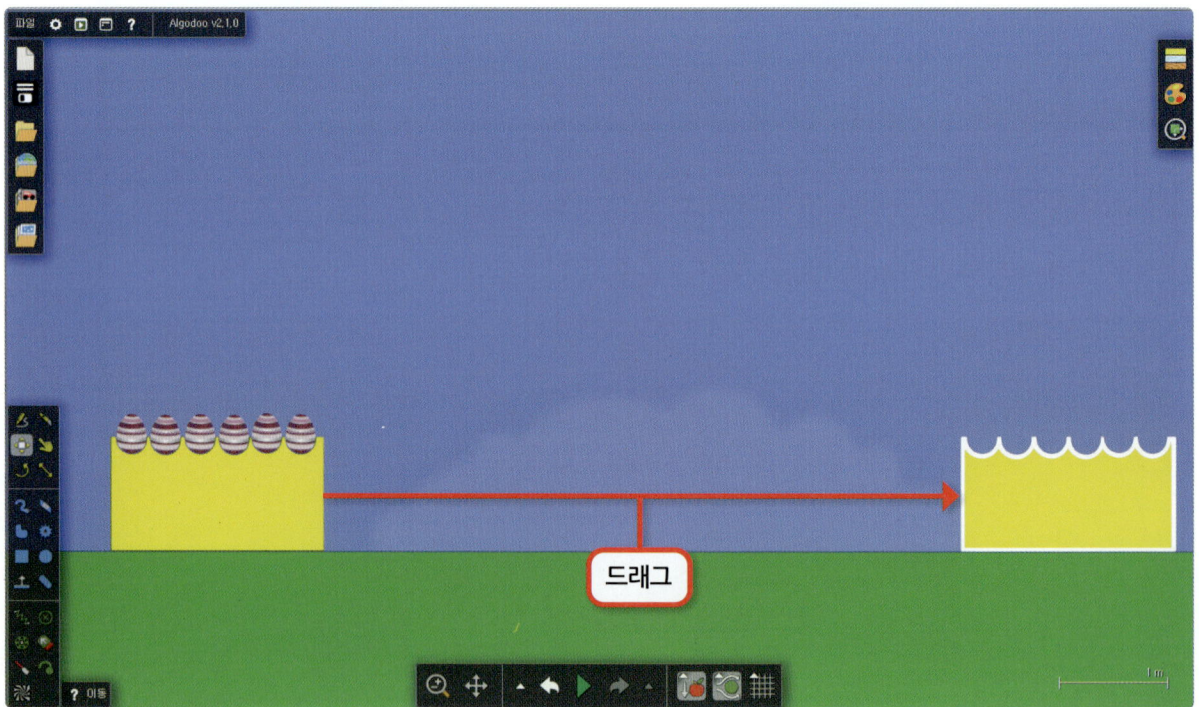

왼쪽 계란판에서 오른쪽 계란판으로 계란을 옮기기 위해 인력을 사용할 예정입니다. 두 계란판 사이의 거리가 가까우면 왼쪽 계란판의 계란이 오른쪽 계란판의 인력에 의해 선택될 수 있기 때문에 두 계란판 사이의 거리를 멀게 조절합니다.

02 계란 이동 장치 만들기

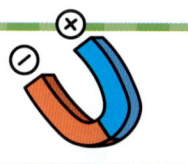

❶ '사각형(■)' 툴과 '원(●)' 툴을 이용하여 그림과 같이 좌우로 움직일 이동 장치를 만듭니다.

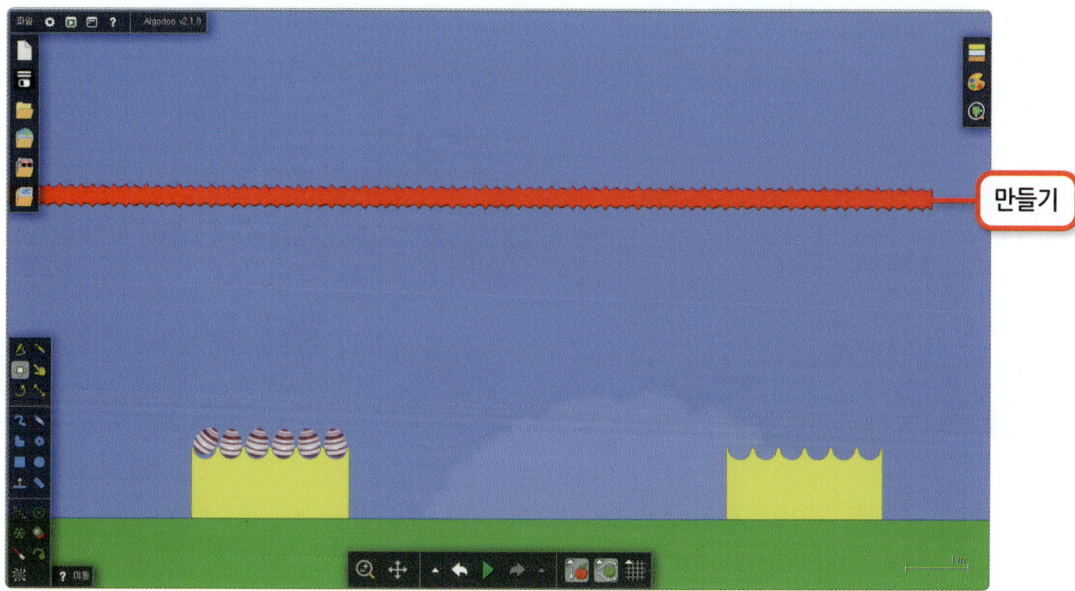

❷ '기어(⚙)' 툴을 클릭하고 그림과 같이 기어를 설치합니다. 기어를 마우스 오른쪽 버튼으로 클릭하여 [회전축]-[브레이크]에 체크하고 '시계방향 키(→)', '시계반대 키(←)'를 활성 키로 지정합니다.

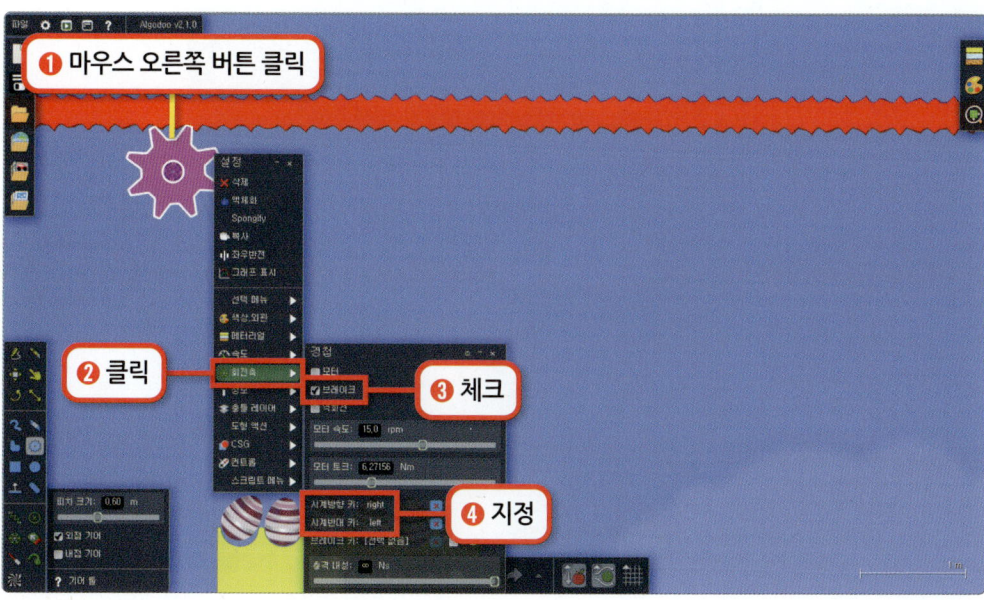

- 기어를 설치할 때 이동 장치의 홈에 맞추어 기어의 각도를 회전시킵니다.
- [브레이크]에 체크하면 활성 키를 누르지 않으면 기어가 작동하지 않습니다.

❸ 기어를 복사한 후 이동 장치 위쪽으로 이동시키고 기어를 마우스 오른쪽 버튼으로 클릭하여 [회전축]-[역회전]에 체크합니다.

위쪽 기어는 아래쪽 기어와 활성 키를 동일하게 지정하고 [역회전]에 체크하면 해당 활성 키를 눌렀을 때 기어가 지정한 방향과 반대 방향으로 회전합니다.

❹ ❶과 같은 방법으로 상하로 움직일 이동 장치를 만들고 마우스 오른쪽 버튼을 클릭하여 [충돌 레이어]-[충돌 그룹 B]에 체크한 후 [충돌 그룹 A]를 체크 해제합니다.

충돌 그룹이 같으면 개체가 서로 닿았을 때 충돌이 일어나기 때문에 충돌 그룹을 다르게 지정하여 '충돌 그룹 A'로 지정된 개체와는 충돌하지 않도록 합니다.

❺ 상하 이동 장치가 흔들리지 않도록 하기 위해 '사각형(▢)' 툴을 이용하여 양쪽에 벽을 만들고 '고정(⊗)' 툴을 이용하여 좌우 벽을 고정시킵니다.

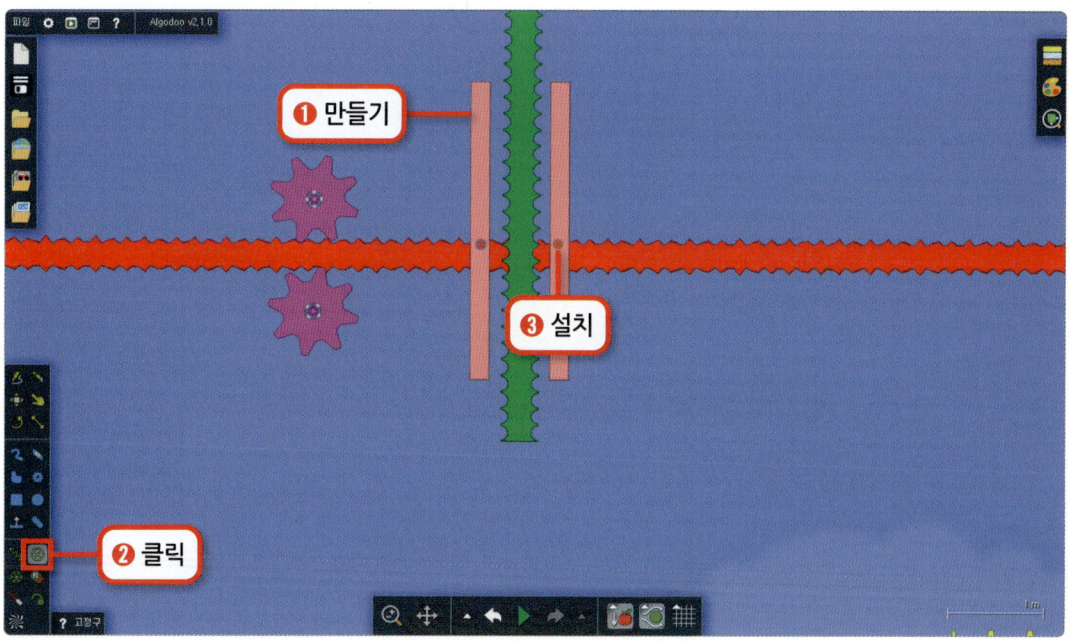

❻ 상하 이동 장치를 움직이기 위해 '기어(⚙)' 툴을 이용하여 벽에 기어를 설치하고 기어를 마우스 오른쪽 버튼으로 클릭하여 [충돌 레이어]-[충돌 그룹 B]에 체크한 후 [충돌 그룹 A]를 체크 해제 합니다.

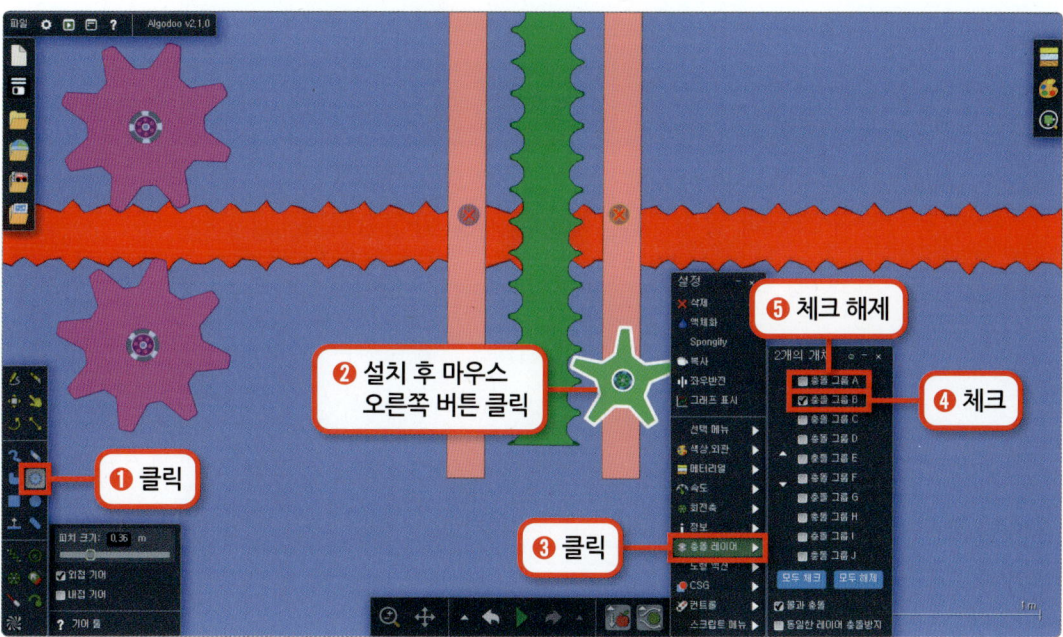

Tip 벽에 설치한 기어가 다른 개체와 충돌하지 않고, 상하 이동 장치에만 적용되도록 하기 위해 충돌 그룹을 상하 이동 장치와 동일하게 변경합니다.

Chapter 19 계란 이동 장치 만들기

❼ 기어를 마우스 오른쪽 버튼으로 클릭하여 [회전축]-[브레이크], [역회전]에 체크한 후 '시계방향 키(↓)', '시계반대 키(↑)'를 활성 키로 지정합니다.

❽ 기어를 복사하여 반대쪽 벽으로 이동시킨 후 기어를 마우스 오른쪽 버튼으로 클릭하여 [회전축]-[역회전]을 체크 해제합니다.

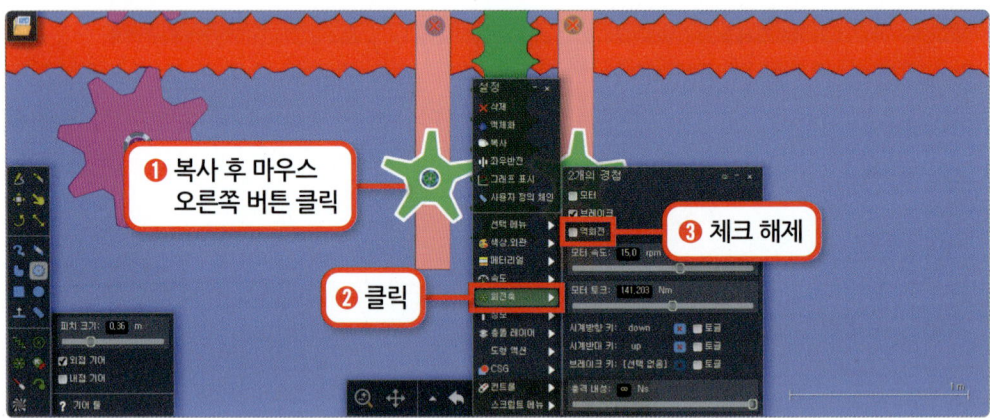

❾ 설치한 기어를 복사하여 그림과 같이 계란 이동 장치를 완성합니다.

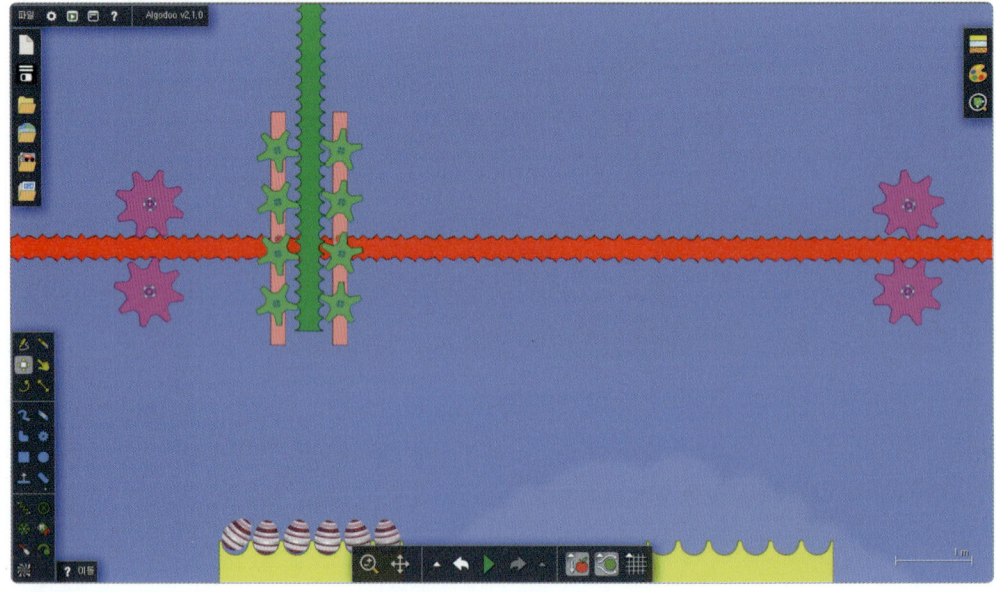

03 인력 적용하기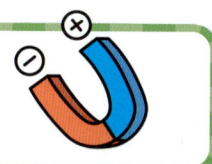

❶ [시뮬레이션 컨트롤] 툴바의 '실행(▶)'을 클릭하여 시뮬레이션을 실행한 후 활성 키를 이용하여 상하 이동 장치를 아래쪽으로 이동시키고 '정지(■■)'를 클릭합니다.

❷ '사각형(■)' 툴을 이용하여 인력을 적용할 판을 만든 후 '고정(⊗)' 툴을 이용하여 이동 장치와 판을 고정시킵니다.

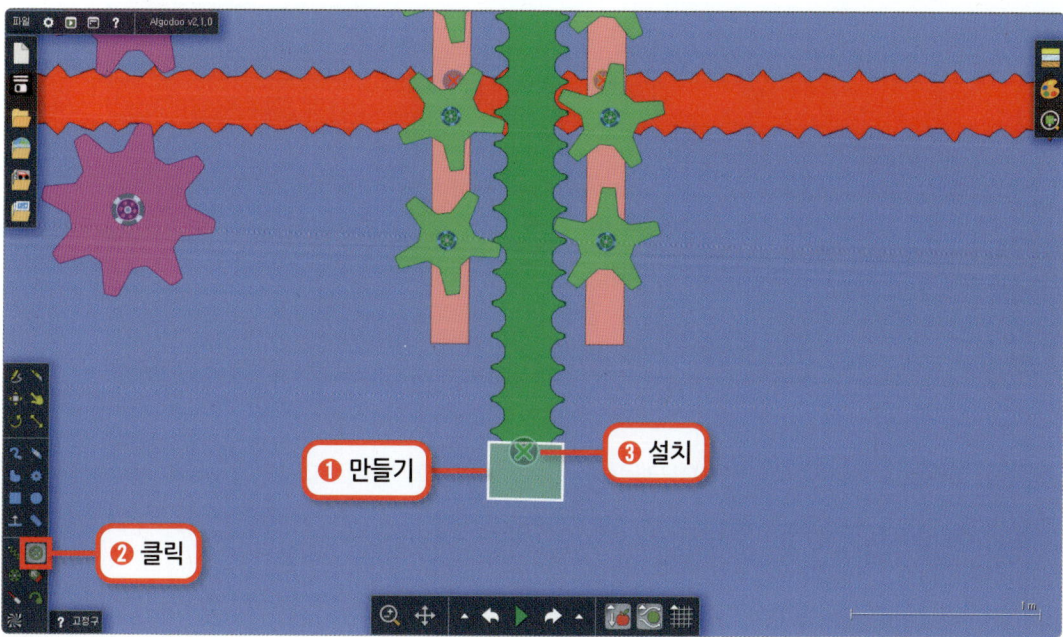

❸ 이어서 판을 선택한 후 [메터리얼 메뉴(▤)]에서 인력을 '30'으로 지정합니다.

Tip 시뮬레이션을 실행했을 때 계란이 판에 붙지 않는다면 인력을 더욱 크게 변경합니다.

❹ 계란을 내려놓을 계란판에도 인력을 적용하기 위해 '사각형(■)' 툴을 이용하여 그림과 같이 사각형을 그린 후 마우스 오른쪽 버튼을 클릭하여 [도형 액션]-[배경에 고정]을 클릭합니다.

❺ 이어서 [메터리얼 메뉴(■)]에서 인력을 '35'로 지정합니다.

계란을 내려놓을 계란판의 인력이 계란을 이동시킬 판의 인력보다 크게 하여 이동하던 계란이 계란판에 떨어질 수 있도록 합니다.

❻ [시뮬레이션 컨트롤] 툴바의 '실행(▶)'을 클릭한 후 계란 이동 장치를 조종하여 계란을 이동시켜 봅니다.

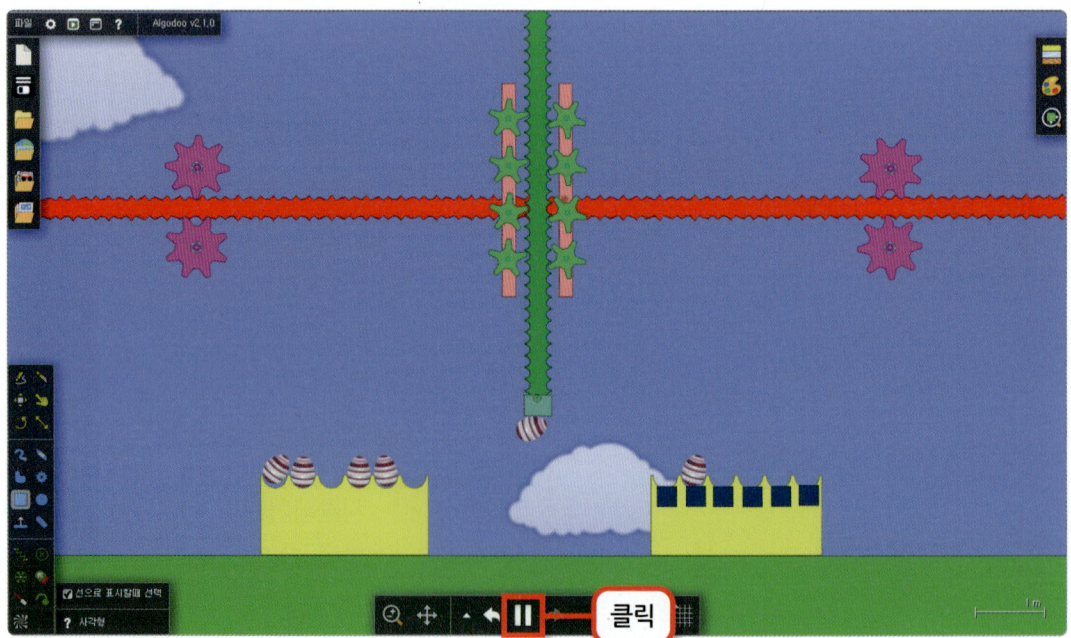

차근차근 실력 UP!

● 예제 파일 구슬.png ● 완성 파일 19강 미션(완성).phz

01 알고두(Algodoo) 아이콘( )을 더블클릭하여 프로그램을 실행한 후 구슬을 이동시킬 수 있는 통로를 만들어 봅니다.

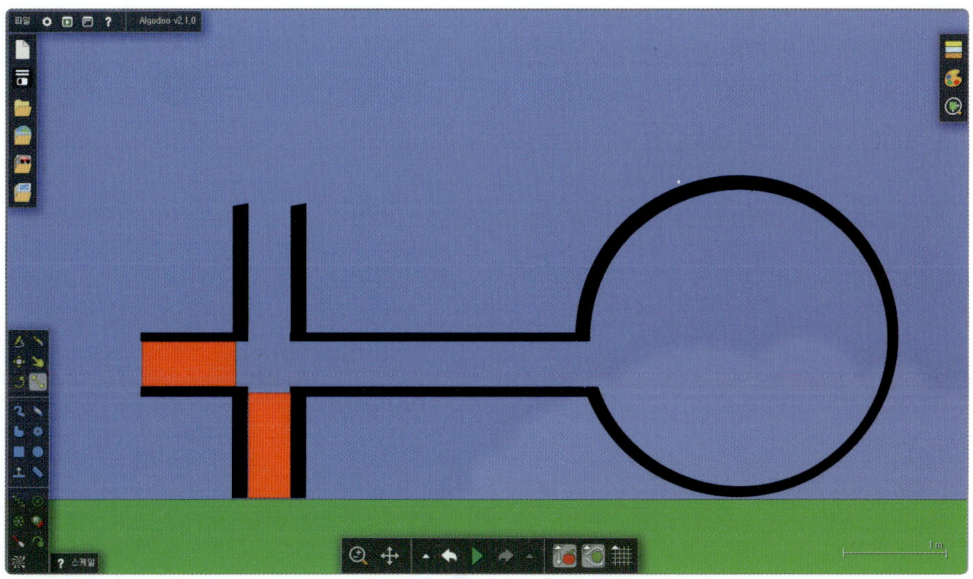

hint
- 척력의 밀어내는 힘을 이용하여 구슬이 바닥에 닿지 않고 이동하도록 만들어 봅니다.
- [메터리얼 메뉴( )]에서 인력을 '양수'로 입력하면 '인력', '음수'로 입력하면 '척력'이 적용됩니다.

02 기어를 이용하여 구슬이 1개씩 떨어지도록 만든 후 시뮬레이션을 실행하고 구슬을 이동시켜 봅니다.

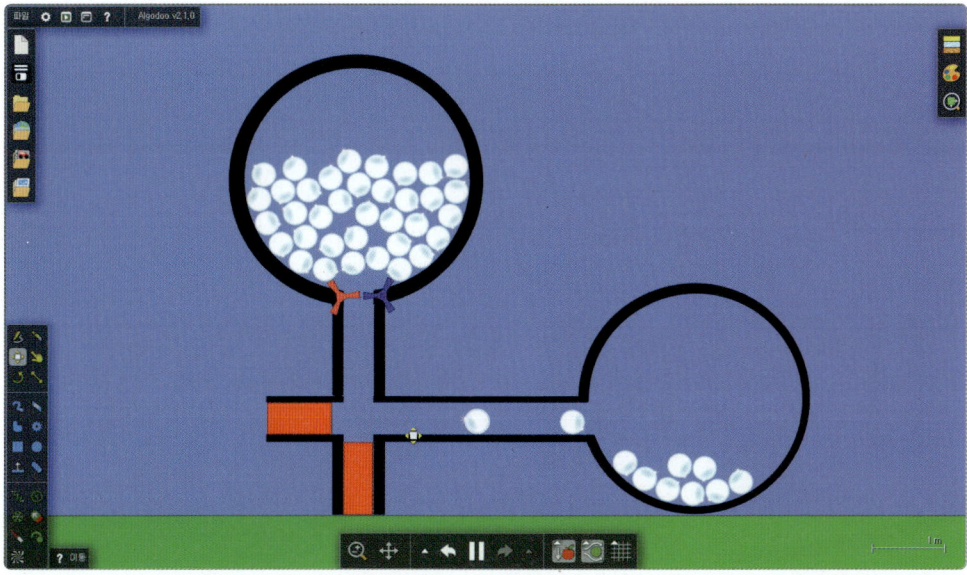

Chapter 20 무한 순환 구슬 만들기

학습내용 알아보기

- 여러 도형을 이용하여 구슬이 이동할 통로를 만들 수 있습니다.
- 얼음 구슬을 만들고 구슬의 질량과 마찰 계수를 조절할 수 있습니다.
- 경로 끝에 튕김판을 만들고 재질을 고무로 변경할 수 있습니다.
- 튕김판의 반발 계수를 조절하여 튕김판에 탄력을 적용할 수 있습니다.

◆ 예제 파일 | 없음 ◆ 완성 파일 | 20강 본문(완성).phz

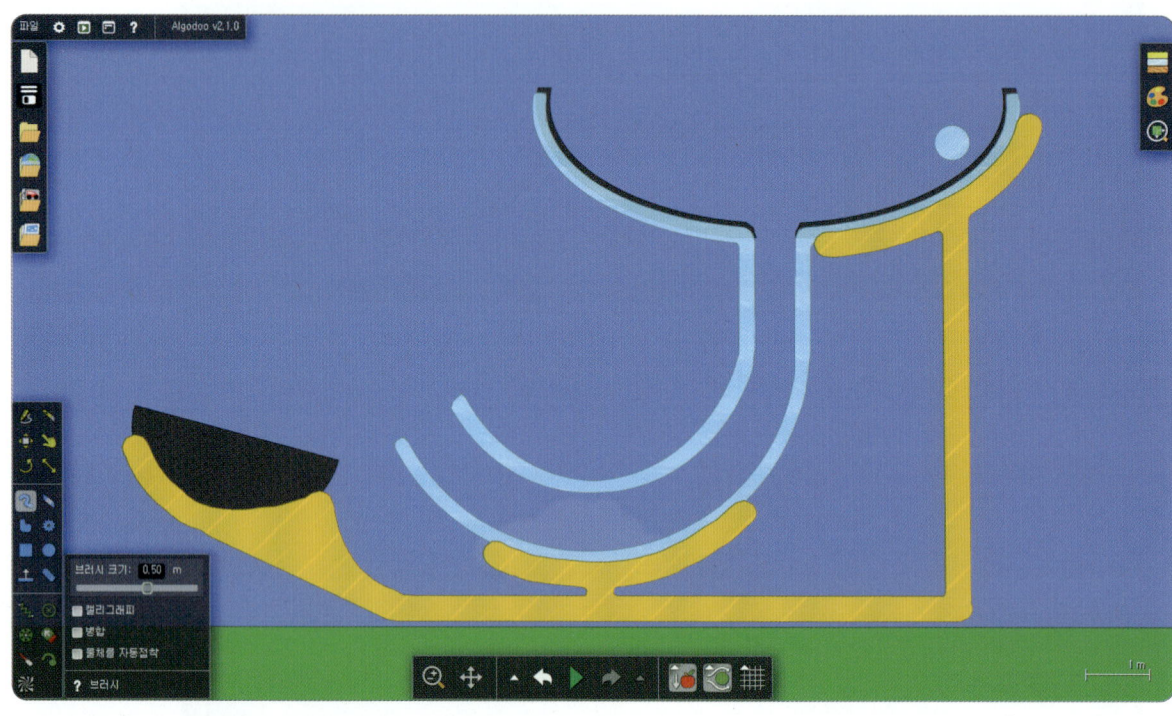

알고두's 쏙쏙 물리

마찰이란 물질이 다른 물질에 맞닿은 상태에서 미끄러져 움직이려고 할 때 이를 방해하는 현상으로, 겨울철 빙판길에서 교통사고가 자주 일어나는 이유는 바로 얼음(빙판)의 마찰력이 낮아 자동차가 미끄러지기 때문입니다. 이번 시간에는 알고두를 통해 얼음 구슬을 만들고 마찰 계수를 조절하여 무한 순환하는 구슬을 만들어 봅니다.

 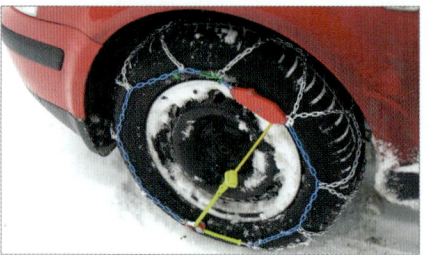

01 구슬 이동 통로 만들기

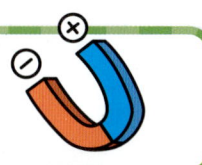

❶ 바탕화면의 알고두(Algodoo) 아이콘()을 더블클릭하여 프로그램을 실행합니다.

❷ 알고두가 실행되면 그림과 같이 구슬이 이동할 통로를 만들고 [메터리얼 메뉴(🟫)]에서 재질을 '얼음'으로 변경합니다.

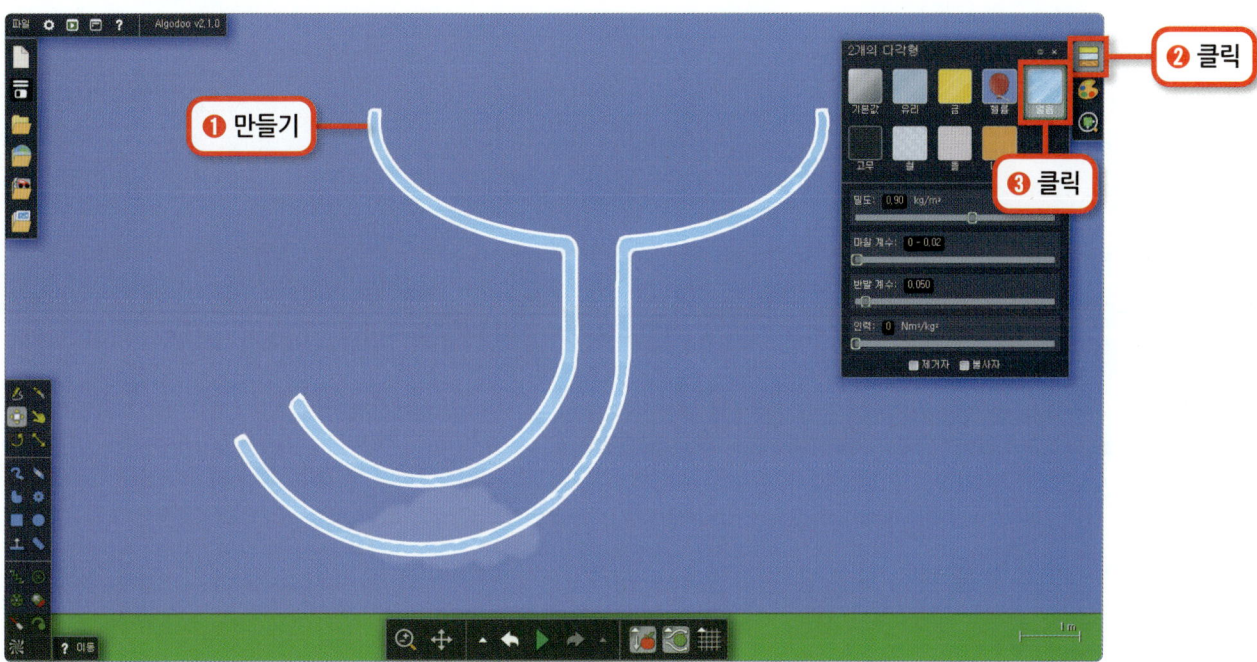

❸ 이어서 통로를 마우스 오른쪽 버튼으로 클릭하여 [도형 액션]-[배경에 고정]을 클릭합니다.

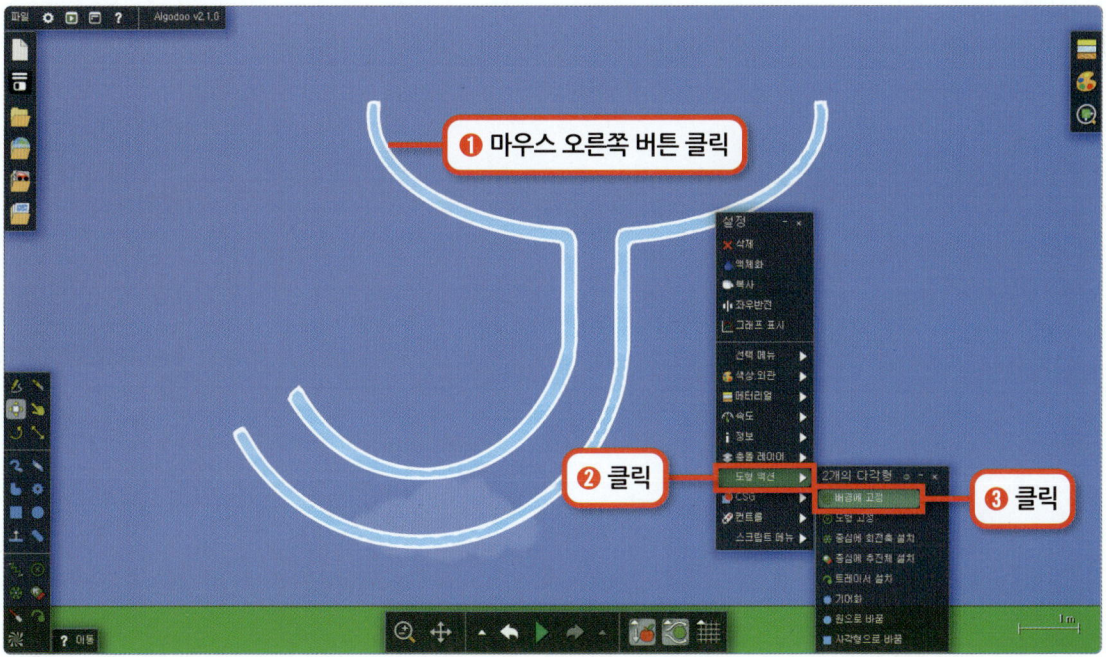

Chapter 20 무한 순환 구슬 만들기 155

❹ '원(◯)' 툴을 이용하여 구슬을 만든 후 [메터리얼 메뉴(▨)]를 클릭하여 재질을 '얼음'으로 변경하고 질량과 마찰 계수를 변경합니다.

❺ 구슬이 통로를 빠져 나오면 튕김판으로 튕겨 다시 위쪽으로 올라가도록 하기 위해 '원(◯)' 툴과 '사각형(▢)' 툴을 이용하여 튕김판을 만들고 [메터리얼 메뉴(▨)]를 클릭하여 재질을 '고무'로 변경한 후 반발 계수를 변경합니다.

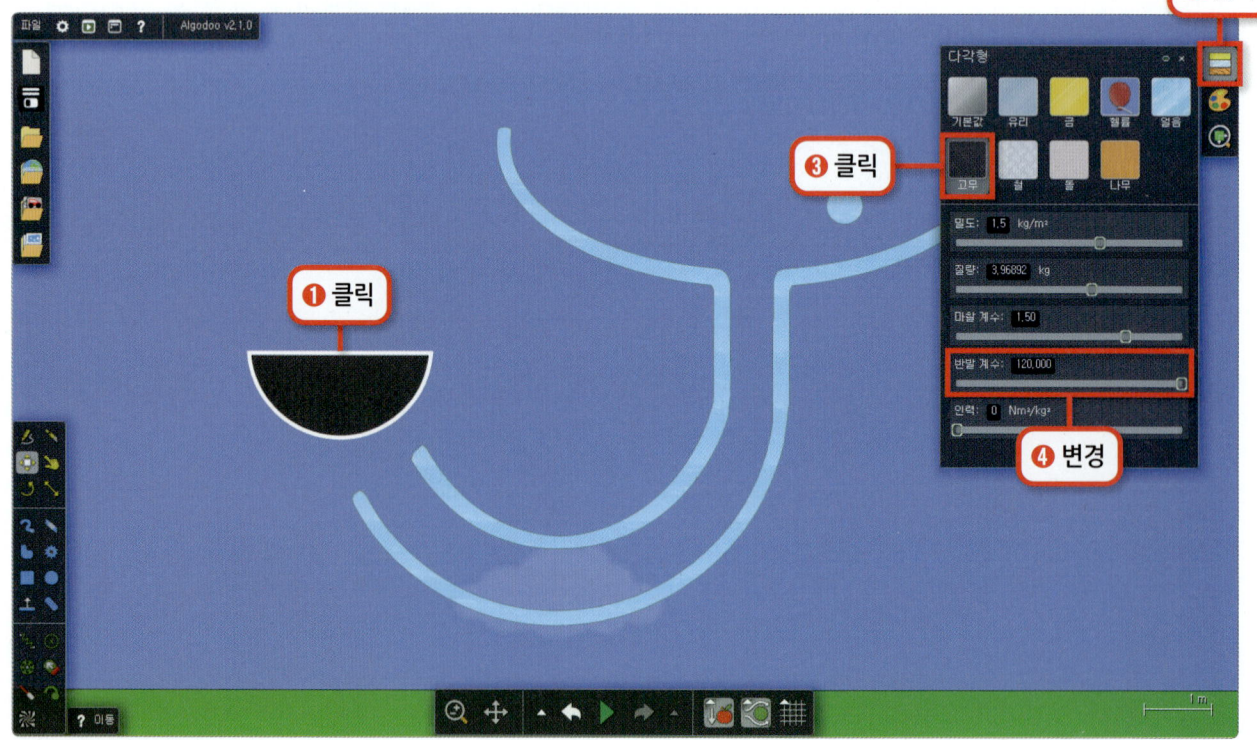

❻ 팅김판을 마우스 오른쪽 버튼으로 클릭한 후 [도형 액션]-[배경에 고정]을 클릭합니다.

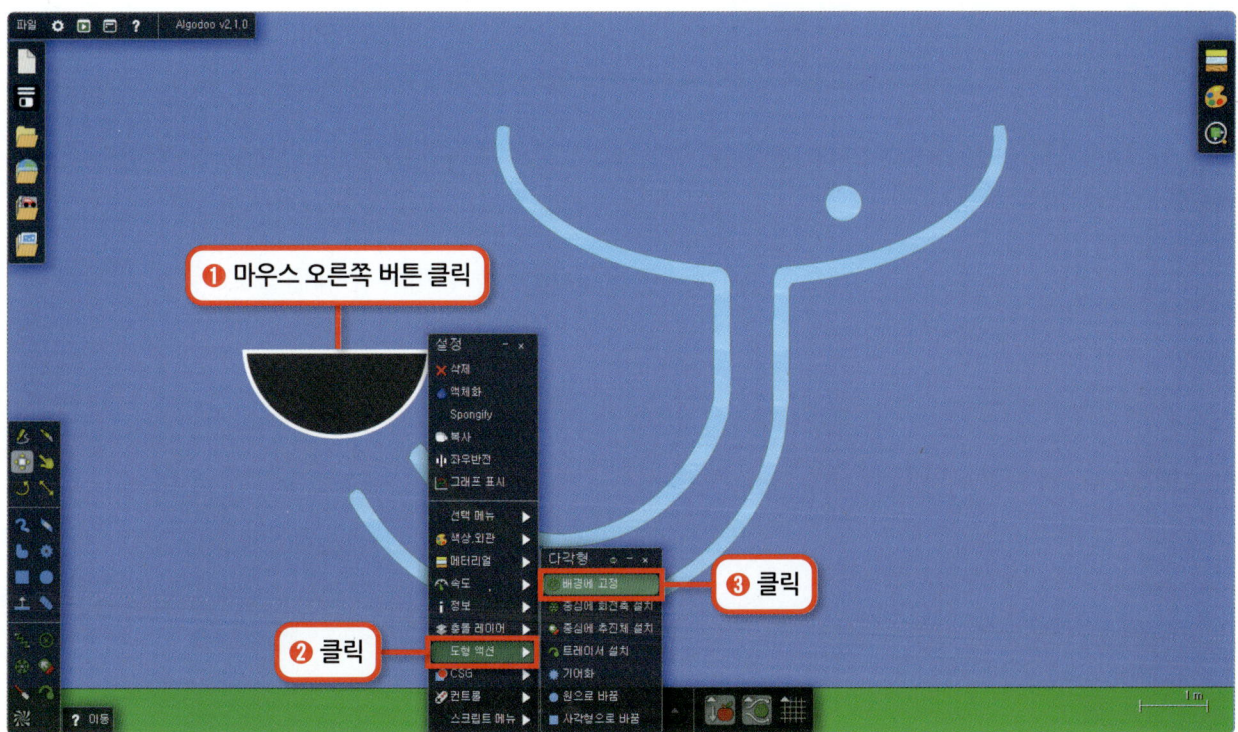

❼ '회전( )' 툴을 이용하여 팅김판이 통로 위쪽을 바라보도록 회전시킵니다.

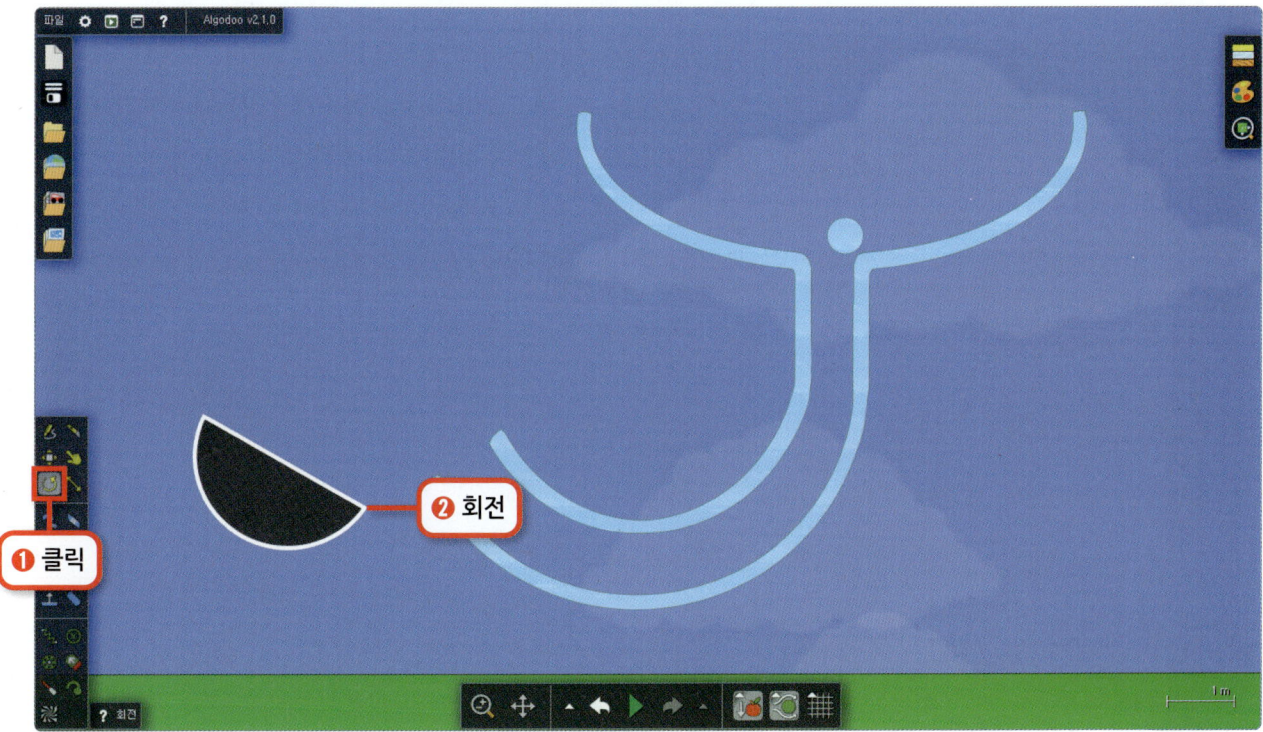

 시뮬레이션을 실행하여 구슬이 팅김판에 닿아 이동 통로의 시작점으로 팅겨 올라갈 수 있도록 팅김판의 위치와 각도, 반발 계수를 조절합니다.

Chapter 20 무한 순환 구슬 만들기

02 고무 받침대 만들기

❶ Ctrl 키를 누른 상태로 이동 통로를 각각 선택한 후 마우스 오른쪽 버튼을 클릭하여 [복사]를 클릭합니다.

❷ 복사된 이동 통로를 선택하고 [메터리얼 메뉴(■)]를 클릭하여 재질을 '고무'로 변경한 후 마찰 계수를 조절합니다.

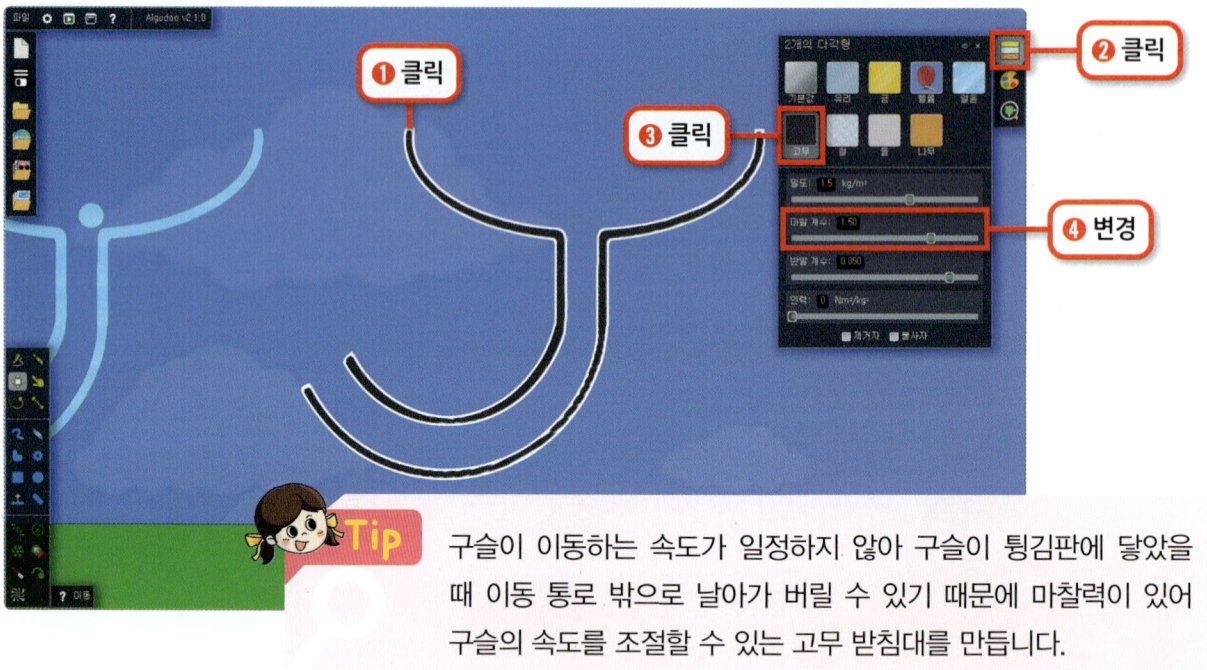

Tip 구슬이 이동하는 속도가 일정하지 않아 구슬이 튕김판에 닿았을 때 이동 통로 밖으로 날아가 버릴 수 있기 때문에 마찰력이 있어 구슬의 속도를 조절할 수 있는 고무 받침대를 만듭니다.

❸ '지우개(■)' 툴을 이용하여 그림과 같이 통로 아래쪽을 삭제합니다.

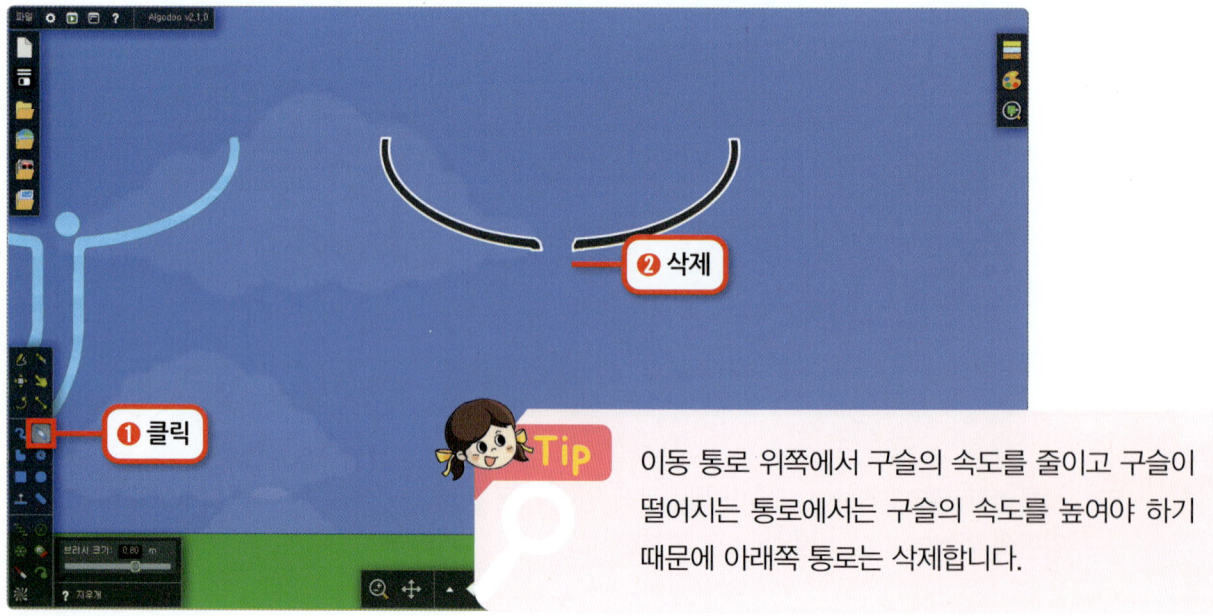

Tip 이동 통로 위쪽에서 구슬의 속도를 줄이고 구슬이 떨어지는 통로에서는 구슬의 속도를 높여야 하기 때문에 아래쪽 통로는 삭제합니다.

❹ 고무 받침대의 위치를 이동 통로 위쪽으로 이동시킨 후 '스케일( )' 툴을 이용하여 크기를 그림과 같이 조절합니다.

❺ 고무 받침대를 마우스 오른쪽 버튼으로 클릭하고 [선택 메뉴]-[뒤로]를 클릭하여 이동 통로가 고무 받침대의 앞쪽에 위치하도록 순서를 변경합니다.

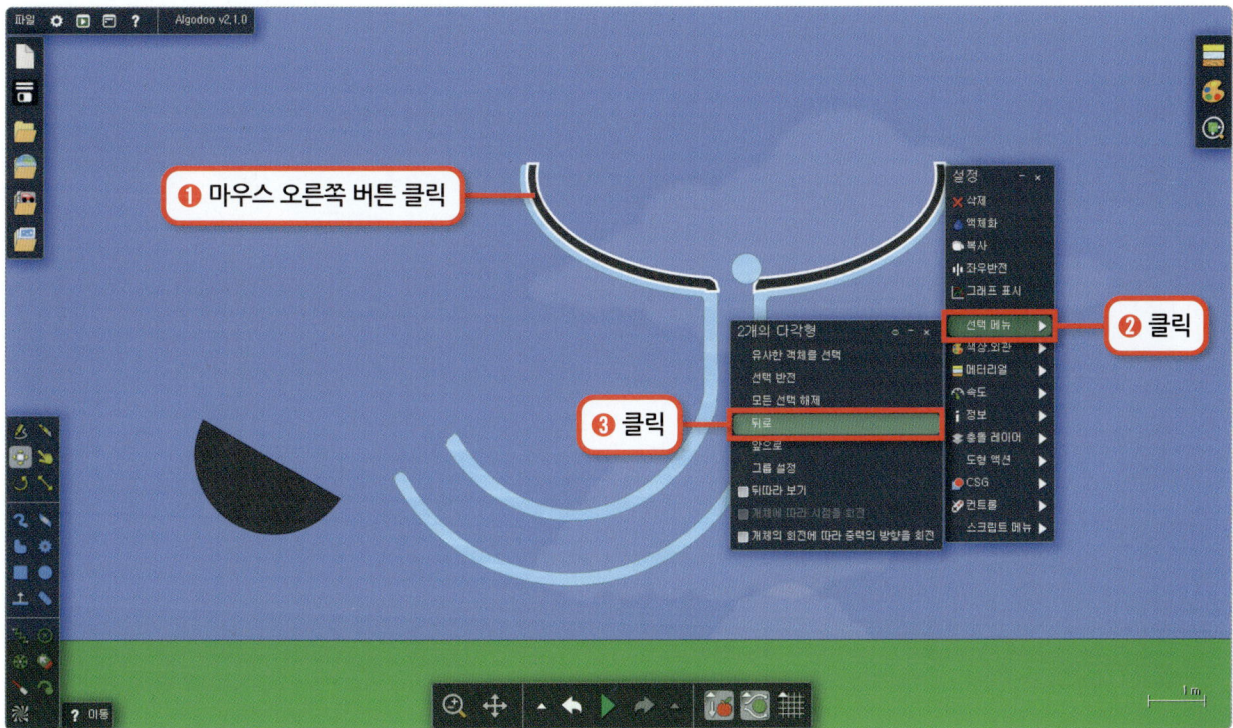

Chapter 20 **무한 순환 구슬 만들기**

❻ [시뮬레이션 컨트롤] 툴바의 '실행(▶)'을 클릭하여 구슬이 계속해서 순환하는지 확인합니다. 구슬이 계속해서 순환하지 않는다면 개체의 마찰 계수, 반발 계수, 위치 등을 조절하여 구슬이 계속해서 순환하도록 실험을 진행해 봅니다.

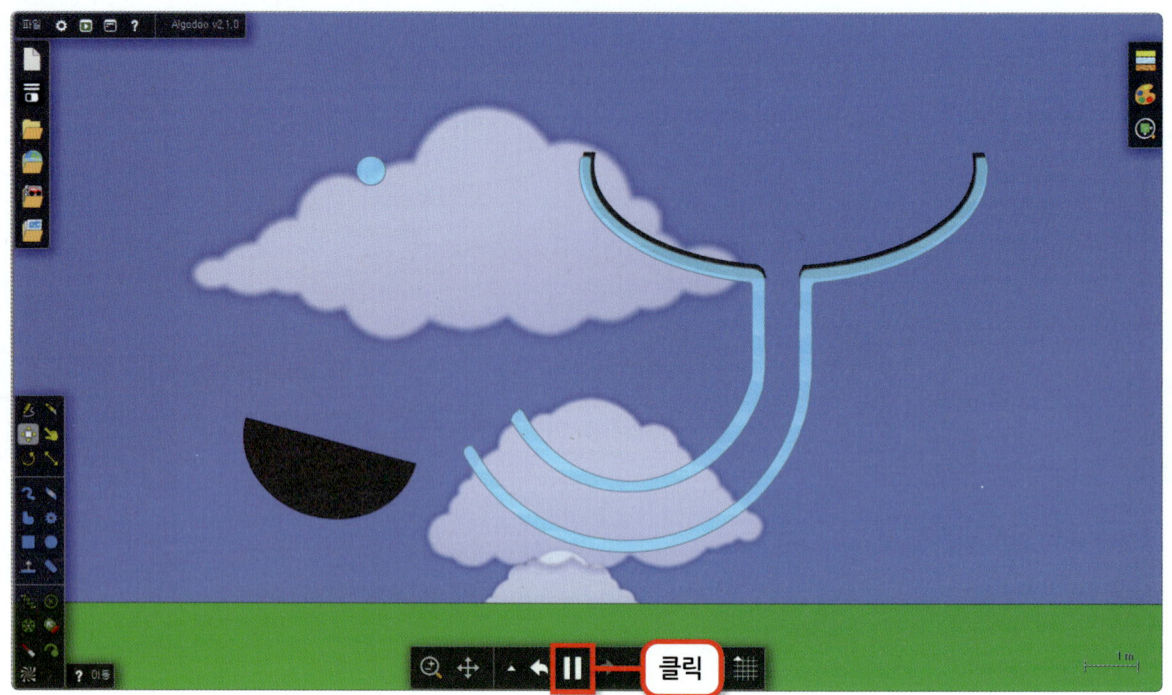

❼ 시뮬레이션을 중지한 후 '브러시( )' 툴을 이용하여 무한 순환 이동 통로를 자유롭게 꾸며 봅니다.

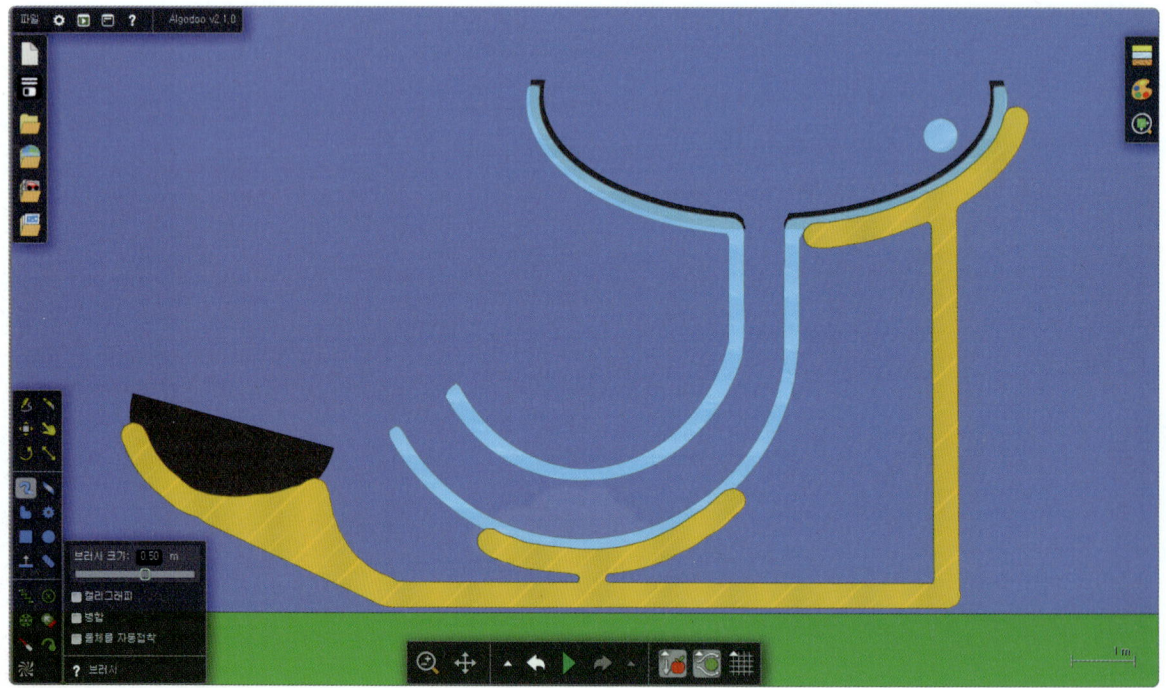

Tip 구슬을 제외한 모든 개체는 배경에 고정시켜야 시뮬레이션을 실행했을 때 움직이지 않습니다.

차근차근 실력 UP!

○ 예제 파일 썰매.png ○ 완성 파일 20강 미션(완성).phz

01 알고두(Algodoo) 아이콘(A)을 더블클릭하여 프로그램을 실행한 후 그림과 같이 썰매장을 만들어 봅니다.

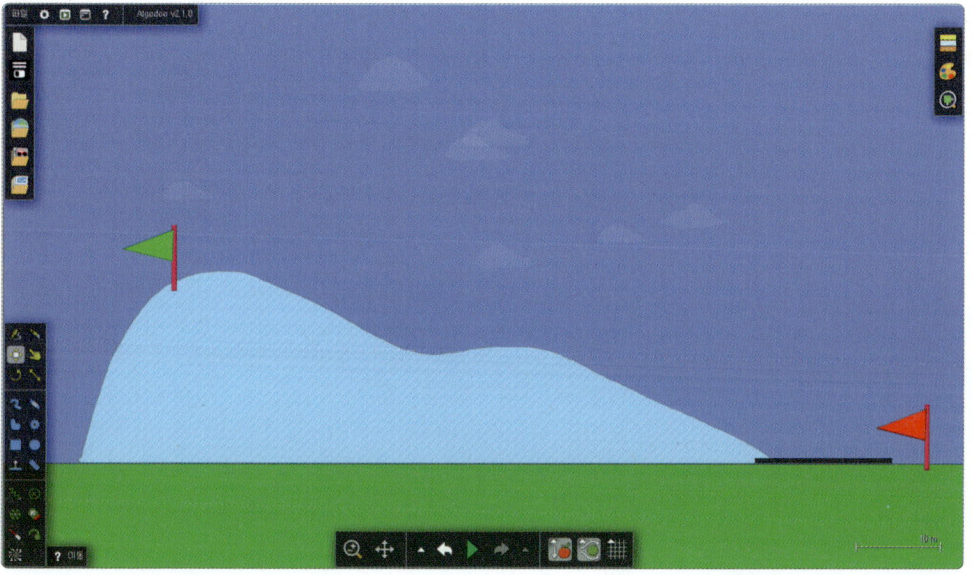

hint 썰매 도착 지점에 고무판을 설치하고 마찰 계수를 조절하여 썰매가 도착 지점에 닿으면 멈출 수 있도록 만들어 봅니다.

02 '썰매' 파일을 불러와 시작 지점에 위치시킨 후 마찰 계수를 조절하고 썰매를 운행해 봅니다.

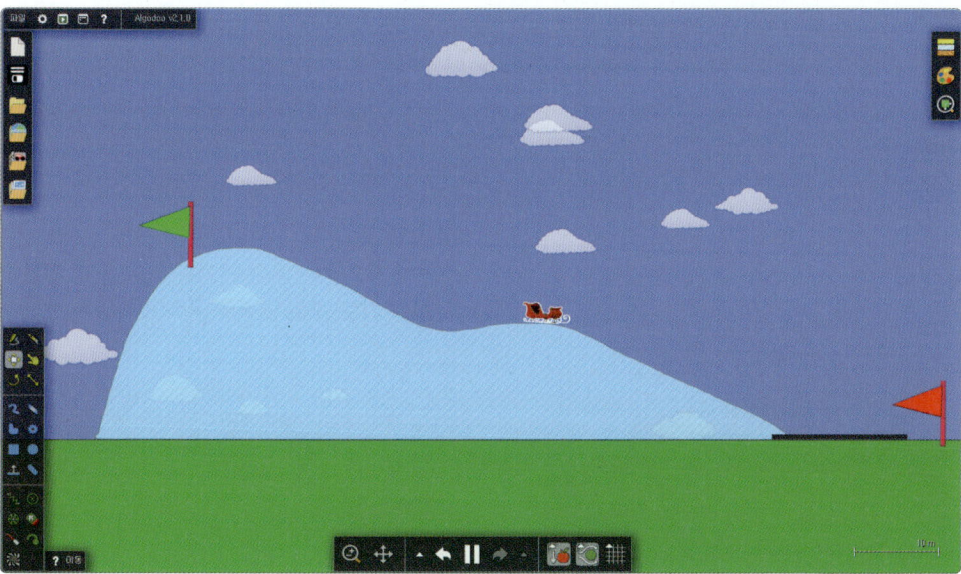

Chapter 20 무한 순환 구슬 만들기 **161**

Chapter 21 관절 인형 만들기

학습내용 알아보기

- 인형의 관절이 될 부분에 회전축을 설치할 수 있습니다.
- 회전축에 활성 키를 지정할 수 있습니다.
- 용수철을 이용하여 인형의 각 부위를 연결할 수 있습니다.
- 고정 툴을 이용하여 인형의 각 부위를 고정시킬 수 있습니다.

◆ **예제 파일** | 21강 본문(예제).phz ◆ **완성 파일** | 21강 본문(완성).phz

알고두's 쏙쏙 물리

관절이란 2개 이상의 뼈가 움직일 수 있는 구조로 맞닿아 있는 결합 방식으로, 뼈와 뼈가 연결되는 부분을 말하며 손가락이나 팔, 다리를 자유롭게 움직일 수 있도록 하는 역할을 합니다. 이번 시간에는 알고두를 통해 인형의 각 부위에 회전축을 설치하여 관절을 만들고, 용수철을 이용하여 관절의 가동 범위를 지정한 후 활성 키로 관절 인형을 움직여 보도록 합니다.

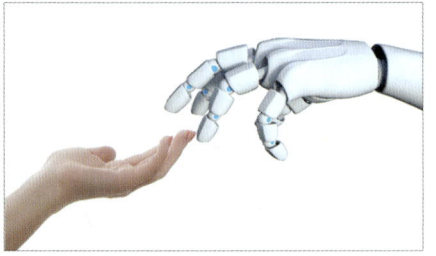

01 관절 인형 만들기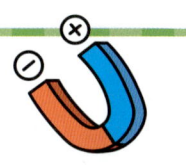

❶ 바탕화면의 알고두(Algodoo) 아이콘()을 더블클릭하여 프로그램을 실행합니다.

❷ 알고두가 실행되면 [장면 모음] 툴바의 [내 장면(📁)]을 클릭하여 '21강 본문(예제).phz' 파일을 불러옵니다.

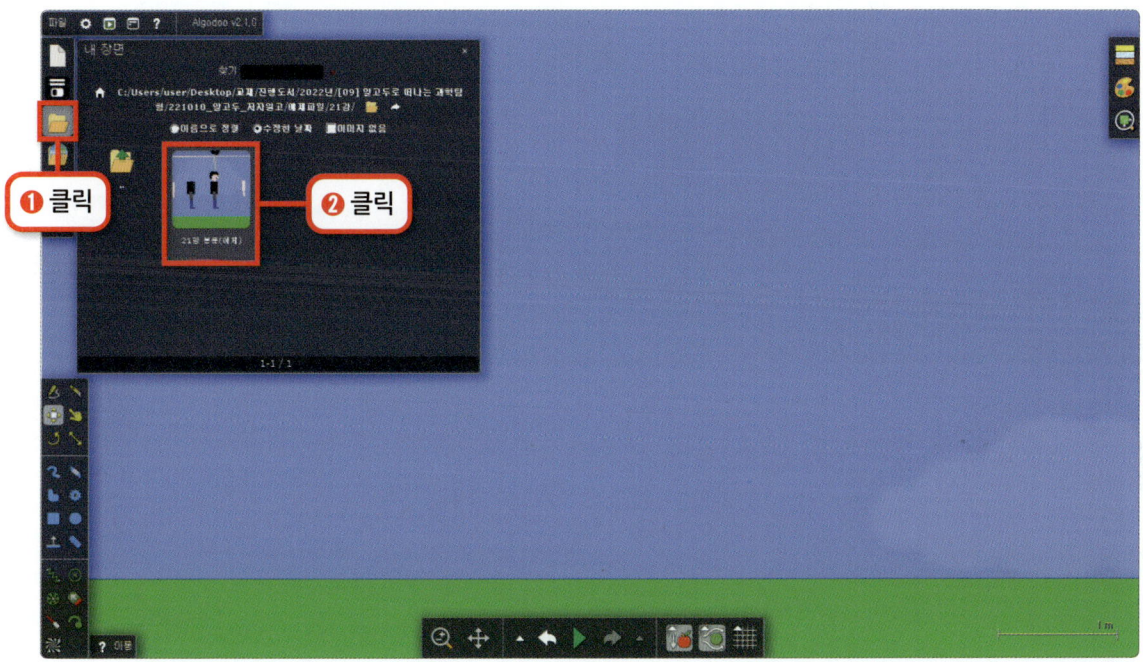

❸ '회전축(⚙)' 툴을 클릭하고 그림과 같이 인형의 관절이 될 부위에 회전축을 설치합니다.

Tip 회전축은 두 도형이 겹쳐진 부분에 설치합니다. 도형이 겹치지 않은 곳에 회전축을 설치하면 개체가 배경에 고정되어 회전시킬 수 없습니다.

❹ 인형의 왼쪽 엉덩이 쪽의 회전축을 마우스 오른쪽 버튼으로 클릭하여 [회전축]-[브레이크]에 체크한 후 모터 속도를 '30'으로 변경하고 활성 키를 지정합니다.

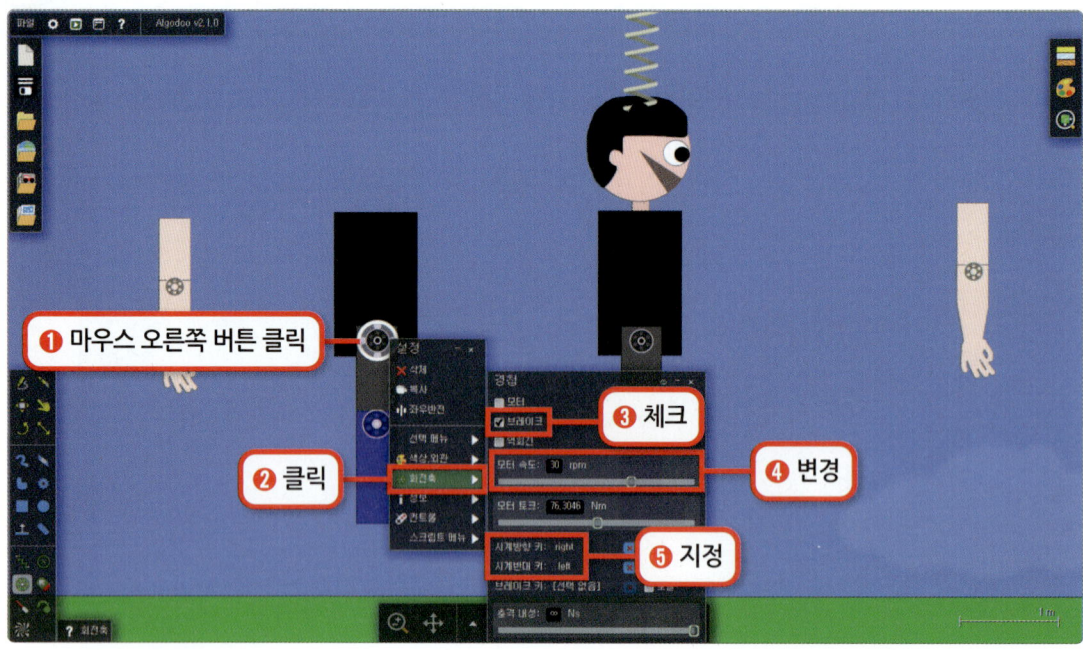

❺ 오른쪽 엉덩이 쪽의 회전축을 마우스 오른쪽 버튼으로 클릭하여 [회전축]-[브레이크], [역회전]에 체크한 후 모터 속도를 '30'으로 변경하고 활성 키를 지정합니다.

❻ 인형의 무릎에 설치한 회전축들도 다음 표와 같이 속성 값을 변경해 봅니다.

부위	활성화	모터 속도	시계방향 키	시계반대 키
왼쪽 무릎	브레이크	0.8	오른쪽 방향키	왼쪽 방향키
오른쪽 무릎	브레이크	0.8	오른쪽 방향키	왼쪽 방향키

❼ '이동( )' 툴을 클릭하여 인형의 왼쪽 팔과 오른쪽 팔을 그림과 같이 이동시킵니다.

❽ 이어서 '회전축( )' 툴을 클릭하고 인형 팔의 어깨 부위에 회전축을 설치합니다.

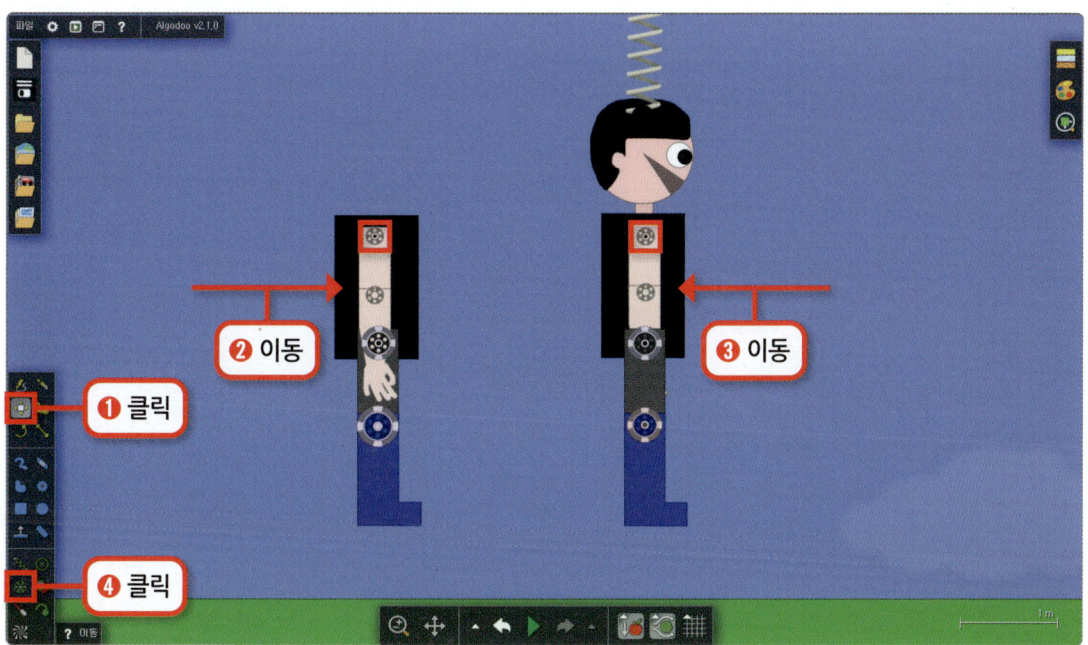

❾ ❺와 같은 방법으로 다음 표를 참고하여 인형의 양쪽 어깨와 팔에 위치한 회전축의 속성 값을 변경해 봅니다.

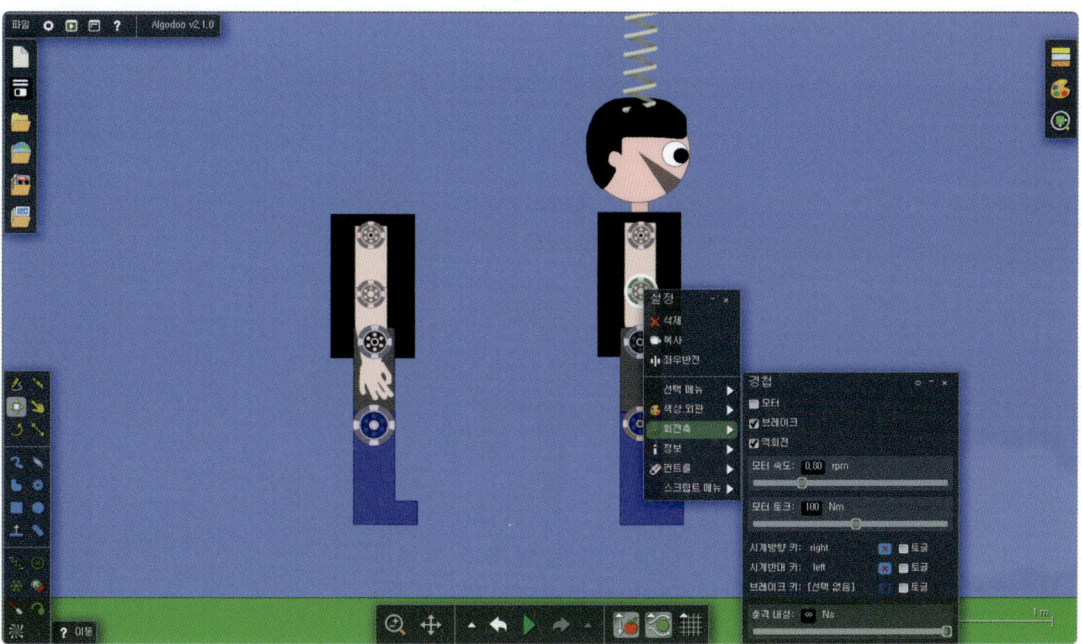

부위	활성화	모터 속도	시계방향 키	시계반대 키
왼쪽 어깨	브레이크	30	오른쪽 방향키	왼쪽 방향키
오른쪽 어깨	브레이크, 역회전	30	오른쪽 방향키	왼쪽 방향키
왼쪽 팔	브레이크, 역회전	0.8	오른쪽 방향키	왼쪽 방향키
오른쪽 팔	브레이크, 역회전	0.8	오른쪽 방향키	왼쪽 방향키

Chapter 21 관절 인형 만들기

⑩ 인형의 왼쪽 팔을 선택한 후 '회전( )' 툴을 이용하여 '90'도만큼 회전시키고 '용수철( )' 툴을 이용하여 그림과 같이 손과 어깨를 연결합니다.

⑪ ⑩과 같은 방법으로 오른쪽 팔도 회전시키고 손과 어깨를 연결합니다.

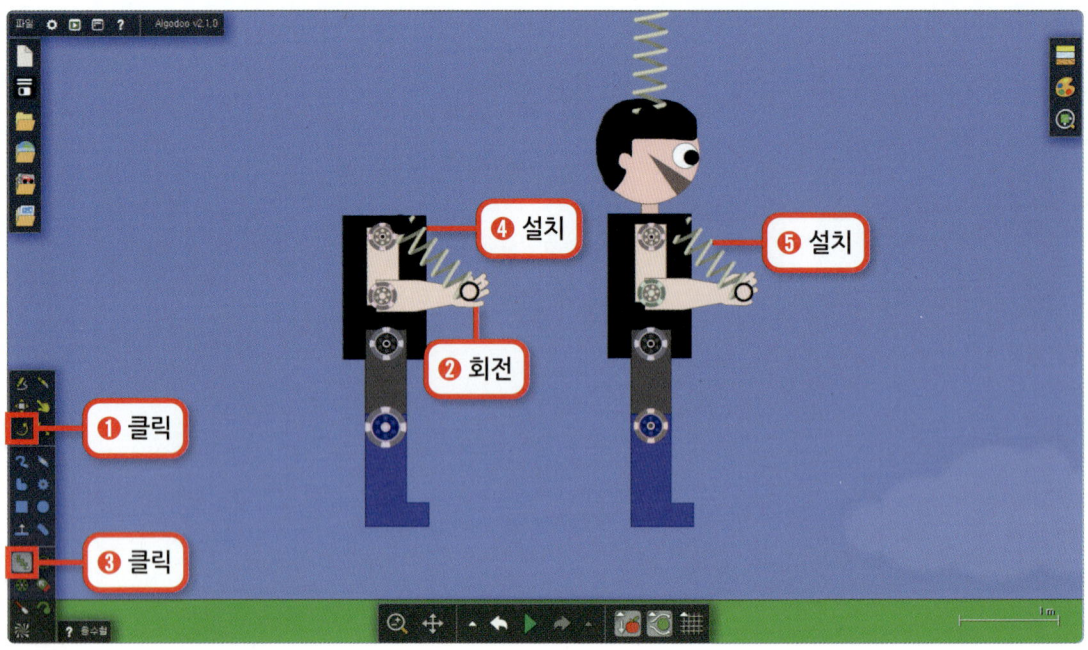

 인형의 손과 어깨에 용수철을 설치하여 인형의 팔이 반대로 뒤집히지 않도록 합니다.

⑫ 인형의 양쪽 다리도 그림과 같이 '90'도만큼 회전시키고 '용수철( )' 툴을 이용하여 발 뒤꿈치와 엉덩이를 연결합니다.

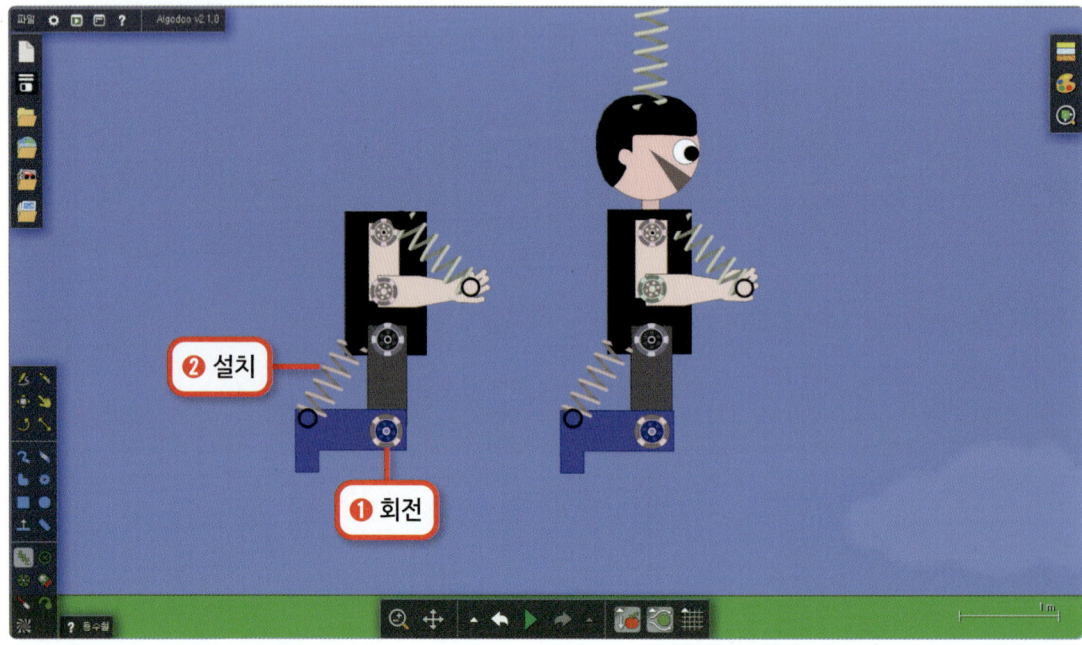

02 관절 인형 조립하기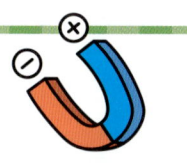

❶ '회전( )' 툴을 이용하여 인형의 팔과 다리를 원래 상태로 회전시킵니다.

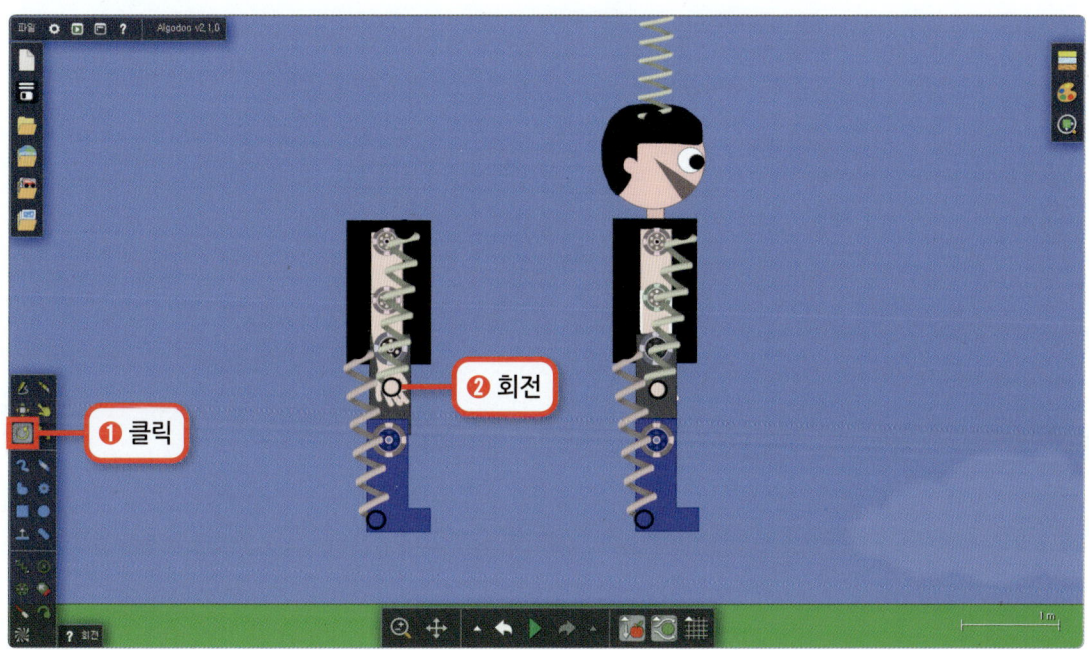

❷ '이동( )' 툴을 이용하여 인형의 왼쪽 몸통을 전부 선택한 후 마우스 오른쪽 버튼을 클릭하여 [선택 메뉴]-[앞으로]를 클릭합니다.

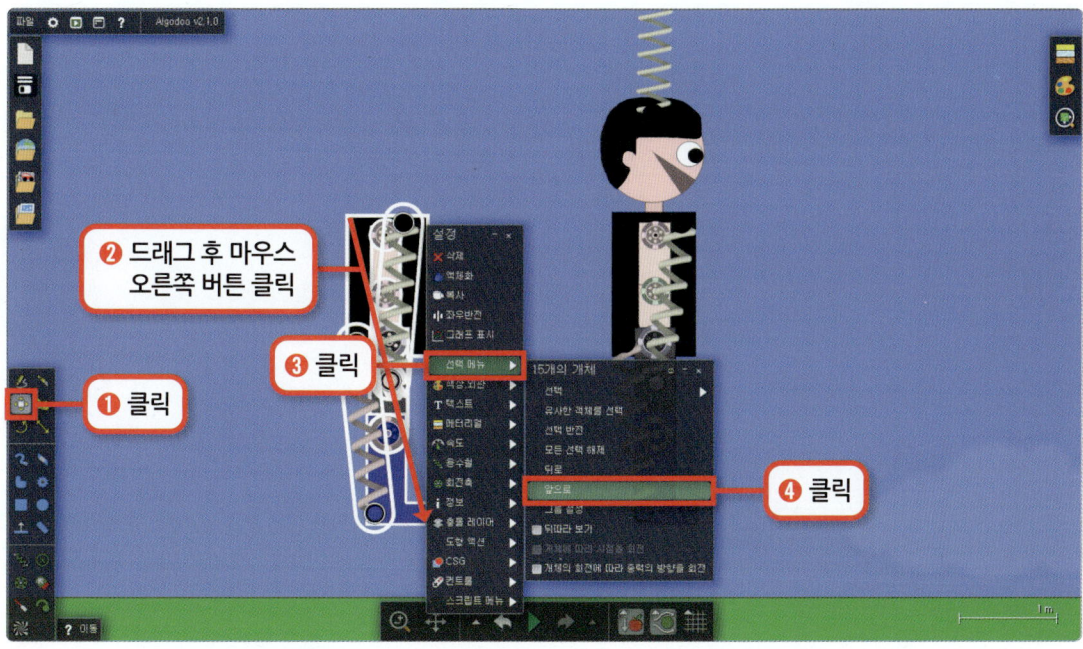

Tip 인형 왼쪽 몸통을 오른쪽 몸통에 고정시켜야 하기 때문에 왼쪽 몸통의 순서를 앞쪽으로 변경합니다.

❸ 왼쪽 몸통을 오른쪽 몸통 위치로 이동시킨 후 '고정( )' 툴을 이용하여 그림과 같이 고정시킵니다.

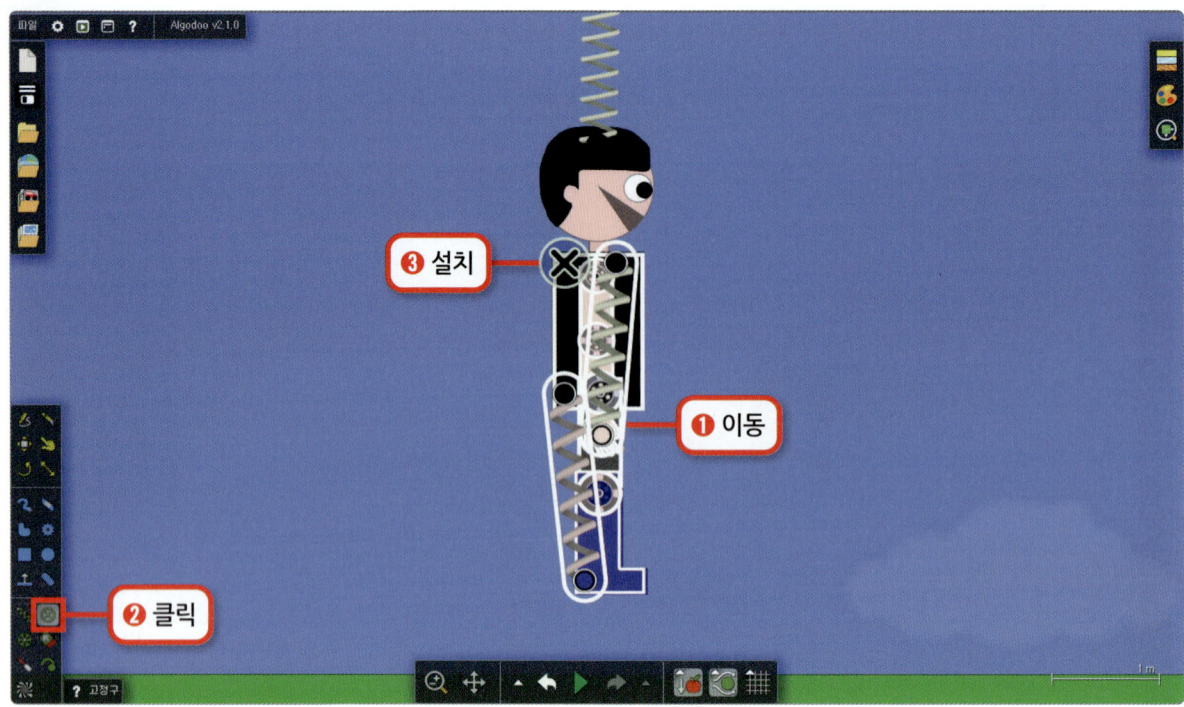

❹ [시뮬레이션 컨트롤] 툴바의 '실행( )'을 클릭하고 활성 키를 눌러 관절 인형을 움직여 봅니다.

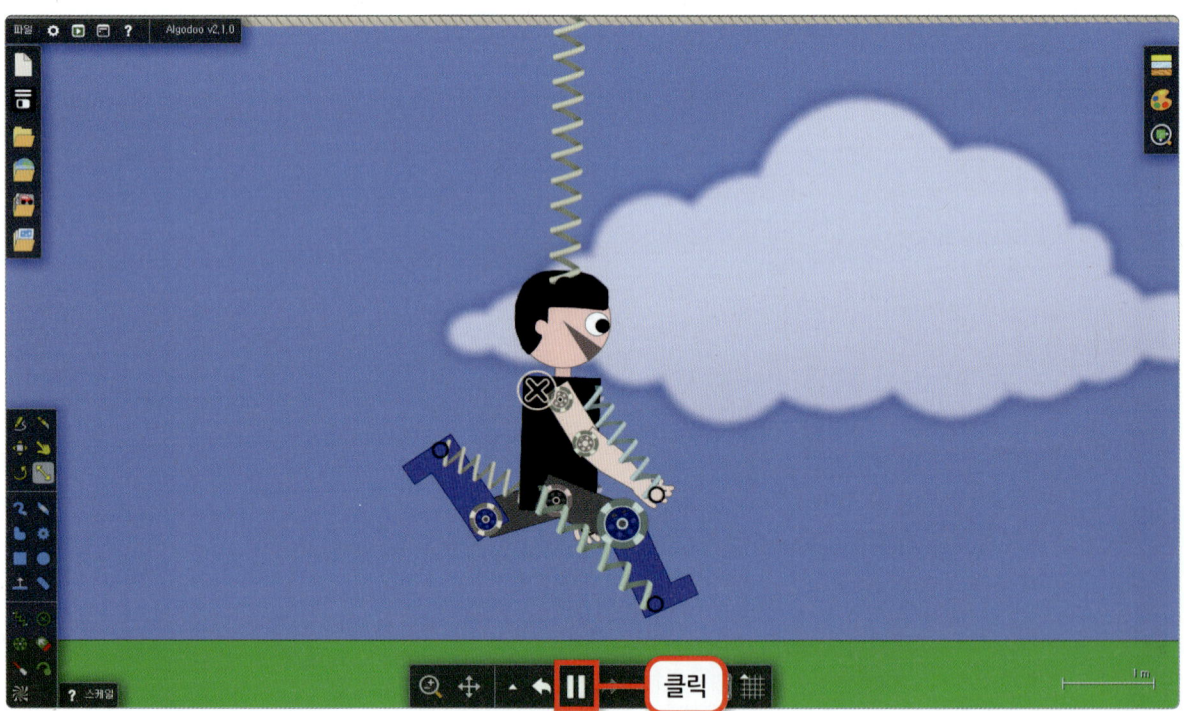

Tip 시뮬레이션 실행 시 관절 인형이 제대로 움직이지 않는다면 '회전( )' 툴을 이용하여 인형 관절의 각도를 수정해 봅니다.

차근차근 실력 UP!

○ 예제 파일 없음　○ 완성 파일 21강 미션(완성).phz

01 알고두(Algodoo) 아이콘(🅐)을 더블클릭하여 프로그램을 실행한 후 그림과 같이 거미를 만들어 봅니다.

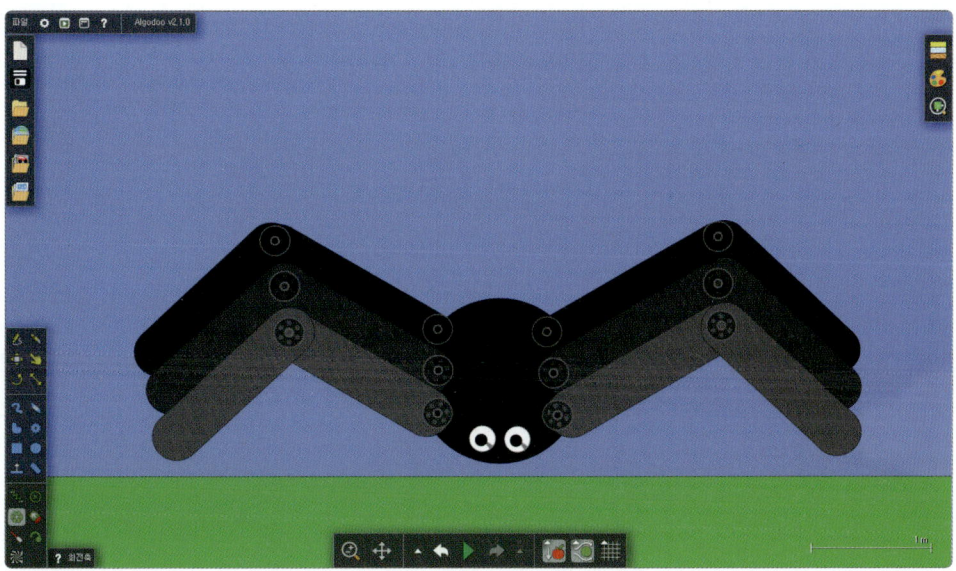

hint
- 거미 모양을 만들고 거미 다리의 각 관절 부위에 회전축을 설치합니다.
- 거미 각 다리의 충돌 그룹을 변경하여 시뮬레이션 실행 시 거미의 다리끼리 부딪혀도 충돌이 일어나지 않도록 합니다.

02 회전축에 활성 키를 적용하고 속성 값을 변경한 후 시뮬레이션을 실행하여 거미를 제어해 봅니다.

Chapter 22 사탕 뽑기 기계 만들기

학습내용 알아보기

- 원 툴과 브러시 툴을 이용하여 집게를 만들 수 있습니다.
- 체인 툴을 이용하여 집게와 도르래를 연결할 수 있습니다.
- 기어에 활성 키를 지정하여 집게를 좌우로 이동시킬 수 있습니다.
- 회전축에 활성 키를 지정하여 집게를 상하로 이동시킬 수 있습니다.
- 회전축에 활성 키를 지정하여 집게를 열고 닫을 수 있습니다.

◆ **예제 파일** | 22강 본문(예제).phz   ◆ **완성 파일** | 22강 본문(완성).phz

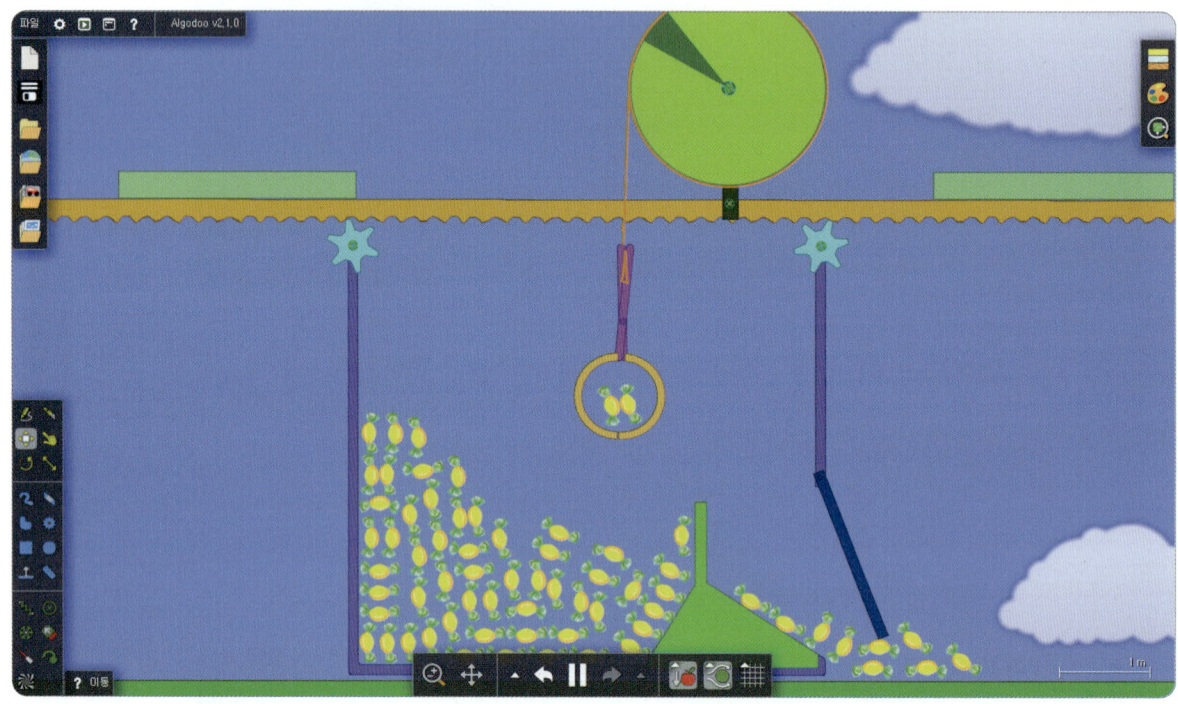

알고두's 쏙쏙 물리

집게는 물건을 집는 데 쓰는 도구로, 빨래를 건조하는 데 사용되는 빨래집게부터 무거운 물건을 나를 때 쓰이는 집게차(너클 크레인) 등 다양한 곳에서 사용되고 있습니다. 이번 시간에는 알고두를 통해 집게가 달린 사탕 뽑기 기계를 만들고 기어와 회전축에 활성 키를 지정하여 사탕 뽑기 기계를 조종해 봅니다.

01 사탕 뽑기 기계 만들기

① 바탕화면의 알고두(Algodoo) 아이콘( )을 더블클릭하여 프로그램을 실행합니다.

② 알고두가 실행되면 [장면 모음] 툴바의 [내 장면( )]을 클릭하여 '22강 본문(예제).phz' 파일을 불러옵니다.

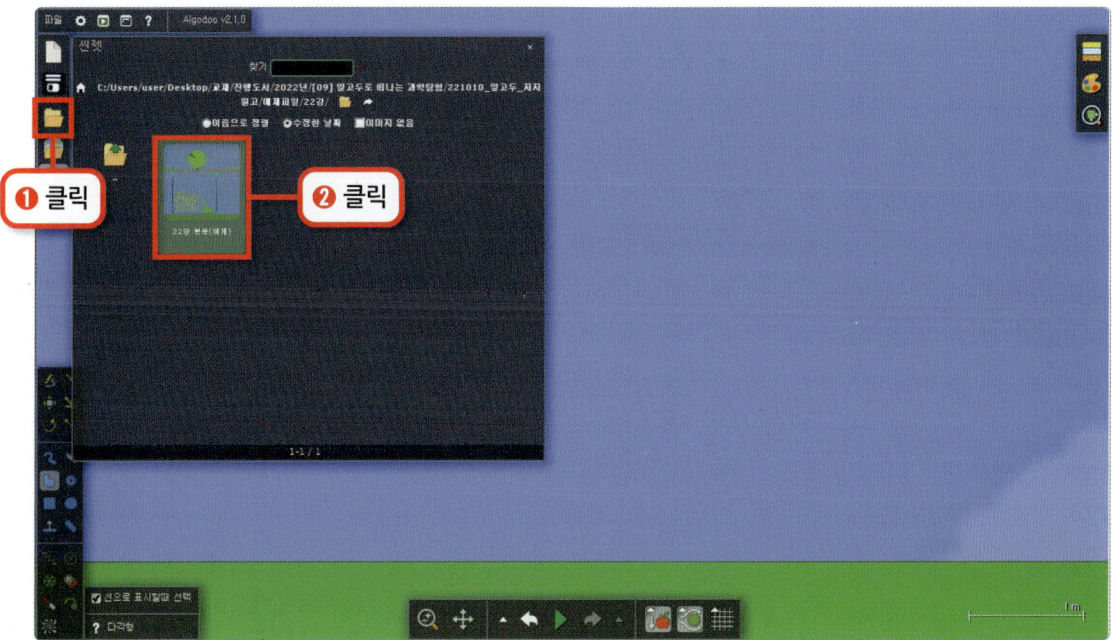

③ 사탕을 집을 집게를 만들기 위해 '원( )' 툴을 이용하여 그림과 같이 2개의 원을 그리고 작은 원을 마우스 오른쪽 버튼을 클릭하여 [CSG]-[차집합]을 클릭한 후 작은 원은 삭제합니다.

Chapter 22 사탕 뽑기 기계 만들기 171

❹ '사각형(■)' 툴을 이용하여 그림과 같이 사각형을 그리고 사각형을 마우스 오른쪽 버튼으로 클릭하여 [CSG]-[차집합]을 클릭한 후 사각형을 삭제합니다.

❺ '브러시(🖌)' 툴을 클릭하고 [속성] 창에서 [병합]을 체크 해제한 후 그림과 같이 집게 손잡이를 그립니다.

❻ '이동(✥)' 툴을 클릭하고 마우스를 드래그하여 집게와 집게 손잡이를 전부 선택한 후 마우스 오른쪽 버튼을 클릭하여 [도형 액션]-[도형 고정]을 클릭합니다.

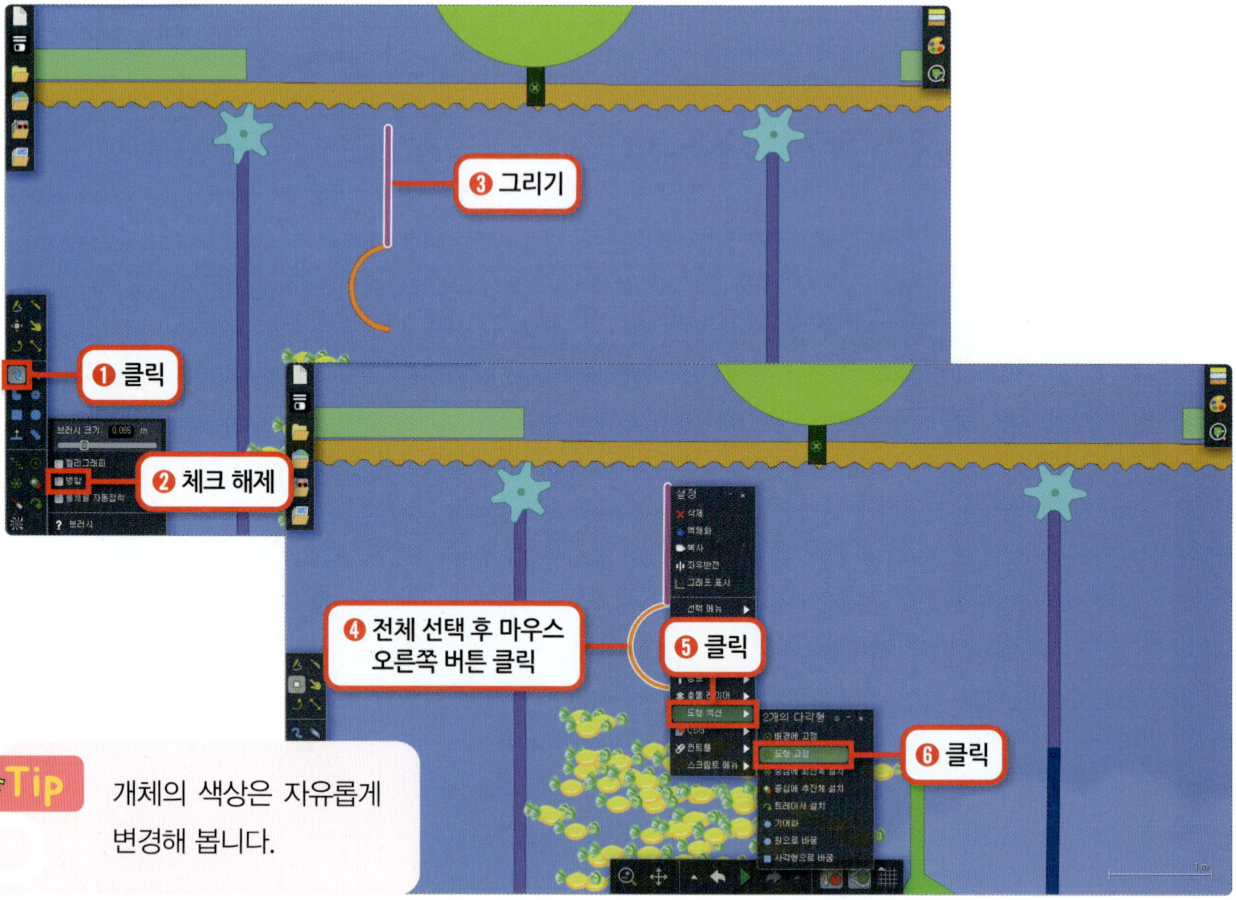

Tip 개체의 색상은 자유롭게 변경해 봅니다.

❼ 그룹화된 집게를 마우스 오른쪽 버튼으로 클릭한 후 [복사]를 클릭하고 복사된 집게를 마우스 오른쪽 버튼으로 클릭한 후 [좌우반전]을 클릭합니다.

❽ '회전( )' 툴을 이용하여 한쪽 집게를 회전시킨 후 '이동( )' 툴을 이용하여 그림과 같이 이동시킵니다.

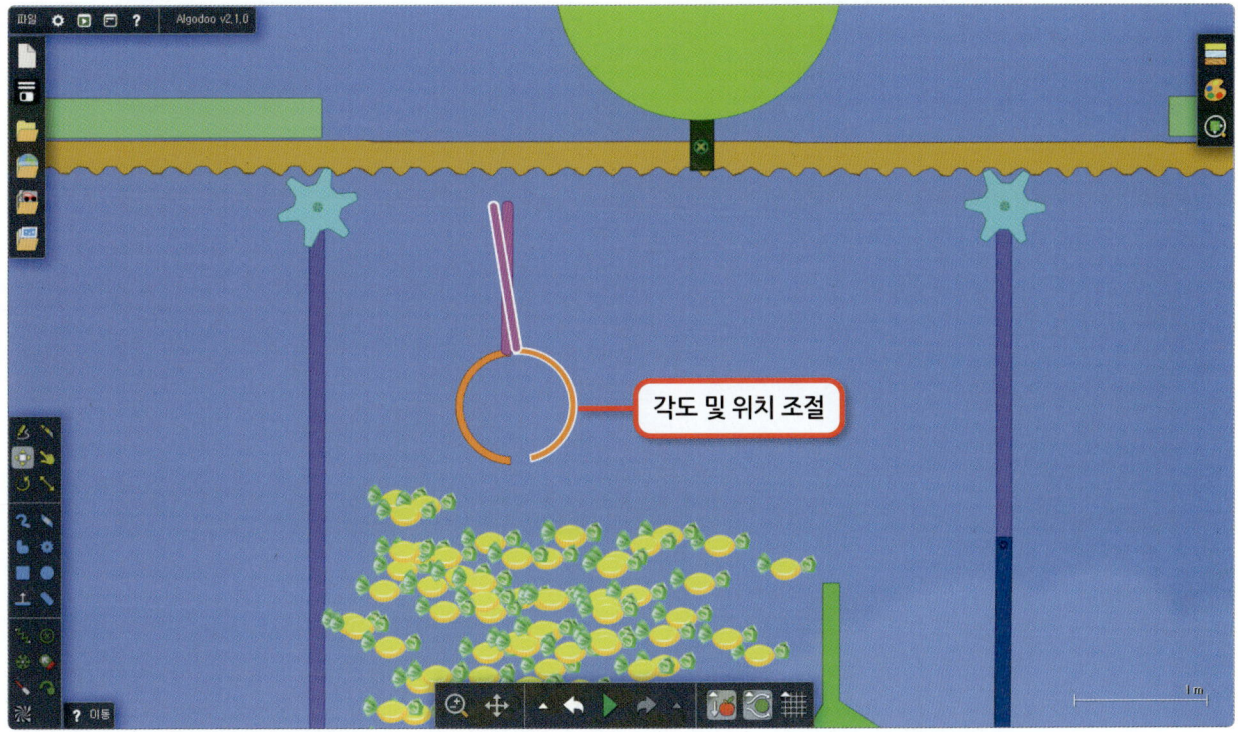

Chapter 22 사탕 뽑기 기계 만들기

⑨ '회전축( )' 툴을 클릭하여 집게가 겹쳐진 부분에 회전축을 설치합니다.

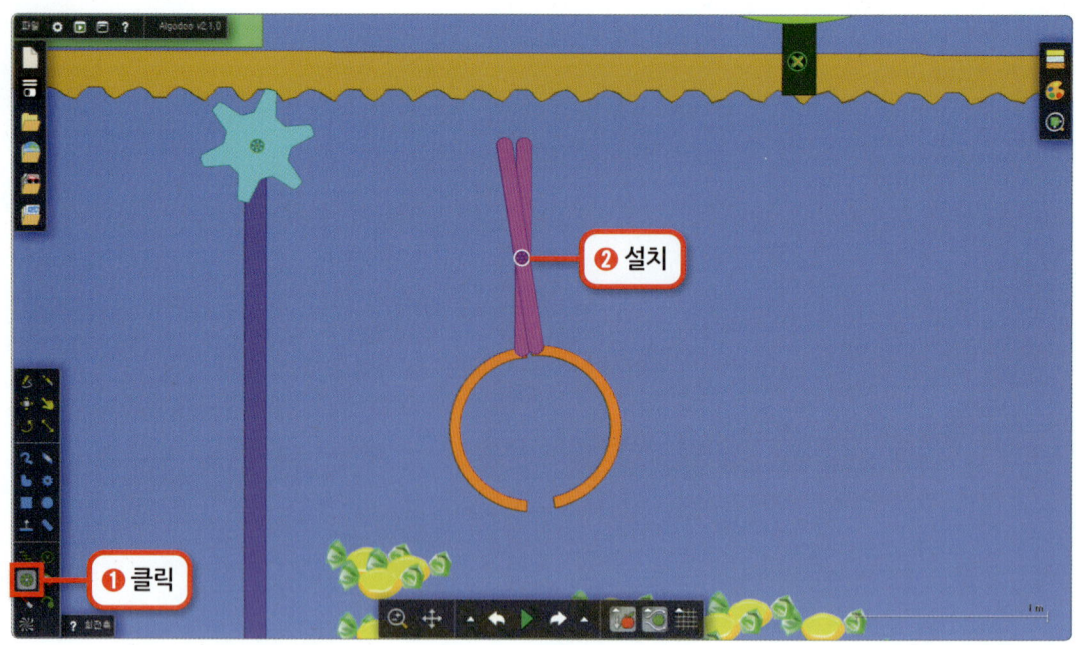

⑩ '체인( )' 툴을 이용하여 그림과 같이 집게 손잡이 끝과 도르래가 될 원을 연결한 후 체인을 마우스 오른쪽 버튼으로 클릭하여 [충돌 레이어]-[충돌 그룹 B]에 체크하고 [충돌 그룹 A]를 체크 해제합니다.

- 체인이 도르래가 될 원에서 떨어지지 않도록 연결합니다. 체인의 길이는 집게가 아래쪽으로 내려갈 수 있는 정도를 결정하기 때문에 사탕을 집을 수 있을 정도의 길이로 체인을 연결합니다.
- 도르래가 될 원은 '충돌 그룹 B'로 지정되어 있습니다. 체인이 집게와는 충돌하지 않고 원에 감길 수 있도록 체인의 충돌 그룹도 원의 충돌 그룹과 동일하게 지정합니다.

02 사탕 뽑기 기계 제어하기

① 도르래의 회전축을 마우스 오른쪽 버튼으로 클릭한 후 [회전축]-[브레이크]에 체크하고 '시계방향 키(↑)', '시계반대 키(↓)'를 활성 키로 지정합니다.

② 집게를 좌우로 움직이기 위해 왼쪽 기어를 마우스 오른쪽 버튼으로 클릭한 후 [회전축]-[브레이크]에 체크하고 '시계방향 키(→)', '시계반대 키(←)'를 활성 키로 지정합니다.

Chapter 22 사탕 뽑기 기계 만들기

❸ 오른쪽 기어를 마우스 오른쪽 버튼으로 클릭한 후 [회전축]-[브레이크]에 체크하고 '시계방향 키(→)', '시계반대 키(←)'를 활성 키로 지정합니다.

❹ 집게의 각도를 조절하기 위해 집게 손잡이의 회전축을 마우스 오른쪽 버튼으로 클릭한 후 [회전축]-[브레이크]에 체크하고 모터 속도를 '30'으로 변경합니다.

❺ 이어서 '시계방향 키(Ctrl)', '시계반대 키(Alt)'를 활성 키로 지정합니다.

❻ [시뮬레이션 컨트롤] 툴바의 '실행(▶)'을 클릭하고 활성 키를 눌러 사탕을 뽑아 봅니다.

○ 예제 파일 없음　○ 완성 파일 22강 미션(완성).phz

01 알고두(Algodoo) 아이콘(🅰)을 더블클릭하여 프로그램을 실행한 후 그림과 같이 집게차를 만들어 봅니다.

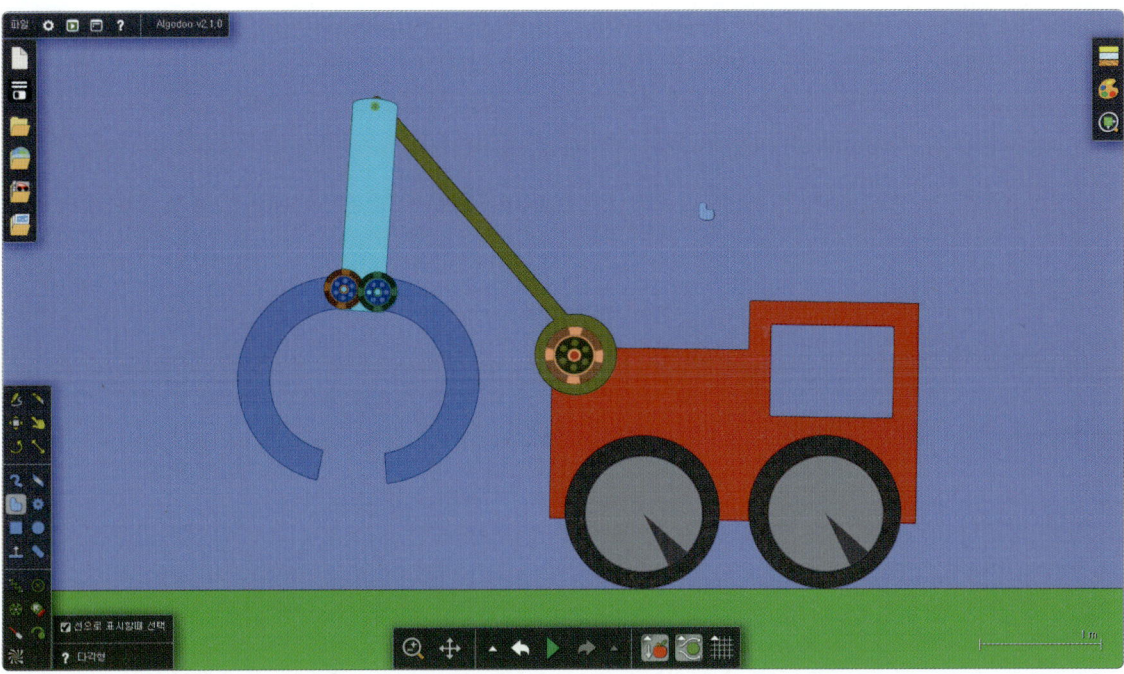

02 회전축에 활성 키를 적용하여 물건을 집어 올려 봅니다.

Chapter 22 사탕 뽑기 기계 만들기　**177**

Chapter 23 풍선 터뜨리기

학습내용 알아보기

- 활 조준기에 회전축을 설치하고 회전축에 활성 키를 지정할 수 있습니다.
- 화살통을 만들고 용수철을 이용하여 화살통과 화살 틀을 연결할 수 있습니다.
- 화살통이 화살에 닿아도 사라지지 않도록 만들 수 있습니다.
- 화살이 풍선에 닿으면 풍선을 터뜨리도록 만들 수 있습니다.
- 용수철의 힘을 변경하여 화살이 날아가는 강도를 조절할 수 있습니다.

◆ **예제 파일** | 23강 본문(예제).phz   ◆ **완성 파일** | 23강 본문(완성).phz

알고두's 쏙쏙 물리

활은 활대와 활 시위의 탄력을 이용하여 화살을 멀리 날려 보내는 무기로, 탄력이란 힘을 받아 변형된 물체가 원래 상태로 되돌아가려는 성질을 말합니다. 이러한 탄력이 적용된 예로는 양궁, 새총 등이 있습니다. 이번 시간에는 알고두를 통해 활을 만들고 용수철의 힘으로 화살을 발사하여 풍선을 터뜨리는 게임을 만들어 봅니다.

01 활 만들기

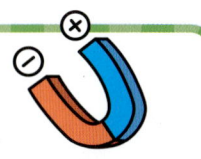

❶ 바탕화면의 알고두(Algodoo) 아이콘()을 더블클릭하여 프로그램을 실행한 후 '23강 본문(예제).phz' 파일을 불러옵니다.

❷ 알고두가 실행되면 그림과 같이 활 받침대, 방향 조절기, 활 틀을 만들고 '고정(◉)' 툴을 클릭하여 방향 조절기와 활 틀을 고정합니다.

❸ 활 받침대를 마우스 오른쪽 버튼으로 클릭한 후 [도형 액션]-[배경에 고정]을 클릭합니다.

Chapter 23 풍선 터뜨리기　179

❹ 방향 조절기를 마우스 오른쪽 버튼으로 클릭한 후 [도형 액션]-[중심에 회전축 설치]를 클릭합니다.

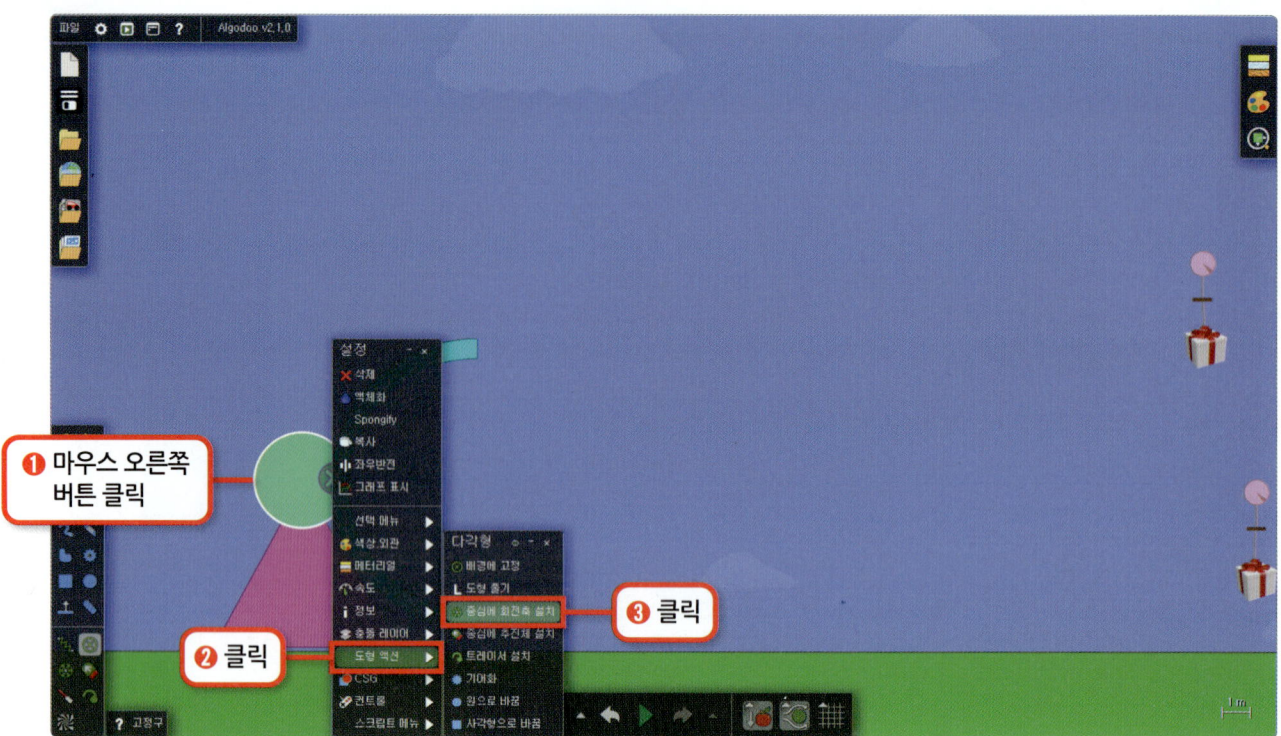

❺ 회전축을 마우스 오른쪽 버튼으로 클릭하여 [회전축]-[브레이크]에 체크한 후 '시계방향 키(→)', '시계반대 키(←)'를 활성 키로 지정합니다.

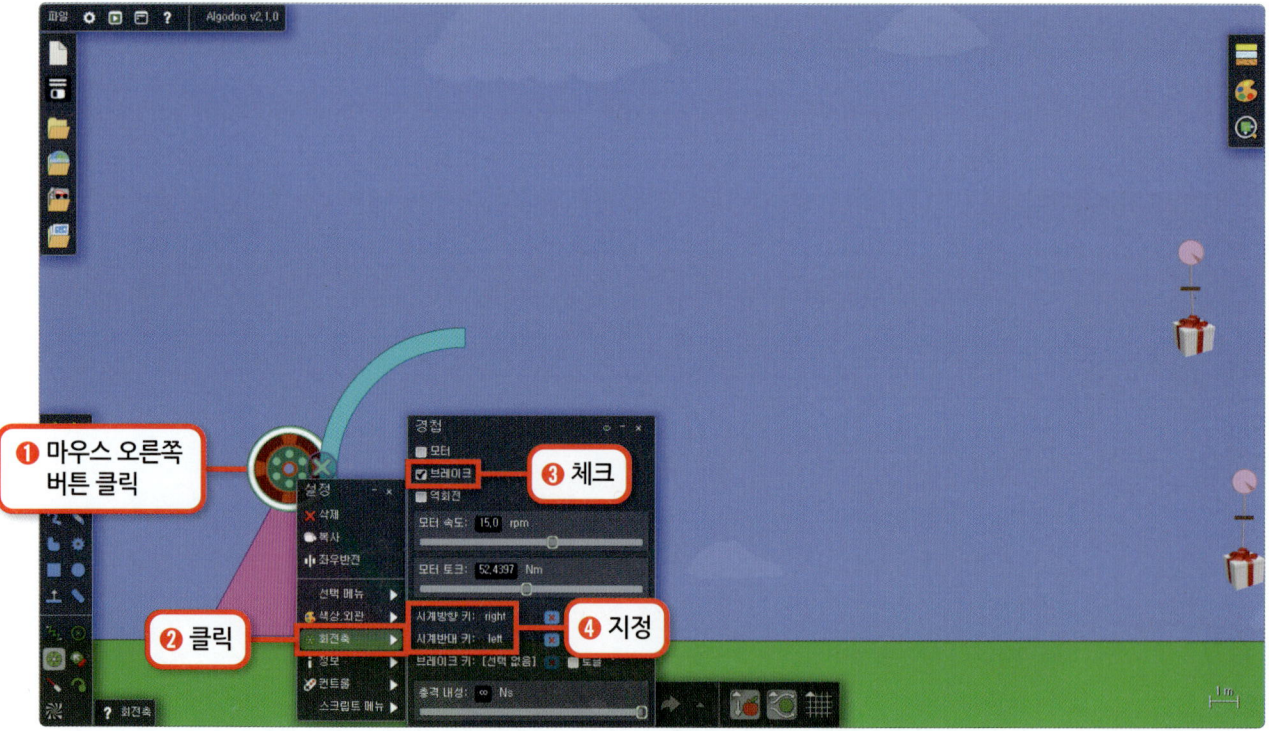

❻ 화살통과 활을 만들기 위해 '사각형(■)' 툴을 이용하여 그림과 같이 사각형을 그리고 작은 사각형을 마우스 오른쪽 버튼으로 클릭하여 [CSG]-[차집합]을 클릭합니다.

❼ '브러시(✏)' 툴을 클릭한 후 [속성] 창에서 [병합]에 체크하고 그림과 같이 화살촉을 그립니다.

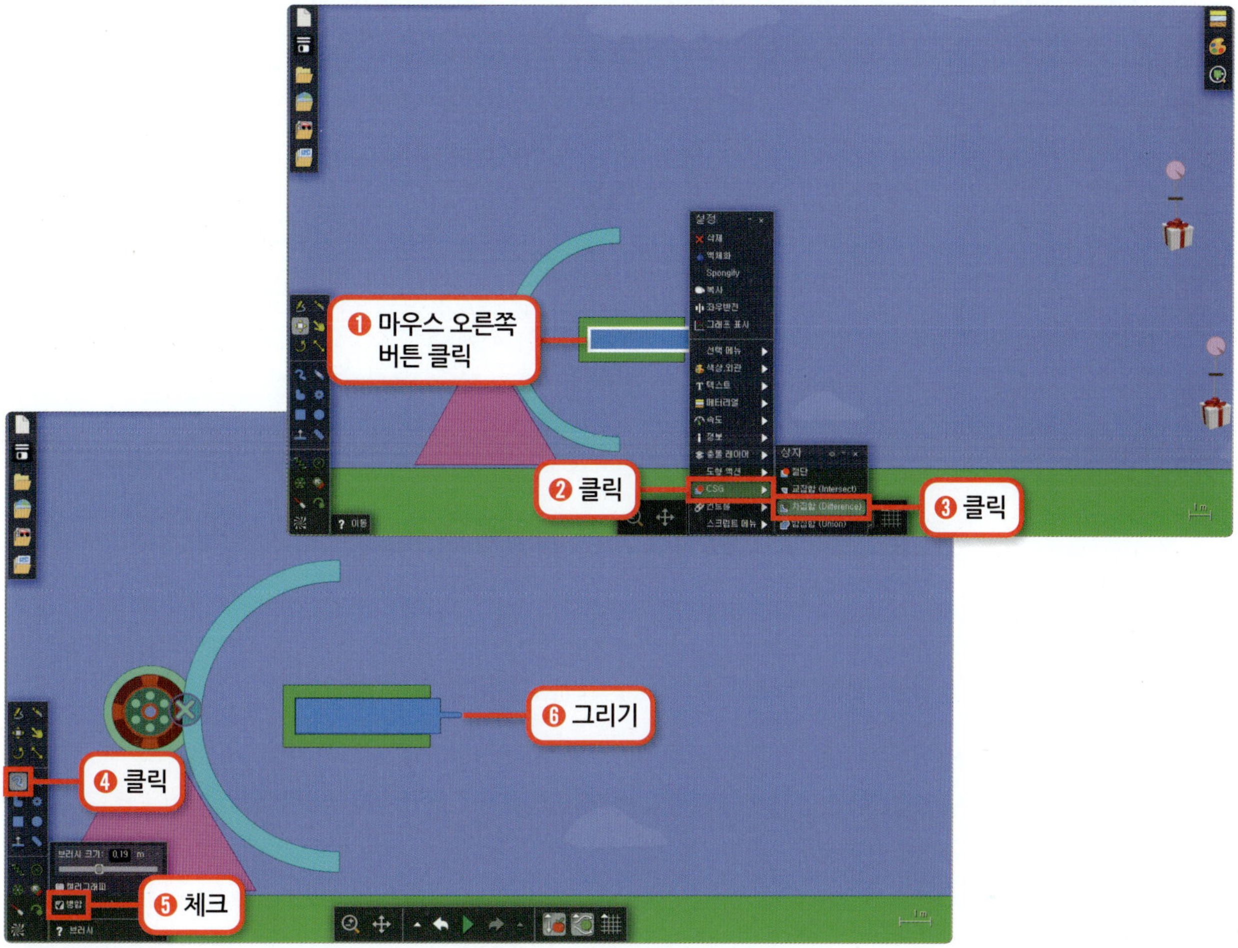

❽ '용수철(⚙)' 툴을 클릭한 후 그림과 같이 화살통과 활 틀을 연결합니다.

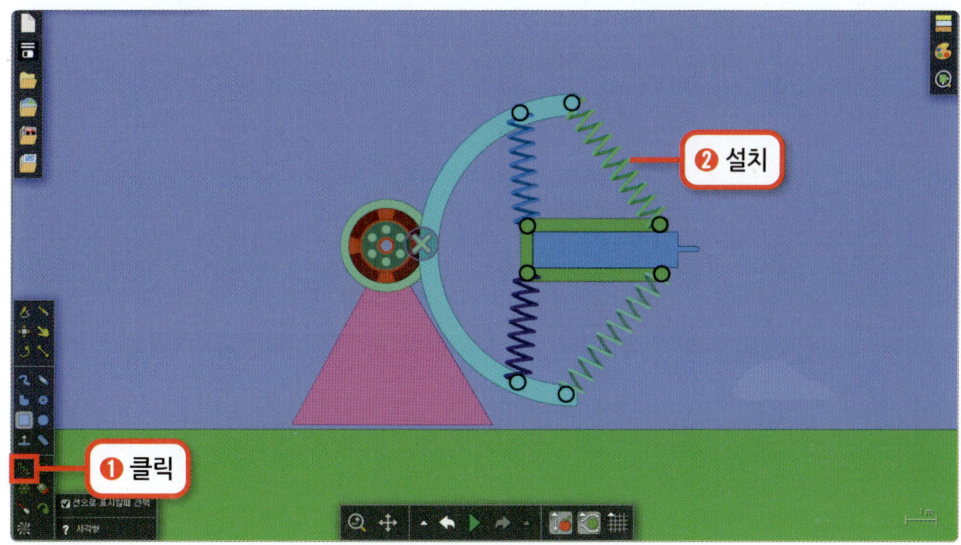

❾ 활 틀을 선택하고 [메터리얼 메뉴(▇)]에서 질량을 가볍게 변경한 후 화살(제거자)로 인해 활 틀이 사라지지 않도록 하기 위해 [불사자]에 체크합니다.

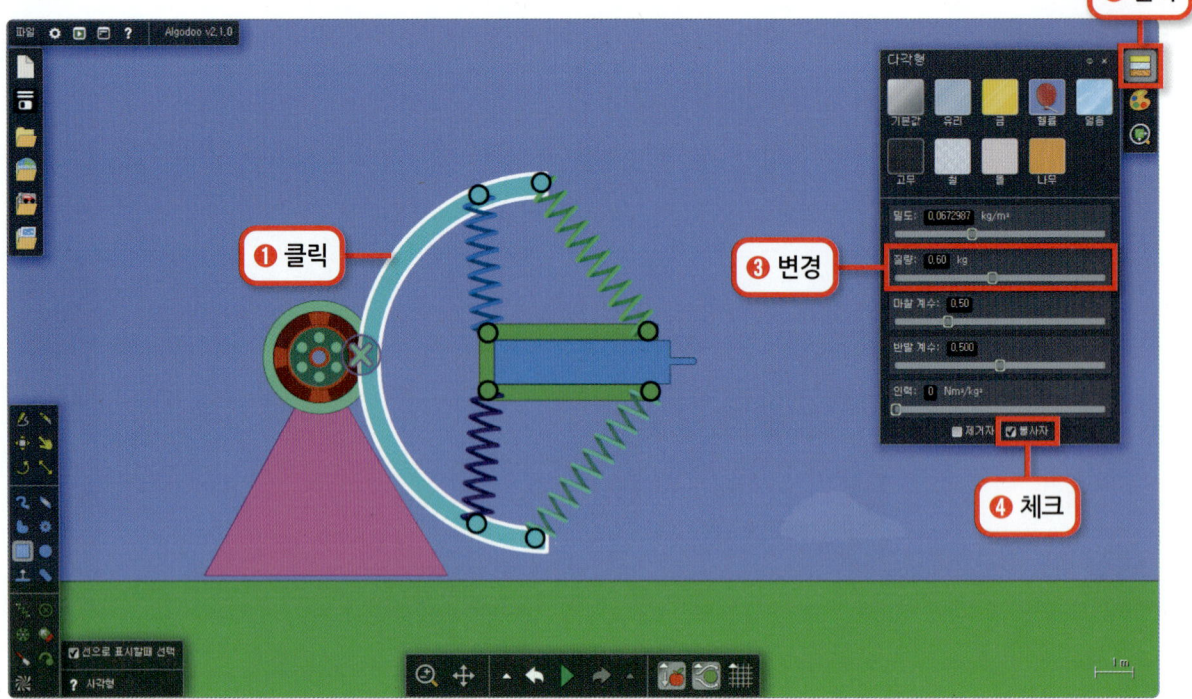

❿ 활 틀이 화살통과 충돌하지 않도록 하기 위해 활 틀을 마우스 오른쪽 버튼으로 클릭한 후 [충돌 레이어]-[충돌 그룹 B]에 체크한 후 [충돌 그룹 A]를 체크 해제합니다.

화살통의 충돌 레이어가 '충돌 그룹 A'로 설정되어 있기 때문에 활 틀의 충돌 레이어를 '충돌 그룹 B'로 변경하여 두 개체가 충돌해도 충돌이 일어나지 않도록 합니다.

⑪ 화살통을 선택하고 [메터리얼 메뉴(▧)]를 클릭하여 질량을 가볍게 변경한 후 화살(제거자)로 인해 화살통이 사라지지 않도록 하기 위해 [불사자]에 체크합니다.

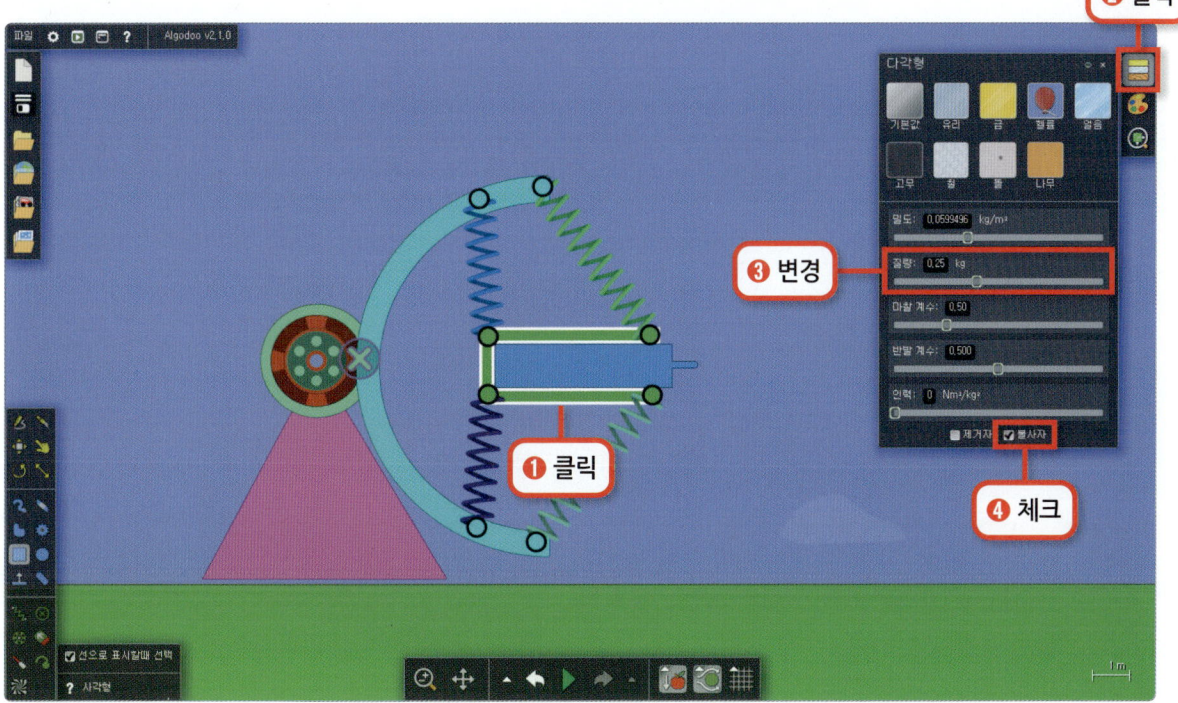

⑫ 화살이 풍선에 닿으면 풍선을 터뜨리기(제거) 위해 화살을 선택하고 [메터리얼 메뉴(▧)]를 클릭하여 질량을 변경한 후 [제거자]에 체크합니다.

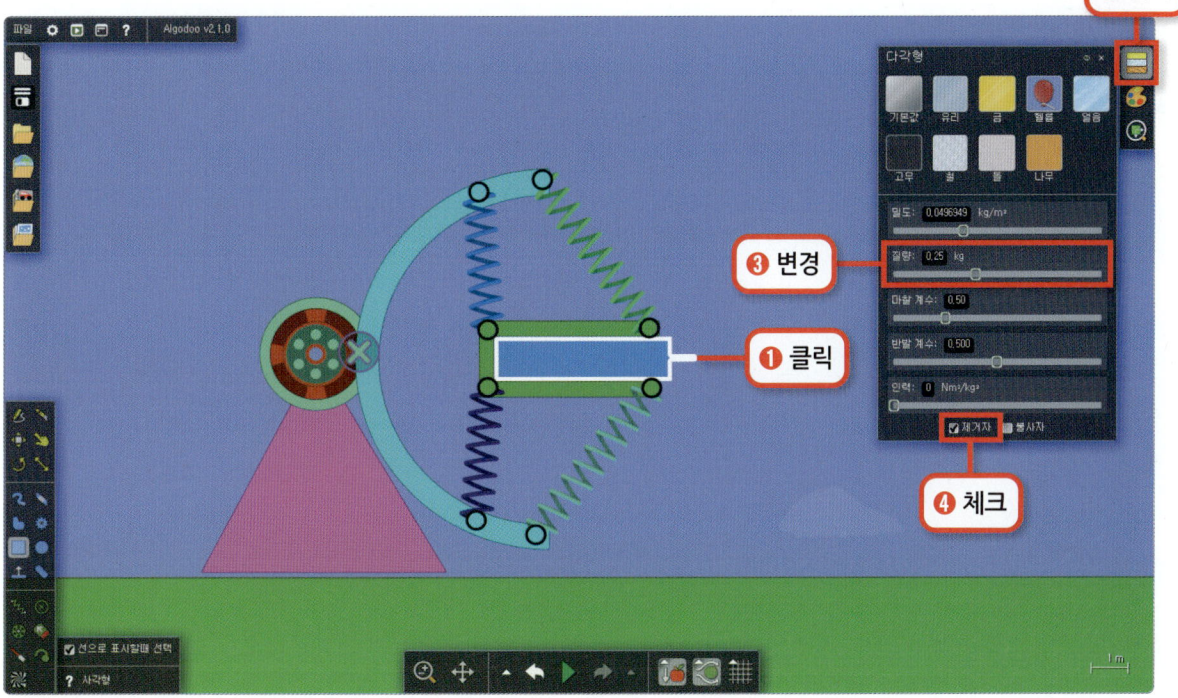

Tip 화살이 너무 가볍거나 무거우면 발사가 제대로 되지 않을 수 있기 때문에 시뮬레이션을 실행하여 적당한 질량 값을 찾아 봅니다.

Chapter 23 **풍선 터뜨리기**

⑬ 활과 연결된 용수철을 마우스 오른쪽 버튼으로 클릭하여 [용수철]-[용수철 힘]을 변경해 봅니다.

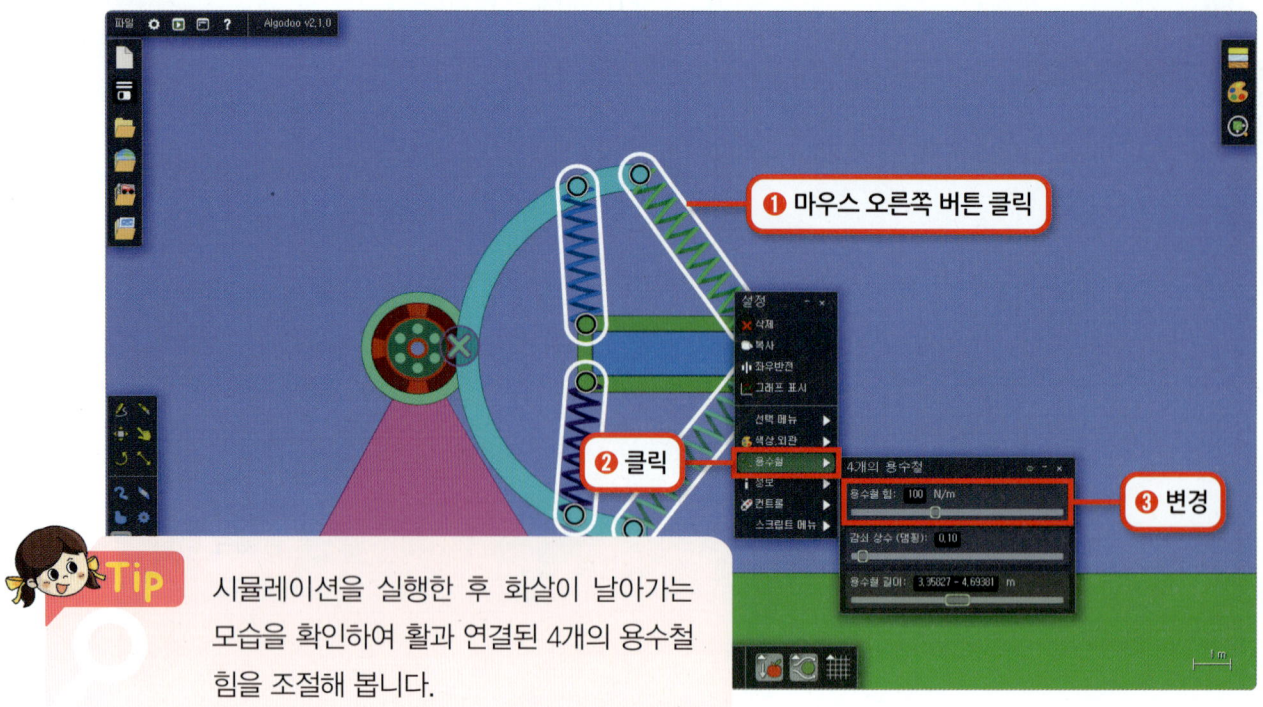

Tip 시뮬레이션을 실행한 후 화살이 날아가는 모습을 확인하여 활과 연결된 4개의 용수철 힘을 조절해 봅니다.

⑭ [시뮬레이션 컨트롤] 툴바의 '실행(▶)'을 클릭합니다. '드래그(👆)' 툴을 클릭한 후 용수철을 마우스로 당겨 화살을 발사해 풍선을 터뜨려 봅니다.

Tip 화살이 화살통에서 부드럽게 발사되지 않는다면 화살과 화살통을 선택한 후 [메터리얼 메뉴(🗾)]에서 마찰 계수를 '0'으로 지정해 봅니다.

차근차근 실력 UP!

○ 예제 파일 자동차.png ○ 완성 파일 23강 미션(완성).phz

01 알고두(Algodoo) 아이콘( )을 더블클릭하여 프로그램을 실행한 후 그림과 같이 자동차 발사 장치를 만들어 봅니다.

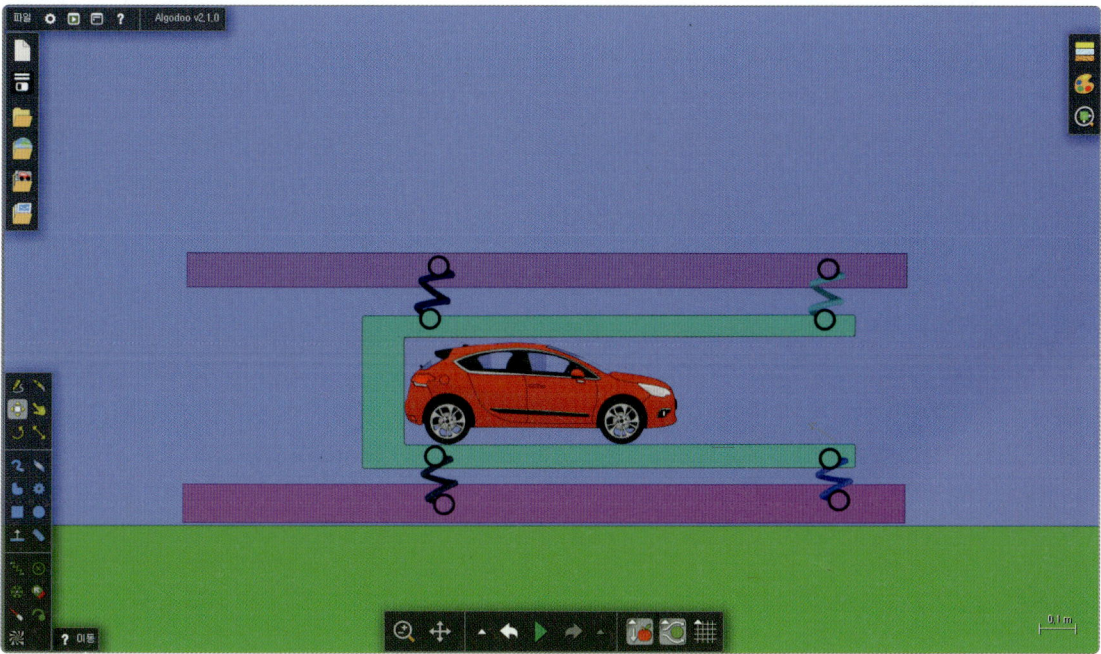

02 용수철 힘을 조절한 후 시뮬레이션을 실행하여 자동차를 발사해 봅니다.

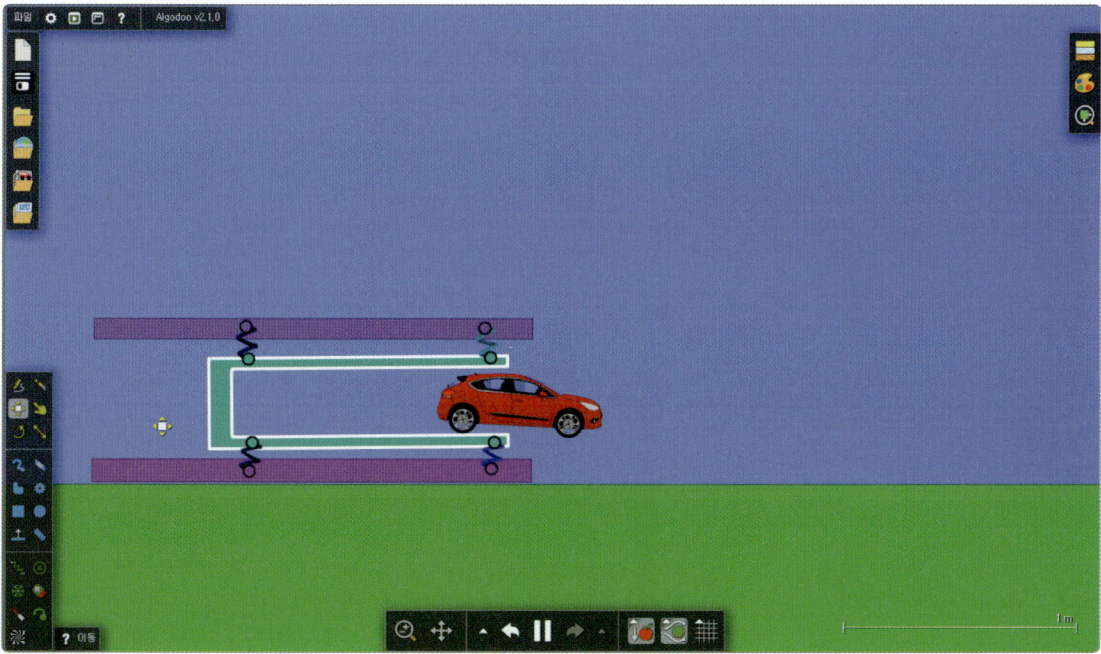

Chapter 24 골드버그 게임 만들기

학습내용 알아보기
- 미션을 확인하고 미션을 해결할 수 있습니다.
- 오류를 찾아 수정하고 테스트를 완료할 수 있습니다.

미션

1. 추진체로 로켓을 움직여 공과 부딪히게 하여 공이 굴러가도록 만듭니다.
2. 기어에 모터를 적용하여 공이 위쪽으로 이동하도록 만듭니다.
3. 기어를 활용하여 공을 밀어낼 수 있도록 만듭니다.
4. 도미노를 쌓은 후 공이 도미노에 부딪히면 마지막 도미노가 쓰러지며 공을 쳐내 공이 굴러가도록 만듭니다.
5. 공이 떨어지면 트램폴린의 탄성을 이용하여 종이 있는 곳까지 공을 튕겨내도록 만듭니다.
6. 종이 공에 닿으면 종이 사라지도록 만듭니다.
7. 공이 종을 칠 수 있을 때까지 시뮬레이션을 실행해 보며 작품을 수정합니다.

◆ 예제 파일 | 종.png ◆ 완성 파일 | 24강 본문(완성).phz

미션 완료 화면

 추진체로 로켓을 움직여 공과 부딪히게 하여 공이 굴러가도록 만듭니다.

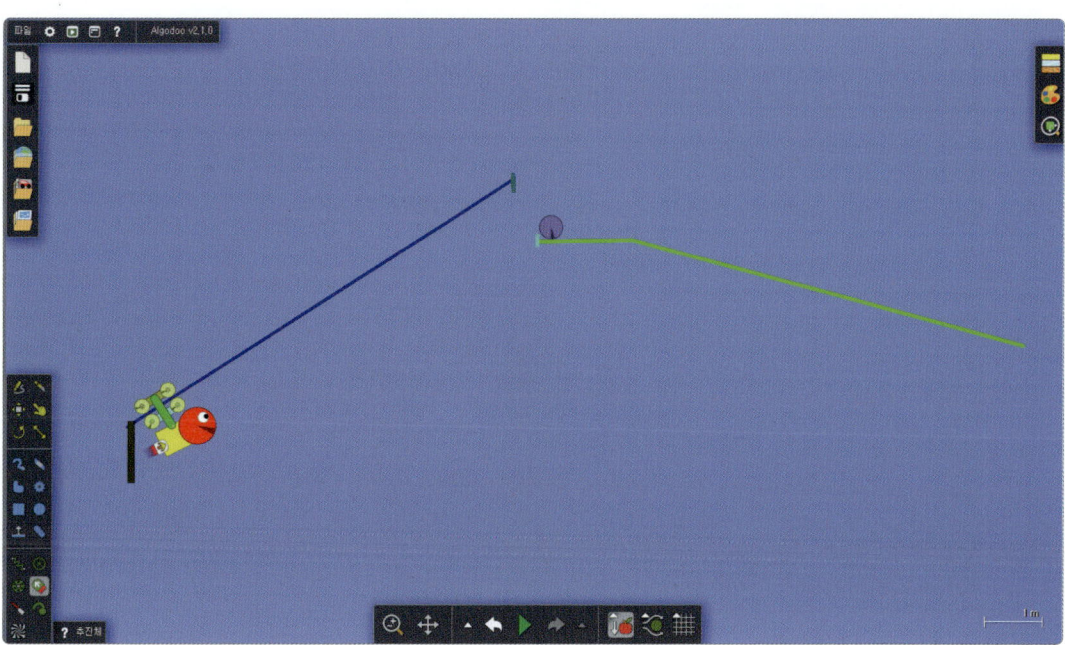

미션 02 기어에 모터를 적용하여 공이 위쪽으로 이동하도록 만듭니다.

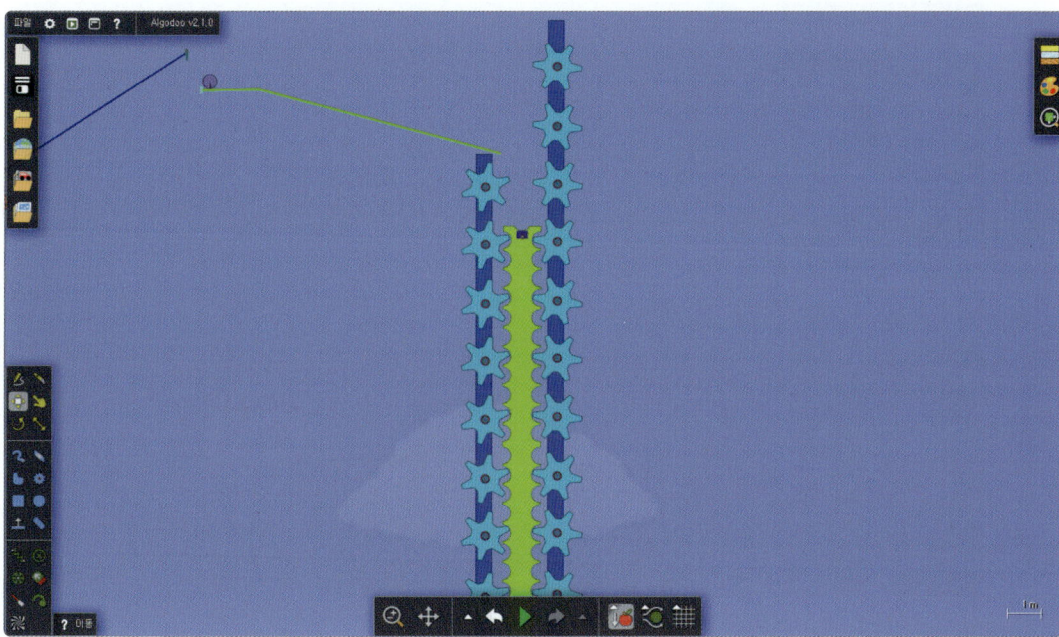

- 로켓이 이동하는 속도와 기어가 회전하는 속도가 맞아야 공을 받아 위쪽으로 이동시킬 수 있습니다.
- 공이 기어 안쪽 홈에 위치할 수 있도록 가운데 인력을 적용합니다.

Chapter 24 **골드버그 게임 만들기**

미션 03 기어를 활용하여 공을 밀어낼 수 있도록 만듭니다.

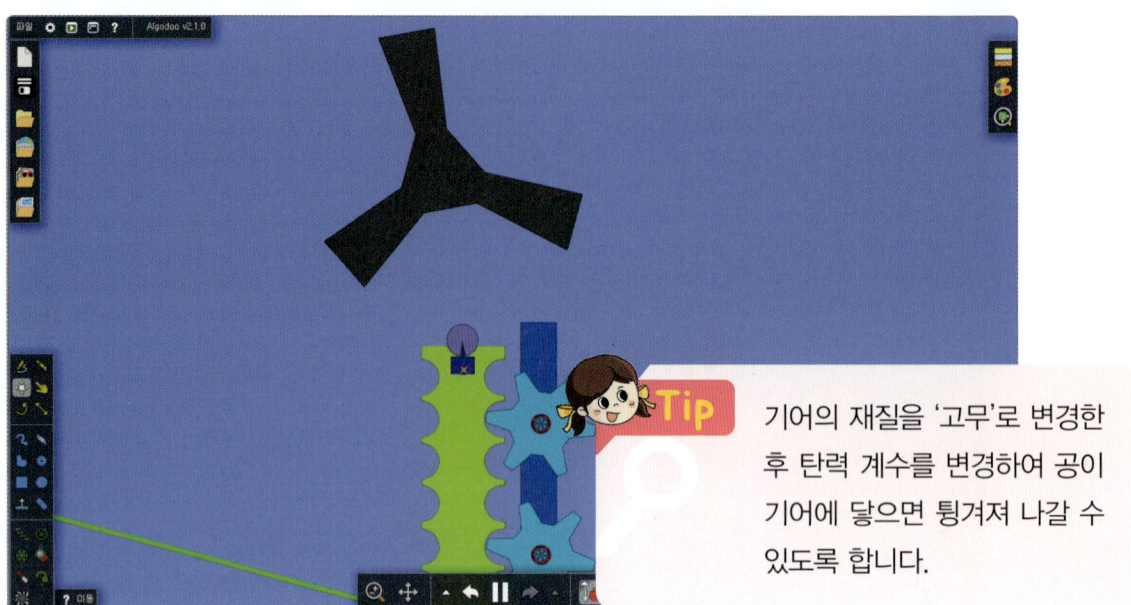

Tip: 기어의 재질을 '고무'로 변경한 후 탄력 계수를 변경하여 공이 기어에 닿으면 튕겨져 나갈 수 있도록 합니다.

미션 04 도미노를 쌓은 후 공이 도미노에 부딪히면 마지막 도미노가 쓰러지며 공을 쳐내 공이 굴러가도록 만듭니다.

Tip
- 공이 종을 치면 종이 사라지도록 하기 위해 공을 선택한 후 [메터리얼 메뉴(🗂)]에서 [제거자]에 체크합니다.
- 공에 닿았을 때 도미노는 사라지지 않도록 하기 위해 마지막 도미노를 선택한 후 [메터리얼 메뉴(🗂)]에서 [불사자]에 체크합니다.

 공이 떨어지면 트램폴린의 탄성을 이용하여 종이 있는 곳까지 공을 튕겨내도록 만듭니다.

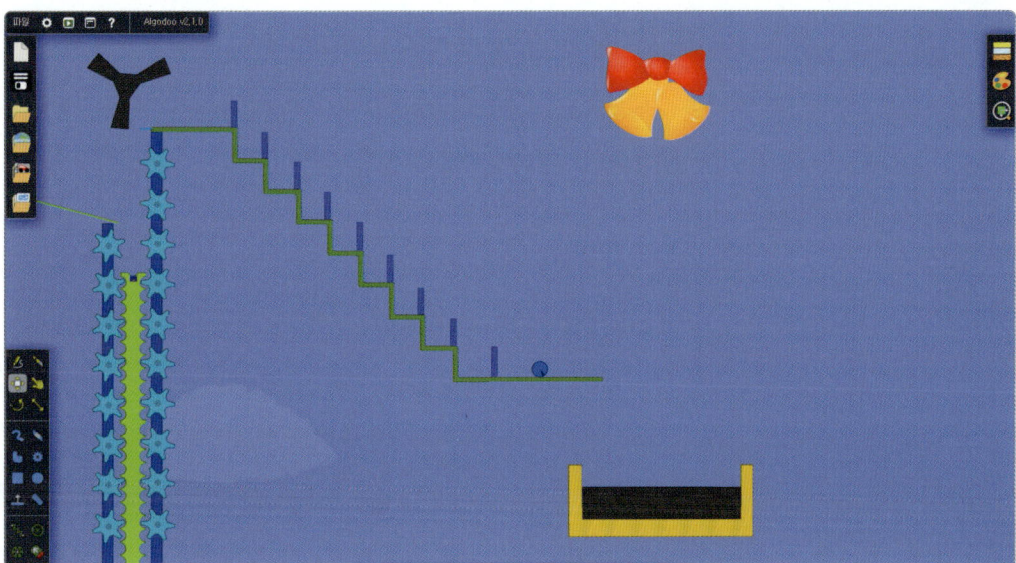

- [장면 모음] 툴바에서 [씬렛( )]을 클릭하여 '종.png' 파일을 불러와 종을 추가합니다.
- 트램폴린의 반발 계수를 '10' 이상으로 지정합니다.

 종이 공에 닿으면 종이 사라지도록 만듭니다.

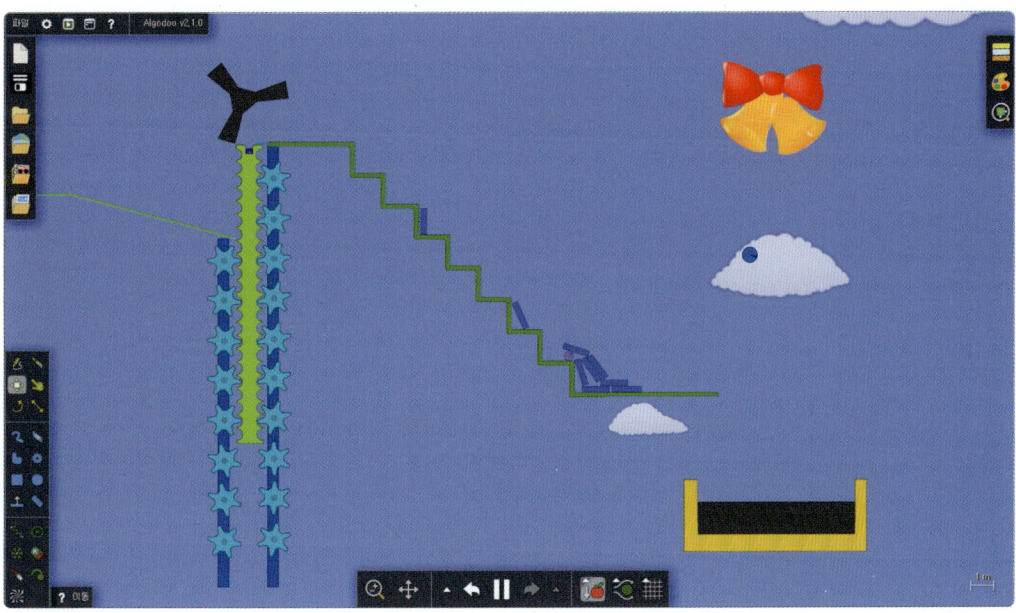

 공이 종을 칠 수 있을 때까지 시뮬레이션을 실행해 보며 작품을 수정합니다.

MEMO

MEMO

MEMO